LAS CIEN MIL CANCIONES
DE
MILAREPA

Una nueva traducción

Título: *The Hundred Thousand Songs of Milarepa: a New Translation*

Autor: Tsangnyön Heruka

Traducido al inglés por Christopher Stagg de Nitartha Translation Network, bajo la dirección de Dzogchen Ponlop Rinpoche.

© 2017 de Dzogchen Ponlop Rinpoche y Christopher Stagg

Primera Edición Shambhala, 2017.

720 Walnut St, Boulder, Colorado 80301 (EUA)

© 2024 para la primera edición en España: Fundación Rokpa

Rambla de la Muntanya 97, 08041 Barcelona (España)

www.samye.es

Publicado de acuerdo con Shambala Publications Inc.

Traducción al español de Agustín Araque

Diseño de la portada: Miriam Fernández

Dibujo de Milarepa en la portada: S. S. el XVII Gyalwa Karmapa Orgyen Trinle Dorje

ISBN: 978-84-09-65920-3 (obra completa, 2 volúmenes)

ISBN: 978-84-09-65921-0 (volumen 1)
ISBN: 978-84-09-65922-7 (volumen 2)

Depósito legal: B 20049-2024

Imprenta: QP Print, Miquel Torelló i Pagès 4-6, 08750 Molins de Rei (Barcelona)

Contenido

LISTA DE SIGLAS UTILIZADAS

Personas consultadas:

KTGR Khenpo Tsultrim Gyamtso Rinpoche

DPR   Dzogchen Ponlop Rinpoche

KSP   Khenpo Sherap Phuntsok

AKW   Acharya Kelsang Wangdi

ATW   Acharya Tashi Wangchuk

TN   Tenzin Namdak

Fuentes textuales:

BCC   Twelve Great Sons (Bu chen bcu gnyis)

DK   *Great White Conch Dictionary* (Dung dkar tshig mdzod chenmo), Diccionario tibetano de terminología budista (Blo bzang 'phrin las, 2002)

DN   *The Black Treasury* (mDzod nag ma), Tercer Karmapa Rangjung Dorje, Obras completas (Rang byung rdo rje, 2006)

DN-S   *The Black Treasury*, edición de Sichuan (Rang byung rdo rje, 2008)

DSD   New Revised [Tibetan] Dictionary (Dag yig gsar bsgrigs)

DSM   *The Golden Mirror of Decoding* (brDa dkrol gser gyi me long), Diccionario tibetano de términos arcaicos (Tshul khrims, 1997)

JV   Jim Valby, THL Traductor de tibetano a inglés

RY   Rangjung Yeshe, THL Traductor de tibetano a inglés

TDC   *The Great Tibetan-Chinese Dictionary* (Bod rgya tshig mdzod chen mo, Zhang et al. 1993)

TNH   Life and Songs of Milarepa, Tsangnyön Heruka (bTsang smyon heruka, 1999)

Otras abreviaturas:

Sáns. Sánscrito

Tib.   Tibetano

LAS CIEN MIL CANCIONES DE MILAREPA

Originalmente titulado

རྗེ་བཙུན་མི་ལ་རས་པའི་རྣམ་ཐར་རྒྱས་པར་ཕྱེ་བ་མགུར་འབུམ།།

Las canciones reunidas que Milarepa cantó a lo largo de su vida

SEGUNDO CICLO:
Maduración y liberación de los afortunados hijos e hijas del corazón

32. Repa Dorje Wangchuk

Namo Guru

Cuando el Jetsun Milarepa se encontraba instalado en La Roca de Rekpa Dukchen, en Dingma Drin, estuvo instruyendo a sus hijos discípulos y a otros varios estudiantes y dirigiendo su meditación. Todos ellos, en general, desarrollaron un buen nivel de experiencia. Y, en particular, había un hombre joven del clan Tak[1] que mostraba fe y diligencia. Y, alcanzando cierto nivel de realización, obtuvo una fe inquebrantable en el Jetsun.

Mientras estaban sentados en fila durante la ofrenda de un *ganachakra* organizado por los practicantes que habían recibido enseñanzas, el hombre dijo:

- Jetsun, tras contemplar los defectos del samsara y las buenas cualidades de la liberación, me sentiría desolado si continuara siquiera un instante más realizando ociosamente actividades sin sentido. Tras haber seguido y acompañado al Jetsun, he meditado día y noche sin distracción; por tanto, te ruego que me guíes. En comparación con las buenas cualidades de los méritos del Jetsun y el linaje de los gurus, la virtud mundana es falsa e inútil. Te ruego que me enseñes un dharma conectado con esta directriz.

Entonces, el Jetsun cantó esta canción de realización:

> Mi linaje es el del gran Vajradhara.
> Mi bisabuelo es Tilopa Sherap Sangpo,
> mi abuelo es el gran pandita Naropa,
> mi anciano padre es Marpa Lotsawa
> y yo mismo soy Milarepa.

---

[1] Clan del tigre (tib: *stag rus*).

Este es el linaje ininterrumpido de las profundas instrucciones.
Estas son las seis cosas a tener en cuenta sobre el linaje[2].

Ahora, Milarepa explicará las seis falacias:
En los lugares solitarios provistos de agua y leña,
decir que uno necesita asistentes es falso.
Tener compañeros comensales, también es poco práctico,
ya que nos bombardean los oídos con su cháchara.

Cuando *chandali* estalla en llamas en el cuerpo,
decir que uno necesita una manta de lana es falso.
Cargar con una prenda tan pesada es poco útil,
no tengo ningún deseo de tal nido de piojos.

Cuando me alimento de la comida del *samadhi*,
decir que se necesita carne y cerveza es falso.
Las cosas que me hacen vomitar son de ninguna utilidad,
no tengo ningún deseo de viandas cocinadas o hervidas.

Cuando el apego se ha revertido desde dentro,
decir que se necesita riqueza material es falso.
Acumular y conservar son de ninguna utilidad,
los ajetreados comerciantes irritan los oídos.

Cuando se ha desarrollado perseverancia en la meditación,
decir que se necesita tener hijos discípulos es falso.
Tener muchos seguidores es poco útil,
ya que interrumpen la propia actividad virtuosa.

Cuando se medita en las instrucciones del Linaje de la Escucha,
recopilar muchas explicaciones del dharma es falso.
Ese tipo de estudio no es de utilidad,
seguro que solo conduce al orgullo.

Esta *upadesha* de las seis falacias, esta canción vajra,
¡compréndela bien y guárdala en tu memoria!

---

[2] Este verso es de difícil traducción. De hacerlo literalmente, sería algo así como: "Estos son aquí los seis 'es'", en el sentido de que cada uno de los versos anteriores representa un 'es' sobre el linaje (tib: *de ni yin pa rnam drug lags*).

Así cantó.

De nuevo el joven volvió a preguntar:

- ¡Esto es verdaderamente maravilloso! Por el bien de todos los seres ignorantes, como yo mismo, haz el favor de seguir enseñando el dharma por medio de más grupos de seis que hablen de las grandes cualidades del propio Jetsun.

Entonces, Milarepa cantó esta canción de realización:

> Nunca ha existido nada 'grande' en mí mismo,
> pero si me preguntas sobre la grandeza de mi linaje,
> te explicaré sus seis grandezas.
>
> Para explicar las seis grandezas de Milarepa:
> La bondad del guru y de las Tres Joyas es grande.
> Las bendiciones de la asamblea de las deidades *yidam* es grande.
> El poder de los *dharmapalas* protectores es grande.
> Las profundas instrucciones del Linaje de la Escucha son
> especialmente grandes.
> La perseverancia de Milarepa en la meditación es grande.
> La fe de los monjes y de los hijos discípulos es grande.
>
> Para explicar ahora los seis tipos de gozo de Mila:
> La apariencia de los lugares deshabitados y vacíos es gozosa.
> Las instrucciones del guru para la mente son gozosas.
> Tener un pequeño y duro cojín bajo mis nalgas es gozoso[3].
> Vivir en una cueva vacía es gozoso.
> La indiferencia entre que este cuerpo ilusorio esté hambriento o
> lleno es gozoso.
> El *trulkhor*, el método para estabilizar el cuerpo, es gozoso[107].
>
> Ahora explicaré las seis cosas que se reúnen en torno a Mila:
> Durante el día, las personas se reúnen en grupos.
> Por la noche, las *dakinis* se reúnen en grupos.
> La *bodichita* se reúne en los chakras de la energía vital.

---

[3] Usar la dura roca como cojín es confortable para Milarepa. (KTGR)

Mi propia mente se reúne en el objeto de la no dualidad[4].
Día y noche, la ropa y la comida se reúnen en grupos.

Para explicar ahora las seis fortalezas de Mila:
Son La Fortaleza de la Práctica de la Iluminación de Rakma,
La Fortaleza del Garuda de la Roca Roja de Chonglung,
La Fortaleza Celestial de la Roca Roja de Poto,
La Fortaleza del León de La Cueva del Tigre de Mönyul,
La Fortaleza de Madera y Agua de La Cueva Cristalina de Katya
y La Fortaleza del Canal Central de los Dientes de Caballo de la
Roca Blanca[5][108].

Para explicar ahora las seis excelencias de Milarepa:
La visión del mahamudra es excelente.
La práctica de los seis yogas de Naropa es excelente.
La profunda conducta del camino de los medios es excelente.
La realización, la presencia espontánea de los tres kayas, es
excelente.
Las bendiciones de los gurus Kagyu son excelentes.
Las instrucciones de Milarepa son excelentes.

Vosotros, hijos discípulos y benefactores que estáis aquí,
hay pocos que practiquen el dharma que aporta beneficio.
La gente se entrega con facilidad a las actividades negativas
perjudiciales.
El sufrimiento es el resultado de la negatividad
y la felicidad es el resultado de la virtud.
No creéis sufrimiento para vosotros mismos,
¡trabajad por lograr vuestra felicidad!
¡Haced aspiraciones para que volvamos a reunirnos una y otra
vez!

Cuando Milarepa hubo cantado esto, todos los hijos discípulos y los estudiantes se alegraron, y regresaron a sus lugares de residencia. El hom-

---

[4] La mente 'se reúne' en el objeto, libre de dualidad, del perceptor y lo percibido. (KTGR)

[5] En tibetano, se pronuncian: Rakma Jangchup Drupé Dzong, Drakmar Chonglung Khyung-gi Dzong, Drakmar Poto Namkha Dzong, Mönyul Takpuk Senge Dzong, Katya Shelpuk Chushing Dzong y Drak-kar Ta-so Uma Dzong.

bre joven se quedó para seguir y acompañar a Milarepa. Llegó a ser uno de los discípulos íntimos del Jetsun, y fue conocido como Takgom Repa Dorje Wangchuk.

Este es el ciclo del encuentro con Repa Dorje Wangchuk.

33. El encuentro con Dharmabodhi

Namo Guru

El Jetsun Milarepa, junto a Rechungpa y sus otros discípulos, estaba en La Cueva del Vientre de Nyanang, haciendo girar la rueda del dharma del significado definitivo. Por entonces, había cinco *sidhas* contemporáneos: Guru Tsemchen de Latö, Dampa Sangye de Dingri, Shila Bharo de Nepal, Dharmabodhi de La India y Milarepa de Nyanang.

Shila Bharo había invitado a Dharmabodhi, y mientras Shila estaba en La Fortaleza de Nepal haciendo girar la rueda del dharma, mucha gente del Tíbet y de Nepal fue a ver a Dharmabodhi en persona. Los hijos discípulos de Milarepa también querían ir a conocerlo, y Rechungpa le dio muchas razones al Jetsun por las que sería bueno hacerlo. En respuesta, el Jetsun cantó esta canción de realización:

> Gracias a la bendición del guru, han venido muchos *sidhas*.
> Las enseñanzas de Buda, tan maravillosas, se han difundido
> y la felicidad de los seres brilla con esplendor.
> Que mucha gente haya ido a conocer a los grandes *sidhas*
> es señal de que hay unos cuantos genuinos.
> Dampa Sangye de Dingri
> y Guru Tsemchen de Latö también,
> Shila Bharo de Nepal,
> Dharmabodhi de La India
> y Milarepa de Gungtang:
> todos ellos tienen una mente despierta
> y cada uno ha alcanzado la iluminación por medio de la
> meditación.
> Todos y cada uno tienen la comprensión de la naturaleza auto-
> luminosa de la mente.
> Todos tienen el poder de hacer milagros y transformaciones.
> Todos están completamente adiestrados en la vacuidad y la
> compasión.
> Son capaces de desplegar apariencias mágicas en cualquier
> momento.

> Pero yo soy el experto en canciones de la experiencia,
> yo poseo una gran renuncia y perseverancia,
> los otros no gozan de estas cualidades especiales.
> Así que yo no iré a reunirme con ellos;
> pero vosotros, hijos míos, sí que debéis ir.
> No es porque sean personas carentes de virtud,
> sino porque yo ya soy mayor y no me apetece ponerme en
> camino.
> Hago la aspiración de que nos encontremos en la Tierra de
> Uddiyana.
> No tengáis dudas, tengo confianza en que así sea.

Así cantó.

Rechungpa le replicó, diciendo:

- Si ellos no son personas carentes de virtud, la gente pensará mal de ti, y dirán que no has ido por rivalidad o por envidia.

Milarepa, en respuesta al argumento de que le convenía ir, cantó esta canción de realización:

> Suplico a todos los maestros *sidhas*:
> concededme vuestras bendiciones para que mis faltas sean
> purificadas.
>
> Si das pábulo a las dudas a partir de lo malo que diga la gente,
> eso solo te provocará confusión.
> Cuando estás entregado a la práctica de la meditación con todo tu
> corazón,
> el mucho ir y venir se convierte en un obstáculo.
> Cuando te reúnes con un guru,
> demasiados amigos, deidades y conveniencias se vuelven
> enojosos.
> En el camino de los medios del profundo Mantra Secreto,
> si tu mente está dividida, no llegas a ningún logro.
> Los *sidhas*, por supuesto, transmiten una gran bendición,
> pero se acaban irritando si se reúne mucha gente a su alrededor.
> Sin embargo, Rechungpa, hijo, ¡tú y tus hermanos, id, por favor!

Así cantó.

Y Rechungpa dijo:

- Dado que la gente acumulará negatividad si no vas, te ruego que lo hagas. Y también será positivo para nosotros.

Entonces, el Jetsun cambió de parecer:

- Muy bien, iré a saludar a Dharmabodhi.

Con ello, Rechungpa y los otros monjes se sintieron muy contentos. Y dijeron:

- Si el Jetsun va a ir, como a los indios les encanta el oro, sería bueno que reuniéramos algo antes de partir.

Entonces, el Jetsun cantó esta canción de realización en respuesta:

Hago súplicas a todos los maestros *sidhas*:
concededme vuestras bendiciones para que los deseos de este
renunciante se extingan.
Que todas las acciones se vuelvan hacia el dharma.
Si todas las acciones no se vuelven hacia el dharma,
entonces tenéis poca comprensión de la práctica de la *bodichita*.

Cuando surge el *samadhi* de la meditación, no hay deseo de tener
compañía.
Si deseas una compañía cuando la meditación de la autoliberación
nace,
entonces es que tienes poca comprensión de la meditación
continua.

Milarepa no trabaja para conseguir riquezas.
Si Milarepa trabajara para conseguir riquezas,
entonces tendría poca comprensión del desapego de la actividad.

Dharmabodhi no desea oro.
Si Dharmabodhi deseara oro,
entonces tendría poca comprensión de lo que es ser un *sidha*.

Rechung Dordrak no busca el provecho.
Si Dorje Drakpa buscara su provecho,
entonces tendría poca comprensión de lo que es la confianza en
un guru.

Así cantó.

Y luego dijo:

- Id vosotros delante, que yo os seguiré más tarde.

De esta forma, hizo ir a sus discípulos por delante de él, y cuando llegaron a La Fortaleza de Nepal aún tenían dudas de que el Jetsun fuera a acudir. Entonces, el Jetsun proyectó una emanación similar a una estupa de cristal, volando a través del cielo sin impedimentos como una estrella fugaz, y se hizo un lugar entre sus discípulos. Dharmabodhi, ante este espectáculo, se quedó maravillado. Los discípulos que habían dudado del Jetsun se regocijaron de que hubiera venido volando por los aires. Juntos, maestro y discípulos, se aproximaron a Dharmabodhi, que estaba rodeado de gente, y Dharmabodhi de La India bajó de su trono y se postró ante Milarepa del Tíbet. A causa de ello, todo el mundo quedó convencido de que Milarepa era superior a Dharmabodhi, y la asamblea en su conjunto comenzó a percibirlos a ambos como budas.

Ambos *sidhas* se sentaron juntos, compartiendo el trono y conversando alegremente entre ellos. Dharmabodhi le dijo a Milarepa:

- Es maravilloso que seas tan feliz estando solo, entregado a ti mismo.

En respuesta, el Jetsun cantó esta canción de realización:

> Hago suplicas al guru, al nirmanakaya.
> *Sidhas* Kagyu, os ruego que me concedáis vuestras bendiciones.
> A Dharmabodhi de La India, la figura principal aquí,
> y a los afortunados habitantes de Nepal y del Tíbet,
> yo, Milarepa, el yogui del Tíbet,
> os canto una canción de sabiduría sobre la experiencia.
> Si no os cantara una canción de este tipo,
> la gente sería incapaz de reconocer a un *sidha* nirmanakaya.
>
> Los *nadis* torcidos son enderezados a través del *prana*.
> Los cinco *pranas* errantes son enderezados a través del cojín.
> Los cinco elementos corruptos son cauterizados a través del fuego.
> Los troncos de las aflicciones, los cinco venenos, son talados.
> El enemigo, los *pranas* kármicos de los conceptos, son

enderezados en el canal central[6].
El héroe que subyuga a estos dañinos enemigos
no está atado a amigos perjudiciales.

Así cantó.

Y Dharmabodhi dijo:

- Tu forma de subyugar a los enemigos es excelente, por supuesto. Háblanos de algún amigo sobresaliente que ejemplifique lo que acabas de cantar.

Entonces, Milarepa cantó esta canción en respuesta:

Suplico a todos los maestros *sidha*:
concededme vuestras bendiciones para que la compañía surja de mi interior.
La madre, los cinco *nadis* por excelencia,
se reúne con el padre, los cinco *pranas* por excelencia;
entonces, el hijo, los cinco dathus[7] por excelencia, nace,
y uno ve su propio rostro, las cinco excelencias de la mente.
Este es el orgullo de tomar la fortaleza,
el palacio del canal central.
El edicto es proclamado a los cuatro chakras.
Los batallones de la red de la ilusión
quedan sujetos a la ley del no apego.
Todo lo que aparece es el *tendrel* de la claridad.
Uno se junta con el amigo que le señala su propio rostro.
Todos los seres vivos de los tres reinos
están impregnados por la talidad del sí mismo.
Ese es el amigo íntimo de este yogui.
A causa de mi excelente amigo, la mente despierta misma
nunca va ni viene, y yo soy feliz.

Así cantó.

---

[6] 'Canal central' es otro de los nombres que recibe *avadhuti*. En la tradición yóguica que se sigue aquí, se enseña que, cuando el prana entra en el canal central por medio de la práctica, surgen poderosas experiencias yóguicas.

[7] Otra forma de nombrar el *bindu*.

Dharmabodhi quedó complacido, y dijo:

- Generalmente, las experiencias de los yoguis son indescriptibles; sin embargo, puedes hablarnos de los puntos clave de la visión, la meditación y la conducta.

En respuesta, el Jetsun cantó esta canción de realización:

> Si puedes mirar tu mente sin distracción,
> todo discurso es hueco y carente de significado.
> Si te fundes con la experiencia de la autoconsciencia,
> meditar como un cadáver dormido carece de significado.
> Si comprendes el modo en que funciona la interdependencia,
> tu conducta dejará de estar dirigida por las ocho preocupaciones
> mundanas.
> Si dejas de estar atrapado en los errores mentales,
> quedarás libre de autoengaños, de querer complacer a los demás y
> de hipocresía.
> En cuanto a los kayas y la sabiduría, que trascienden el samsara y
> el nirvana,
> si las bendiciones del linaje no te impregnan,
> la realización no vendrá por el simple hecho de desearla y
> esforzarte.

Cuando Milarepa hubo cantado esto, Dharmabodhi dijo:
- La visión, la meditación y la conducta del yogui es realmente maravillosa.
Y el Jetsun le respondió:
- Ahora, cuéntame tú los puntos más profundos de tu práctica.
Entonces, Dharmabodhi cantó esta canción de realización:

> Los afortunados reunidos hoy aquí
> suplican que les hable de la excelente visión de mi linaje.
> Por medio de esta especial conexión kármica,
> conceded vuestras bendiciones para que podamos volver a
> reunirnos pronto.
>
> ¿Qué provecho hay en mirar la mente,
> si los conceptos y las tendencias latentes no han desaparecido?
> ¿Qué provecho hay en hacer largas meditaciones,

si el apego al 'yo' y el deseo de placeres no se ha abandonado?
¿Qué provecho hay en una conducta digna,
si uno no se esfuerza en beneficiar a los demás?
¿Qué provecho hay en una reunión populosa y alegre,
si nadie presta atención a las enseñanzas del maestro?
Este es el fundamento del autoengaño, la hipocresía y la
vergüenza.
Si el resultado no es el beneficio de los demás,
uno no alcanzará la suprema iluminación.

Si uno dice cómo son las cosas, lo lamentará más tarde;
porque cuando se crea un conflicto, se ponen las bases para la
ruina[8].
Quedarse en silencio es una profunda instrucción.
Yogui del Tíbet, tú cantas melodiosas canciones.
Mis canciones no lo son tanto,
pero, cuando me llega la inspiración, canto.
En el glorioso y puro reino del espacio de la dicha,
por medio del placer de cantar, que volvamos a encontrarnos
pronto.

Así cantó Dharmabodhi.

Y continuaron hablando alegremente uno con el otro durante un largo rato. Después, Dharmabodhi de La India siguió su camino, y el maestro Milarepa del Tíbet viajó hacia arriba[9] con los suyos. El Jetsun y sus discípulos regresaron a Nyanang, y cuando al llegar se encontraron con otros estudiantes les ofrecieron una bebida de bienvenida y les preguntaron cómo había ido la reunión. En respuesta, el Jetsun cantó esta canción de realización:

---

[8] No todo el mundo está preparado para que le digan la verdad; aquellos que intenten decírselo a alguien que no está preparado se arrepentirán de haber perturbado la mente de los demás. (ATW)

[9] Lo que se quiere decir aquí es que regresaron desde Nepal hasta las altas montañas del Tíbet. En El Tíbet, las localizaciones geográficas suelen describirse en términos de su altitud.

Cuando el Sol y la Luna se encuentran en el cielo, los cuatro
continentes quedan iluminados.
Cuando la madre encuentra a su hijo, su preocupación se calma.
Cuando la humedad se suma al calor, las plantas crecen.
Cuando los *sidhas* se juntan, el país es feliz.

El *sidha* Dharmabodhi
vino al bosque de La Fortaleza de Nepal
y le concedió una audiencia a Milarepa.
Dharmabodhi, entonces, se levantó
e hizo postraciones ante Milarepa.
Así, la gente que estaba allí se quedó sorprendida.
Con el *mudra* de su cuerpo ilusorio,
juntó sus palmas, hincó las rodillas
y me preguntó por mi salud en el *dharmadatu*.
En respuesta, yo estampé el Gran Sello[10].
En el templo de la pureza y la no dualidad,
estuvimos conversando en inefable claridad.
Ciertamente, tenemos la conexión de una excelente aspiración
previa
que hicimos en tiempos del Victorioso.
El relato de este singular encuentro con mi hermano y amigo
tendrá eco a lo ancho y a lo largo de todo el mundo.

Así cantó.

Los estudiantes se sintieron maravillados y contentos; y por el hecho
de que Dharmabodhi se hubiera postrado ante el Jetsun, el mérito y la
fama de este creció aún más de lo que ya era.

Este es el ciclo del encuentro con Dharmabodhi.

---

[10] Mahamudra.

34. Victoria mediante el poder y la magia en un debate surgido por celos

Namo Guru

Al haber conseguido un pleno control sobre sus propias percepciones, el Jetsun Milarepa podía conocer las percepciones de los demás. Dharmabodhi de La India había hecho postraciones ante Milarepa, con lo que su fama se difundió, y todas las ofrendas recolectadas en nombre de los vivos y de los muertos de Nyanang habían ido a parar al Jetsun. Mientras, él seguía en La Cueva del Vientre de Nyanang, expandiendo sus méritos y haciendo florecer su práctica para el bien de todos los seres.

Por entonces, había ciertos maestros de una escuela monástica de estudios filosóficos que estaban celosos del Jetsun y hacían burlas pesadas sobre él, diciendo que era un hereje y un pervertidor del dharma. En determinado momento, hubo una hambruna que asoló la región de Nyanang y mucha gente se presentó ante los maestros para pedirles préstamos. Y los maestros les contestaron:

- Como nosotros no tenemos conocimientos del dharma pervertido, nunca hemos recibido parte de las ofrendas recolectadas para los vivos y los muertos. Toda nuestra riqueza y nuestras reservas han sido empleadas en la escuela del dharma puro y genuino, que a vosotros no os sirve. Si necesitáis un préstamo, deberíais ir a pedírselo al pervertidor del dharma al que le hicisteis ofrendas cuando teníais algo que dar.

Y, como los maestros se negaron a prestarles nada, algunos dijeron:

- Desde un cierto punto de vista, tienen razón en lo que dicen. Y aunque está claro que debemos tomar al Jetsun como nuestra fuente externa de refugio, sin embargo en esta vida también hay otras necesidades y deberíamos haber hecho ofrendas además a los eruditos.

Y la gente del pueblo llegó a un acuerdo con el monasterio.

Entonces, Lotön Gendunbum y Ratön Darma Lodrö, los directores del monasterio, junto con otros maestros, tuvieron una reunión:

- Si no echamos a Milarepa de esta tierra -decían algunos-, nuestra actividad docente y nuestra influencia no prosperarán. Ya sea que el dharma de Milarepa esté pervertido o no, lo mejor será que hagamos que se vaya.

- Si lo echamos -opinaron los directores-, eso acarreará la vergüenza sobre nosotros, y los rumores se extenderán entre la gente local. Será mejor que tres maestros expertos en gramática, retórica y lógica vayan a verlo y tengan con él un debate dhármico. Nada saldrá de la boca de Milarepa excepto su lengua, no dará pie con bola. De cien preguntas que se le hagan, a duras penas será capaz de responder bien a dos. Atacándolo en grupo y sin darle tregua, lo derrotaréis. Caerá en desgracia y perderá los apoyos, y decidirá irse por sí mismo.

Se le envió a esos tres maestros, y le comunicaron a través de Rechungpa que querían reunirse con el Jetsun. Rechungpa, contrario a ello, se presentó ante el Jetsun y le dijo:

- Hay ahí tres maestros que dicen que quieren reunirse contigo. ¿Les hago pasar o no?

- Marpa de Lhodrak me dijo: "Todo lo que puedas hacer para beneficiar a los seres vivos, ya sea con tu cuerpo, tu habla o tu mente, incluso aunque sea por medio de bromas o de charla casual, debes hacerlo". Así que hazlos pasar[109].

Y se les hizo entrar. Después de una comida caliente y de lavarse la boca con agua[11], el Jetsun dijo:

- Escuchad, si estas ofrendas de los fieles que acabamos de comer chocaran contra la tierra, la tierra se partiría en dos. Si golpearan una roca, la roca se partiría en dos. Si formaran un muro contra el agua, dejaría de

---

[11] "Esto hace referencia a la tradición originalmente monástica de lavarse la boca después de comer, para asegurarse de que no se violaba el precepto de no tomar comida sólida después del mediodía. Se hacía antes de los cantos de dedicación. Milarepa, que no era monje, normalmente no llevaba a cabo este ritual, pero aquí lo hace por respeto a sus invitados monjes." (KTGR)

fluir[12]. Por tanto, maestros, os ruego que hagáis una dedicación acorde con los sutras.

El líder del grupo se levantó, chascó sus dedos y dijo:

- Muy bien, no te preocupes, nosotros tres tenemos los votos de las tres conductas y vestimos los hábitos de los tres dharmas, la fuente de todos los méritos. De manera que no importa si recitamos los sutras o no. ¡Pero tú debes de tener unas buenas agallas para aceptar estas ofrendas devocionales y usarlas en provecho propio! ¿Quién te crees que eres?

Entonces, el Jetsun le respondió con esta canción de realización:

> El punto esencial del *yana* último del dharma genuino,
> que tiene el sabor de la *amrita* e incluye las escrituras, la lógica y
> las *upadeshas*,
> ese adorno de la corona reverenciada por todos los puros y los
> sabios,
> permanece inseparable como ornamento de la coronilla de mi
> cabeza.
>
> Yo divido mi práctica en tres partes:
> un tercio es la meditación de la fase de creación del *yidam*;
> un tercio es la práctica del *nadi*, el *prana* y el *bindu*;
> y un tercio es la meditación mahamudra.
>
> El yoga de mis cuatro sesiones de meditación es bodichita.
> Las ofrendas de fe acumuladas en cosas reales, las purifico como
> vacías.
> Las ofrendas acumuladas de los fieles y de los tontos, las dedico
> como *tormas*.
> Las ofrendas acumuladas de mi propia fe, las ofrezco a las
> deidades.
> Las ofrendas acumuladas de las *tormas* sobrantes, las entrego a
> los espíritus *bhuta*.

---

[12] "Milarepa usa estos ejemplos de la tierra y las rocas partiéndose en dos y de los ríos deteniéndose, para hablar de los daños potenciales de aceptar ofrendas. Para los 'recipientes no aptos', recibir ofrendas puede perjudicar su práctica y su realización" (KTGR, *Stories and Songs*, 90)

Dado que este yogui que hace girar la rueda del *ganachakra*
sabe que las ofrendas no tienen naturaleza intrínseca,
como recipiente de ofrendas, no soy malo, ¡más bien al contrario!

Así cantó.

Uno de los maestros dijo:

- Si uno carece de las buenas cualidades intelectuales que proceden del estudio, es como si alguien sin manos intentara escalar una roca; sería imposible para él alcanzar la liberación. Si uno no hace la práctica de la meditación, al igual que un ciego que mira un templo, uno no puede ver la verdadera realidad. Para poder practicar la fase de creación, uno debe saber cómo meditar en ella. ¿Conoces tú la fase de creación? ¿Cómo meditas en ella?

En respuesta, Milarepa cantó esta canción de realización:

Cuando medito en la fase de creación del *yidam*,
mi cuerpo, apariencia-vacuidad, es como un arcoíris en el cielo.
Dado que no hay nada a lo que aferrarse, el deseo se ha
extinguido.

Mi habla, sonido-vacuidad, es como un eco en un valle
deshabitado,
dado que ahí no hay nada bueno ni malo, el apego y el rechazo se
han extinguido.

Mi mente, claridad-vacuidad, es como la luz del Sol y de la Luna,
dado que ahí no hay preferencias, el apego al 'yo' se ha
extinguido.

Mi cuerpo ordinario, mi habla y mi mente
son cuerpo, habla y mente vajra autogenerados.

Sin ningún vestigio de las tres puertas ordinarias, mi mente es
dichosa.
Cualquier cosa que haga es acorde con el dharma, ¡qué felicidad!
El dharma progresa en el camino, ¡qué delicia!

Así cantó.

Entonces, el maestro dijo:

- Todo lo que has dicho puede no ser más que palabrería. Dinos qué son el *nadi*, el *prana* y el *bindu*, y cómo meditas en ellos.

Y Milarepa, en respuesta, cantó esta canción de realización:

Cuando medito en el *nadi*, el *prana* y el *bindu*,
hay tres *nadis* principales y cuatro chakras.
El deseo corporal se ha extinguido, y es como si yo despareciera.
Las letras de los elementos, al ser puras, brillan sin cesar.
Dado que veo el rostro de la realidad, no hay error posible.
El *prana* se junta en el avadhuti y alcanza el punto vital.
Los elementos rojo y blanco se encuentran.
Gozo, claridad y no-pensamiento están espontáneamente
presentes.
El nudo de la duda mental se disuelve de forma inmediata.
El dharma deja de pertenecer a las palabras, se funde con mi
corriente mental.
La claridad madre e hija se funden en una.
Los *skandas* del deseo y el anhelo contaminados se disuelven.
Apariencias y vacuidad se convierten en uno: ¡qué dicha!
La vacuidad deja de ser una teoría: ¡qué felicidad!
La confusión se extingue en el espacio: ¡qué delicia!

Así cantó.

De nuevo, el maestro le dijo:

- Las marmotas que viven bajo tierra pueden dormir sin moverse durante cuatro meses simplemente con una ligera respiración, y aunque los peces no salen del agua es imposible para ellos ahogarse. Esto se debe a sus buenas aptitudes con el *prana*. Sin embargo, no tienen ni una pizca de aptitudes mentales. Tu habilidad con el *prana* se parece a eso. Dado que es necesario tener aptitudes mentales, cuéntanos ahora cómo practicas la meditación mahamudra.

Entonces, Milarepa, en respuesta, cantó esta canción de realización:

Cuando medito en mahamudra,
en la naturaleza de la realidad, permanezco sin esforzarme.
Sin distracción, permanezco suelto.
En el estado de vacuidad, permanezco despierto.

En el estado de gozo, permanezco con claridad.
Libre de conceptualización, permanezco radiante.
En la multiplicidad de las apariencias, permanezco en equilibrio.
Descansando en la naturaleza de la mente,
surgen las certezas, sin trabas.
Sin esfuerzo, se realiza la actividad autoluminosa.
Sin deseos de logros, soy completamente feliz.
Libre de temores y expectativas, me siento dichoso.
La confusión se torna sabiduría -¡qué delicia!-.

Así cantó.

Entonces, el maestro dijo:

- Creemos que no haces más que menear la lengua. Aunque lo que dices no está mal, incluso está muy bien. Parece que has memorizado los textos que has leído. Háblanos del guru que te enseñó todo esto.

- He estudiado mi propia mente -dijo el Jetsun-, y las apariencias se han manifestado como mis textos. Si no me separo de las apariencias, nunca estoy separado de los textos. Las apariencias me han sido señaladas como la mente, y la mente me ha sido señalada como claridad. Y los que me han señalado esto han sido mis gurus.

A continuación, cantó esta canción de realización:

Los venerables gurus de este hombre
tomaron mi cuerpo puro como su campo de budeidad.
Mis cinco *pranas* puros son sus tronos de león.
Mis cinco *nadis* puros son sus asientos de loto.
Mis cinco *dhatus* puros son su base solar y lunar.
La mente vacía en sí misma es la forma del guru.

Vajradhara, con su *kaya* de sabiduría,
Tilopa, dotado con las seis percepciones extrasensoriales,
Naropa y su red del despliegue mágico,
y la forma de Marpa con su inigualable bondad:
todos ellos adornan mi coronilla de forma inseparable.

Si supierais cómo mirar con los ojos de la devoción,
no seríais distintos de Vajradhara.

Si supierais cómo hacer súplicas con fe y respeto,
del cúmulo de las nubes de la compasión
caería una lluvia de bendiciones de manera incesante.
Si supierais cómo hacer la ofrenda de la práctica,
recibiríais la vena del tesoro de todos los *sidhis*.

Así cantó.

Entonces, los tres maestros sintieron una acometida de fe desbordante. Se levantaron, hicieron postraciones ante él, y dijeron:

- Como se ha dicho:

"La falta de comprensión, la ignorancia y la confusión,

cuán grandes son estos tres defectos ocultos en el mundo".

¡Cuánta verdad hay en esto! Pensábamos que tú eras alguien que consumía las ofrendas de los demás gracias a tu dharma loco e ignorante. Pero has respondido a todas nuestras preguntas sin dificultad. Reconocemos que hemos estado debatiendo contigo de manera mezquina. Tus gurus no pueden ser vistos por cualquiera. Sin embargo, desde que te hemos suplicado con devoción, eso ha bastado para que recibiéramos el completo tesoro de los *sidhis*. De manera que te rogamos que nos des las instrucciones orales.

Como le pidieron esto con humildad y respeto, el Jetsun se sintió complacido; les dio las iniciaciones y las instrucciones, y los envió a meditar. Pronto tuvieron experiencias y realización, y se convirtieron en tres maestros de meditación realizados similares a leones de las nieves.

En otra ocasión, el Jetsun y sus discípulos fueron invitados, a la vez que los maestros monásticos, a un gran banquete que iba a celebrarse en Nyanang. Junto a los tronos que se habían dispuesto para Lotön y Darlo estaba la hilera de los maestros. Se había colocado, igualmente, un trono para el Jetsun, y a su lado estaba la fila de los *repas*. Entre estos, hacia el medio de la fila, se sentaban los tres maestros que habían estado debatiendo con el Jetsun, vestidos y comportándose a la manera de los yoguis.

Bebían licor de los *kapalas*[13] trago a trago. Lotön y Darlo lo vieron y se sintieron disgustados.

- Si dejamos que estos charlatanes que destruyen las enseñanzas permanezcan en la región, acabarán con nuestra forma de enseñanza -comentaron en voz baja, como si estuvieran teniendo una conversación normal.

Y, tras hablar mal de ellos, pensaron: Necesitamos provocar una manera hábil de echarlos.

Entonces, Lotön, allí mismo en medio de todos, le dijo al Jetsun:

- Verdaderamente, yogui, eres una persona especial. Por tanto, no dudo de que serás un erudito en *pramana*[14]. Aunque, si no es el caso, vistiendo y comportándote como lo haces serías una amenaza para las enseñanzas de Buda y traerías la ruina a todo el mundo, a ti mismo y a los demás; y, debido a ello, tendrías que ser expulsado de los compromisos de un practicante del dharma. Por tanto, haznos una presentación resumida de los principios del *pramana*.

- Maestro -le replicó el Jetsun-, no deberías estar apegado al bastión de los términos convencionales. Más bien, permaneciendo en equilibrio meditativo, deberías descansar en el estado del *dharmata* innato. En la posmeditación, aplica los antídotos a las aflicciones tanto como puedas. Deja que surjan las buenas cualidades de la naturaleza de la realidad y habita en ellas. Además, dado que el resultado de los cinco venenos, como por ejemplo los celos, nos conduce a los reinos inferiores, no dejes que tu corriente mental se abrase. No sé nada de tu sistema de *pramana*, pero en mi *pramana*, durante la primera parte de mi vida, recibí las instrucciones esenciales 'válidas'[15] del guru. A continuación, con 'válida' perseverancia, me dediqué a meditar en 'válidos' retiros de montaña. Por medio de

---

[13] Sánscrito: *kapala* (tib: *kapala*). Cuenco craneal: objeto ritual usado por los practicantes de la tradición vajrayana.

[14] Tib: *tshad ma* (sánsc: *pramāṇa*). En el contexto budista, el *pramana* abarca los temas de la lógica y la epistemología, y provee el marco básico para cualquier debate. A menudo se traduce por 'conocimiento válido', 'validez' o 'auténtico', dado que se refiere a un tipo válido de conciencia, o a fuentes válidas de conocimiento, como por ejemplo, 'Maestro Válido', referido a Buda.

[15] 'Válidas', aquí, traduce el término tibetano *tshad ma*, o pramana (ver nota anterior).

ello, los 'válidos' signos de la experiencia se manifestaron en mi corriente mental. Así, los 'válidos' benefactores, llenos de fe, presentaron sus ofrendas a este 'válido' recipiente. Vosotros, 'válidos' maestros que buscáis la fama, tenéis, por supuesto, unos 'válidos' celos. Y esa es la razón por la que me temo que acabaréis experimentando los 'válidos' sufrimientos de los 'válidos' reinos infernales. Aparte de esto, definitivamente, no sé nada del *pramana*. Si necesitáis que lo explique más detalladamente, escuchad entonces esta canción.

Y, a continuación, cantó esta canción de realización:

Me postro a los pies del guru libre de aflicciones.
Los seres vivos de esta época corrupta están llenos de celos.
Ahora, Lotön y Darlo, escuchadme.
Si yo no hubiera nacido del vientre de mi madre,
¿cómo podría haber mamado la dulce leche de sus pechos?
Si yo no hubiera mamado la dulce leche de sus pechos,
¿cómo podría haber masticado unos bocados de pan?
Si yo no hubiera masticado unos bocados de pan,
¿cómo mi cuerpo, por medio de su consumo, podría haberse desarrollado?
Si mi cuerpo no se hubiera desarrollado por medio de su consumo,
¿cómo podría entonces haber cruzado los puertos de montaña?
Si yo no hubiera cruzado los puertos de montaña,
¿cómo podría entonces haber errado por la tierra sin dirección fija?
Si yo no hubiera errado por la tierra sin dirección fija,
¿cómo podría haber encontrado al guru, mi maestro?
Si yo no hubiera encontrado al guru mi maestro,
¿cómo podría entonces haber recibido las instrucciones esenciales del Linaje de la Escucha?
Si yo no hubiera recibido las instrucciones esenciales del Linaje de la Escucha,
¿cómo podría haber ido deambulando por retiros solitarios de montaña?
Si yo no hubiera ido deambulando por retiros solitarios de montaña,

¿cómo podrían haberse desarrollado los signos de la experiencia y
el calor de la realización?
Si no se hubieran desarrollado los signos de la experiencia y el
calor de la realización,
¿cómo podría estar yo caliente con una sencilla túnica de
algodón?
Si yo no estuviera caliente con una sencilla túnica de algodón,
¿cómo podrían los hombres y mujeres benefactores tener fe en
mí?
Si los hombres y las mujeres benefactores no tuvieran fe en mí,
¿cómo, entonces, vosotros, maestros, os habríais puesto tan
celosos?
Si vosotros, maestros, no estuvierais tan celosos,
¿cómo, entonces, podríais acabar en los reinos infernales?

En los altos pastos de montaña,
el ganado juega y se esparce.
Los lobos se desesperan por ello.
¿No estarán los lobos equivocados?

Igualmente, en La Cueva del Vientre de Nyanang,
los maestros de las palabras se desesperan
por los méritos de Milarepa.
¿No estaréis, maestros, sencillamente equivocados?

Vosotros, monjes y eruditos, habéis llegado a poneros muy
celosos
por las devotas ofrendas de comida de los benefactores hombres y
mujeres.
¿No estaréis vosotros, monjes y eruditos, más equivocados
incluso?
No toméis por verdaderos los sonidos vacíos
de vuestras palabras sin sentido, ¡oh grandes maestros!
Los *tirthikas* también conocen todas esas palabras y esa
nomenclatura.
Toda clase de conceptos viene en retahíla tras esas palabras
y dos tercios de vuestra vida han pasado sin que os deis cuenta.
Por tanto, domad el demonio del apego al 'yo'.

Las palabras dan lugar a más palabras y nunca se acaba de hablar.
No sé nada sobre el 'válido' *pramana*.
Así que esta vez, maestros, ¡habéis ganado el debate!

Así cantó.

Entonces, Darlo dijo:

- No has respondido a nuestra pregunta en términos del dharma; no has hecho más que cantar una canción vulgar como haría cualquiera que quisiera engañar a la gente. Yo también puedo cantar como tú. Puedes ser muy hábil engañando a la gente normal ignorante, pero a mí no me engañas. Si fueras capaz de dar una respuesta apropiada en términos dhármicos, estaría bien. Pero en vez de ello, tu boca solo es capaz de devorar ofrendas devotas y de cantar canciones inadecuadas[110]. Y ya que disfrutas comiendo ofrendas devotas, ¡toma un poco de esto para acompañarlas!

El maestro cogió un puñado de tierra y se lo lanzó a la cara al Jetsun. El Jetsun se limpió el polvo de la cara, sonrió y dijo:

- Vosotros sois los grandes maestros que os acogéis a las palabras y a la lógica de las escrituras para disfrutar de esta vida, ¿no es cierto? Estáis llenos de una gran negatividad, y los estudios de vuestra etapa de formación os han entrenado en la habilidad de crear las ataduras del sufrimiento; es realmente impresionante[111]. Yo he comprendido y me he adiestrado en el hecho de que todo el dharma actúa como antídoto contra las aflicciones; pero la regla de vuestra formación dhármica es que os habéis formado en la idea que las aflicciones sean vuestras compañeras. Por tanto, ¿cómo nuestro lenguaje y nuestra práctica del dharma podrían conciliarse?

En ese momento, Rechungpa pensó: "Aunque yo no valgo ni lo que vale un solo cabello de mi guru, si no libero[16] a este malhechor que le agrede, cometeré una grave falta; sin embargo, si lo libero, acumularé gran mérito". Y, entonces, agarró un bastón y se dispuso a golpear al maestro; pero el Jetsun le detuvo y le dijo:

---

[16] Aquí, la palabra 'liberar' (tib: *bsgral*) significa 'matar'.

- ¡Hijo, Rechungpa! La riqueza que no ayuda cuando uno está necesitado, la medicina que no ayuda cuando uno sufre y el dharma que no ayuda en las condiciones adversas, todos ellos son desafortunados. Genera la fuerza del antídoto y, con atención consciente, contrólate a ti mismo. Debo hacer restallar el látigo de la atención plena y la consciencia para mi hijo.

Y, a continuación, cantó esta canción de realización para Rechungpa, titulada "Hacer restallar el látigo de la consciencia":

> Señor, protector de los seres, joya de mi corona.
> Me postro a los pies de Marpa, la bondad en persona.
> Concédeme tus bendiciones para que pueda llevar las condiciones
> adversas al camino.
> Hijo, Rechungpa, escucha un momento atentamente.
>
> Los practicantes del dharma con las bocas satisfechas y las
> barrigas llenas,
> cuando surgen las condiciones adversas, se comportan como la
> gente ordinaria.
> Y con sus mentes enfermas crean su propio sufrimiento.
> Si te peleas con alguien, seguramente lo perderás todo.
> Hijo, escucha un momento el mandato de tu guru.
>
> El rey de la visión dhármica es como el cielo.
> Hijo, entrena tus alas de cría de garuda de la consciencia,
> no dejes que tus alas de cría de garuda crezcan débiles.
> Si dejas que tus alas crezcan débiles,
> te precipitarás en el abismo de la parcialidad.
> Hijo, Rechungpa, escucha el mandato de tu guru.
>
> El rey de la meditación dhármica es el océano.
> Hijo, entrena a tu pececillo de la consciencia,
> no dejes que tu pececillo de la consciencia crezca débil.
> Si dejas que tu pececillo de la consciencia crezca débil,
> existe el peligro de que caigas en las redes del autoengaño.
> Hijo, Rechungpa, escucha el mandato de tu maestro.
>
> El rey de la conducta dhármica es la montaña nevada.
> Hijo, entrena al cachorro de león de la consciencia,

no dejes que tu cachorro de león crezca débil.
Si dejas que tu cachorro de león crezca débil,
existe el peligro de que se pierda en la tempestad de las ocho
preocupaciones.
Hijo, Rechungpa, escucha el mandato de tu maestro.

El rey de la realización dhármica es una isla de joyas preciosas.
Deja que tu aprendiz de comerciante de la consciencia se instale,
no dejes que la vigilancia del aprendiz de comerciante flaquee.
Si la vigilancia del aprendiz de comerciante flaquea,
corres entonces el peligro de perder la joya del *dharmata*.
Hijo, Rechungpa, escucha el mandato de tu maestro.

Hijo, no dejes que la ira se haga fuerte, o tu mente arderá en
llamas.
No dejes que tus aflicciones crezcan, ¡aplica los antídotos!

Tras haber cantado esto, el enfado de Rechungpa se calmó. Los benefactores amonestaron al maestro, y también un poco a Rechungpa. Pero la devoción al Jetsun entre ellos fue aún mayor que antes.

Cuando toda la gente volvió a sus casas, el maestro Darlo se quedó sin conseguir el descrédito público que buscaba para el Jetsun y se sintió fastidiado, porque el que había caído en desgracia había sido él. Esa tarde, tomando una pieza de carne y muchos libros de texto, Darlo y Lotön, acompañados por varios monjes, se acercaron a ofrecer sus disculpas, pidiendo ver al Jetsun. Rechungpa les dijo:

- Ni hay necesidad de disculpas ni de ningún otro debate. Por tanto, no es preciso tener ninguna reunión.

Y, de esta forma, trató de impedirles ver a Milarepa. Sin embargo, el Jetsun, complacido por la petición de otros monjes[17], dijo:

- De entrada, no cometer ninguna falta es lo mejor. Pero si uno lo ha hecho, entonces lo mejor es confesarla de manera sentida. Que entren los maestros -y con estas palabras dio su permiso para recibirlos.

---

[17] Presumiblemente, otros monjes distintos acudieron después de Rechungpa a pedirle a Milarepa que recibiera a los maestros.

Le ofrecieron al Jetsun la pieza de carne y dijeron:

- Reconocemos que ayer tú tenías razón, y por eso te traemos esta carne como ofrenda. Estos textos que ves, los ponemos aquí como árbitros, que servirán de norma para aclarar[112] nuestros debates dhármicos. Tengamos, pues, una conversación amistosa sobre el dharma.

- Maestros -contestó el Jetsun-, hay un proverbio mundano que dice que se puede saber si alguien ha comido o no por el color de su rostro[113]. Análogamente, se puede saber si alguien comprende el dharma o no, y si lo practica o no, por la forma en que ha dominado o no sus aflicciones y su apego al 'yo'. Si las aflicciones y el apego al 'yo' están dominados, eso es un signo de que se comprende y se practica el dharma. Alguien puede salir victorioso de todas las discusiones y debates dhármicos, pero si no se ha movido ni un paso[114] de su apego al 'yo' y de sus aflicciones, entonces no tiene más que un nivel superficial de conocimiento y práctica, y aunque gane sus debates con palabras huecas, lo único que consigue es acrecentar su orgullo. Y, por tanto, como eso es una forma de permanecer por más tiempo aún en el samsara y de enraizarse más profundamente en los estados infernales, enredarse en discusiones solo traerá la derrota definitiva. Vuestra confesión ha sido estupenda; y, ahora que ya hemos tenido esta conversación, lo mejor será que os vayáis a casa.

- Nadie sino un buda -le replicó Darlo- puede saber si los demás han dominado sus aflicciones y su apego al 'yo'. E incluso alguien que no los haya dominado, si sabe cómo discutir y llevar bien un debate, eso le librará de permanecer más tiempo en el samsara y de enraizarse más en los estados infernales. Tú estás diciendo que los eruditos son gente llena de negatividad. Crees que la estupidez de no dar respuesta en un debate es solo una pequeña negatividad, pero estás muy confundido. Uno puede pensar que está actuando virtuosamente y, sin embargo, acabar hundido en los estados infernales. Dado que uno necesita aclarar si tiene una comprensión correcta o no, es esencial implicarse en el debate. Y, como nosotros somos expertos en ello, te podemos orientar. En cuanto a esta discusión, yogui, puedes establecer una tesis sobre algún tema dhármico que te sea familiar, y nosotros examinaremos si lo desarrollas con corrección o no. O a la inversa, si piensas que nosotros desconocemos algún tema en concreto, puedes plantearnos una cuestión inicial para que nosotros te demos una respuesta.

- Ya veo -contestó el Jetsun- que el maestro no escucha en absoluto, todos los que estamos aquí hemos podido verlo con nuestros ojos y oírlo con nuestros oídos. Todos los presentes llevan aquí ya un buen rato, y por tanto ya saben quién es quién. Te plantearé una pregunta sobre un tema de dharma irrelevante[115], y yo mismo propondré una tesis. De modo que, maestro, te ruego que respondas: ¿Este espacio está obstruido o no?

- Ese tipo de cuestiones es improcedente -dijo el maestro-. Pero como he aceptado ser tu guía, te responderé. Por supuesto que el espacio carece de obstrucción.

- Pues yo digo -replicó el Jetsun- que el espacio está obstruido.

- ¿Y dónde está la prueba -contestó el maestro- que respalde tu afirmación?

En respuesta a eso, el Jetsun se concentró en el estado de *samadhi* llamado "El espacio que es rígido y obstruido como un vajra"[116], y dijo:

- Veamos si el espacio puede ser algo obstruido o no. Muévete, levántate, siéntate, date una vuelta.

El maestro intentó moverse de alguna de esas formas indicadas por Milarepa, pero fue incapaz de deshacer la posición sentada en la que se encontraba, y ni siquiera pudo abrir la boca para hablar; y, durante un rato, permaneció paralizado del todo. Mientras tanto, en ese mismo espacio, el Jetsun realizó varias actividades: se levantó, dio unos pasos, se tumbó y acabó sentándose en la postura de loto. A continuación, el Jetsun salió de su *samadhi* y dijo:

- ¿Qué pasó? ¿Cómo es que te quedaste bloqueado en el espacio sin obstáculos?

- Tú has tenido maestros *tirthika* de magia negra y brujería -respondió el maestro-. Pero, aparte de las personas capaces de practicar la magia negra y la brujería, todo el mundo con sentido común te dirá que el espacio carece de obstáculos.

- ¿Así que -siguió el Jetsun- todo el mundo acepta que el espacio está libre de obstáculos sin haber analizado el espacio? ¿Los animales también piensan que el espacio es inobstruido? La propuesta tuya y de tus maestros de que el espacio es carente de obstrucción acaba de ser refutada. Tal vez se deba a la magia negra, pero acabo de demostrar de manera incontestable que este espacio está obstruido. Ahora te voy a proponer la tesis de que esa roca que hay en esta cueva carece de obstrucción ¿Qué me dices a ello?

- A menos que vuelvas a hacer uso de tu magia negra o tu brujería -respondió el maestro-, no es posible que esa roca sea otra cosa que materia densa.

- De acuerdo con lo que has establecido previamente -dijo el Jetsun-, y dado que yo no creo que tú seas experto en brujerías, solo mediante brujería podrías hacer que esa roca que tenemos aquí sea carente de obstrucción.

- Cualquier brujería que tú puedas conocer o hacer -dijo el maestro- tal vez engañe a la gente común, pero no a mí[117].

- Yo pensaba que tú lo sabías todo -dijo el Jetsun-. Aunque para ti, 'todo' es erróneo. Incluso serías capaz de decir de alguien que haya alcanzado la iluminación que es el primero en realizar acciones inapropiadas, aunque estuvieran cayendo como la lluvia[18].

- Igual que nos mostraste que el espacio es obstruido, yogui -dijo Lotön-, danos ahora una prueba de que esta roca es inobstruida.

Entonces, el Jetsun se concentró en el *samadhi* llamado "La extinción del espacio" y subió a través de la roca y volvió a bajar; caminó a través de ella de ida y vuelta; dejó la mitad del cuerpo dentro y la otra mitad fuera. Tras realizar distintas acciones de este tipo, lanzó la roca al aire y cuando cayó la volvió a levantar. Y le pidió a Rechungpa que le trajera un pilar. Rechungpa salió y volvió trayendo una piedra alargada con forma de pilar; y la colocó como soporte de la roca que Milarepa estaba

---

[18] Milarepa señala que Lotön encontraría inapropiados incluso los milagros que pudiera realizar un buda iluminado, aunque estuvieran cayendo de forma tan natural como la lluvia.

sujetando. El Jetsun, entonces, dejó impresas las huellas de sus manos en la parte alta de la roca, que aún a día de hoy pueden verse.

- Has hecho que la roca parezca carente de obstrucción -dijo Lotön-. Si no se trata simplemente de un truco, nosotros también tendríamos que ser capaces de atravesarla. Voy a ver si es verdad.

- Es carente de obstrucción para ti también -dijo el Jetsun-. Si no lo fuera, cuando la roca cayó, ¿no debería haberme aplastado?

- Bueno -dijo Lotön-, la roca no me cayó encima a mí. ¿De qué sirve decir algo acerca de la carencia de obstrucción si, en primer lugar, no hay roca?

- Ello es en sí mismo -dijo el Jetsun- un signo de su naturaleza carente de obstrucción. Solo porque tú no hayas visto algo en persona, eso no significa que la cosa no exista.

En ese momento, el maestro Darlo empezó a ponerse más enfadado aún, pero Lotön comenzó a albergar dudas:

- Esto parece ser auténtico, pero es difícil para nosotros los lógicos llegar a creer en algo similar. Si todas estas cosas no fueran solamente los trucos de un yogui, sino que fueran señales de su avance en el camino, deberías estar adiestrado en las seis paramitas. Háblanos sobre cómo practicar las seis paramitas.

Entonces, Milarepa, en respuesta, cantó esta canción de realización:

> Los grandes refugios victoriosos son las Tres Preciosas Joyas.
> Un gran gozo reside en la coronilla de mi cabeza.
> Os ruego que seáis inseparables de mí, de mi corazón.
>
> Tomad, con el gancho de la compasión incansable,
> a los seis tipos de seres que han sido vuestros padres y madres,
> y con mente amorosa, acogedlos.
>
> El yogui mahayana[19]
> no escucha el dharma que carece de palabras,

---

[19] Milarepa se refiere aquí a los practicantes mahayana que no van más allá de la mera comprensión conceptual de las enseñanzas, como es el caso de Darlo y Lotön.

no considera el verdadero significado de la vacuidad,
ni medita en la realidad innata.
Se aleja de las diez acciones no virtuosas.

¿Qué provecho hay en la generosidad que espera retribución[118],
y que no ha desatado el nudo de la avaricia?
¿Qué provecho hay en la ostentosa disciplina
que no está libre de engaño e hipocresía?
¿Qué provecho hay en la paciencia por la ambición de la fama
que no puede soportar los dardos de las duras palabras de los
demás?
¿Qué provecho hay en el esfuerzo por la virtud
que no está libre de la pereza y la indolencia?
¿Qué provecho hay en la meditación forzada
que no está libre de la distracción mental?
¿Qué provecho hay en el cultivo de una sabiduría
que no considera las apariencias como nuestras amigas?
¿Qué provecho hay en una escucha exhaustiva
si no se comprenden los permisos y las prohibiciones profundas?
¿Qué provecho hay en hablar de la causa y el efecto
cuando la propia práctica no está en armonía con lo que hay que
aceptar y rechazar?
¿Qué provecho hay en vestir los hábitos de monje
cuando la propia corriente mental no fluye acorde con el dharma?

Tenéis una visión errónea si deseáis la sabiduría
sin matar la serpiente venenosa de las aflicciones.
Tenéis una visión errónea si deseáis la *bodichita*
sin parar la tormenta de los celos.
Tenéis una visión errónea si deseáis honores y respeto
sin dejar de dañar a los demás seres.
Tenéis una visión errónea si deseáis la igualdad
sin abandonar la tendencia del apego al 'yo'.

Sin domesticar el demonio del apego al 'yo',
el martillo de las aflicciones golpea al yogui.
Sin transformar vuestras acciones en las acumulaciones,
seréis un obstáculo para la virtud de los demás.

Sin haber conseguido fundir el dharma con vuestra corriente mental,

las palabras ociosas perturban la mente de los demás.

No meditar en esta vida no tiene sentido.

¡Que no tengáis que arrepentiros en el momento de la muerte!

Así cantó.

Luego, el maestro Darlo dijo:

- Sí, parece que has oído hablar de las seis paramitas. Bien, dinos ahora cómo deben ser practicadas.

En respuesta, Milarepa cantó esta canción de realización.

Señor, Marpa el Traductor, que eres la bondad en persona.
Te ruego que seas un refugio para los seres vivos en esta edad corrupta.
Concede tus bendiciones para que el dharma pueda pacificar los celos.

Escucha, Darlo, maestro deseoso de fama:
mientras nunca te has puesto a pensar en que algún día morirás
y te dedicas a considerar las relaciones de conexión o de contradicción entre las palabras,
treinta y dos años de tu vida han pasado sin que te percates.
Si empezaras a practicar ya mismo, sería excelente.
Las aflicciones de los seres en esta edad corrupta son burdas.
Imposibles de sobrellevar para quienes están llenos de negatividad.

En la otra orilla[20], el apego al 'yo' ha sido abandonado,
la 'generosidad' no es otra cosa que esto.
En la otra orilla, el engaño ha sido abandonado,
la 'disciplina' no es más que esto.
En la otra orilla, no existe el miedo a la realidad,
la 'paciencia' no es más que esto.

---

[20] El término sánscrito *paramita*, que significa 'perfección', se traduce en tibetano como *'pha rol tu phyin pa'*, literalmente: "ir a la otra orilla".

En la otra orilla, la práctica es constante,
la 'diligencia' no es más que esto.
En la otra orilla, se está de forma natural,
la 'concentración meditativa' no es más que esto.
En la otra orilla, uno realiza la naturaleza esencial,
la 'sabiduría' no es más que esto.
En la otra orilla, toda actividad se convierte en las acumulaciones,
los 'medios' no son más que esto.
En la otra orilla, los cuatro *maras* se han desvanecido,
el 'poder' no es más que esto.
En la otra orilla, los dos beneficios ya se han realizado,
la 'aspiración' no es más que esto.
Si uno es consciente de las aflicciones, sus defectos ocultos,
el 'conocimiento' no es más que esto.
Cuando se practica de manera genuina, así es como se hace;
el ruido de las palabras huecas carece de propósito.

Así cantó.

Y Lotön dijo:

- Todo lo que acabas de decir está en consonancia con la verdad. Yogui, tú tienes verdadera experiencia en la meditación. Sin embargo, Darlo replicó:

- Todo lo que has dicho no son más que palabras y metáforas que no se sostienen. También hay *tirthikas* que pueden realizar auténticos milagros y actos de brujería. Las diez paramitas que acabas de describir no son más que meros nombres, y no tienen el mismo significado que aparece en estos textos. Ahora voy a explicarte yo el significado que aparece en estos textos. Todas las cosas conocibles deben estar determinadas por *pramana*. Por tanto, *pramana* es fundamental. Si uno comprende *pramana*, puede comprender de manera implícita el resto de los textos. Pero, antes de nada, te haré una pregunta sobre *pramana*. Si sabes contestármela, consideraré que estás a la altura. Normalmente, en pramana existe la definición de las generalidades y, en particular, las definiciones del conocimiento válido directo e inferencial, además de las razones contradictorias, las de conexión y las indeterminadas[21]. Ahora, dame una explicación de todos estos principios.

- Maestro -replicó el Jetsun-, has entregado la parte más íntima de tu mente a los demonios. Dado que no tienes ninguna confianza en ti mismo ni en tu *yidam*, y ni siquiera creencia alguna en los budas puros, ¿cómo podrías aportarme a mí algo? El dharma del que dices estar tan satisfecho -esa sopa de *pramana* completamente desprovista de cualquier condimento y con las consecuencias indeseadas[22] de compasión, renuncia y visión pura-, lo bebes mientras abrasas la lengua y el paladar de tu propia corriente mental y tu barriga se llena de orgullo. Por arriba, eructas autoelogios y vomitas celos; y, por abajo, te tiras los pedos del ultraje a los demás, y cagas y meas desprecio. No sé nada de esa mala medicina dañina que hace que uno mismo y los demás enfermen ni de ese perverso dharma que consiste en acumular negatividad. Lo que sé es que todas las apariencias son mente. Y dado que la claridad y la vacuidad de la mente permanecen desveladas para mí y tengo confianza en ello, no existe ningún dharma que requiera inferencia. Si tú necesitas las razones de contradicción, conexión e indeterminadas, entonces la corriente mental del maestro que es contradictoria con el dharma es la razón contradictoria; esta verdadera razón contradictoria afligida es la razón de conexión; y el aparente espejismo de un practicante del dharma repleto de razones contradictorias y de conexión es la razón indeterminada.

Lotön se restregó la cabeza con sus hábitos y se echó a reír. Darlo, sacudiendo la cabeza y las manos, estalló en carcajadas:

- ¡Ja ja ja ja ja! ¡Lo que tú digas! Ni siquiera sabes dónde empieza y dónde acaba tu propia mierda. Los presentes que crean que eres un buda son ridículos. Además, has dicho que he entregado a los demonios la parte más íntima de mi mente, ¿y quién es el juez de eso? Si es con la comprensión de *pramana* que uno se elogia a sí mismo y denigra a los demás,

---

[21] Los temas más importantes en las enseñanzas de pramana son: las generalidades, la cognición válida directa e indirecta, y los tres tipos de razonamiento (contradictorio, conectivo e indeterminado).

[22] 'Consecuencia indeseada' es un término técnico usado en la lógica de pramana. Afirmar una 'consecuencia indeseada' respecto a la postura de un oponente es una forma de señalar su falta de lógica.

entonces teniéndote a ti mismo por un buda y denigrándome a mí, tú también comprendes *pramana*. Tú eres alguien carente de mérito y de conexión kármica. Más aún, das unas explicaciones inútiles más largas que la verga de un burro. No deberías mostrárselas a nadie, deberías tenerlas guardaditas y quedarte callado[23].

- Lo he intentado, quedarme callado -dijo el Jetsun-, pero no me has dejado. Ya sé que mis razones no te sirvan para nada, pero esas razones a mí me hacen muy feliz, de manera que para mí sí son útiles. Mi discurso sobre la naturaleza básica te hace sentir mal y ha dado la impresión de que me estaba elogiando a mí mismo. Pero la mente de todos nosotros los seres vivos es claridad-vacuidad, no contaminada por los defectos ni por las cualidades del samsara y del nirvana. A esto se le llama "el buda de la base", y también "naturaleza de buda"[24]. La ignorancia sobre esto y la falta de reconocimiento en uno mismo recibe los nombres de 'manchas sobrevenidas', 'aflicciones' y 'ser vivo', y a causa de ello uno deambula en el samsara. Hacerse consciente y reconocer la propia mente recibe los nombres de 'conocimiento', 'pureza perfecta' y 'buda', y a causa de ello se alcanza el nirvana. De acuerdo con esta intención, Buda dijo:

"Todos los seres están completamente impregnados de la naturaleza de buda;

todos ellos, sin siquiera una excepción, son budas."

Y:

"Todos los seres vivos son budas en esencia.

Sin embargo, están oscurecidos por las manchas sobrevenidas.

Si estas manchas se eliminan, tenemos la budeidad en sí."

Y:

---

[23] Darlo está haciendo un juego de palabras. El término tibetano para 'explicaciones' (*'doms*) tiene además un segundo significado: 'genitales'. Y el término tibetano para 'mostrar' (*ston*) significa también 'enseñar'. Tib: *mi dgos pa'i 'doms nas chas rtags bong bu bas che ba de ma ston par sbos la kha rog par sdod zer*.

[24] Sugatagarbha (tib: bde gshegs snying po).

"Si se realiza la mente, esa mente que en sí misma es conocimiento, no hay buda que buscar en ningún lugar. Meditad bien con esta comprensión."

Alguien que realiza que la mente es de forma primordial claridad-vacuidad es un buda. Además, mi propia realización de la mente es la naturaleza básica. Pero, maestro, tú no tienes ninguna confianza en esto. Todos los presentes son testigos de que has entregado la parte más íntima de tu mente a los demonios. Aunque se trata de la naturaleza básica, darte la indicación de eso sería un gran golpe para ti, así que no te lo enseñaré.

- ¡Increíble! -dijo el maestro- Si alguien tiene algún motivo para creer que he entregado mi mente a los demonios, que lo diga. Yo soy mejor que aquellos que emplean sus vidas en engaños, haciendo brujerías y entonando cantos fúnebres para liar a los demás.

- Bien -sonrió el Jetsun-, si dices que trate de convencerte, lo intentaré. Escucha y entiende bien lo que voy a decirte. Hay algo, además de esta pieza de carne que me habéis traído como regalo, que pusiste en manos de otra persona. ¿Acaso su intención no es signo de que has entregado a los demonios tu mente?

La cara del maestro se puso negra. Y Rechungpa, aunque el Jetsun le dijo que no lo hiciera, sin escucharle, comenzó a tirar la carne. En la reunión estaba presente una hermosa joven que no era muy devota del Jetsun, pero sí de Rechungpa. Rechungpa se acercó a ella y le sacó la pulsera que llevaba en la muñeca. Ante ello, el maestro Darlo se quedó abochornado y avergonzado. Denunció con vehemencia al Jetsun y a sus hijos espirituales, y se fue corriendo.

Rechungpa se alegró, les mostró a todos la pulsera, y luego fue hasta donde trabajaba la joven. Le quitó de la muñeca el *mala* de Darlo y lo llevó para que lo viera la gente y quedara al descubierto su inmoralidad. Lotön pensó: "Si Milarepa no ha sido puesto al corriente de la situación por alguien, es que debe de ser quien dice ser. Lo pondré a prueba". Y dijo en voz alta:

- El debate ha terminado.

Y, con ello, tomó sus textos y se fue a casa.

Esa tarde, Lotön vertió sangre en el bol de las limosnas, llenó el *kapala* con leche y puso bocabajo las *thangkas* de los budas y de los bodisatvas que había en el templo. A continuación, pensó: "Si Milarepa sabe todo esto, podré estar seguro de que posee de verdad percepciones extrasensoriales y puede hacer milagros".

Al día siguiente, fue a visitar al Jetsun. Primero vio a Rechungpa, quien le dijo:

- ¡Qué hay, maestro! ¿Has venido a confesar tus faltas, después de haber desacreditado las enseñanzas y a ti mismo?

- He venido a ver al Jetsun y a expresarle la fe que he adquirido en él -dijo, y entró.

- Maestro -habló el Jetsun sonriendo-, no tienes por qué ponerme a prueba de esta manera. Yo percibo directamente todos los fenómenos que tu consideras ocultos. Sé que has vertido el néctar de los cinco venenos en el bol de *rupa* dorado, y que has echado en el *kapala* lo destinado al bol de la mendicidad. En contra del modo correcto de hacer las cosas, has puesto bocabajo las *thangkas* del Buda Shakyamuni y de los bodisatvas. No hagas lo que nunca haría un practicante del dharma. No pongas contenidos en los recipientes erróneos, y no ignores el modo correcto de hacer las cosas: vuelve a poner bien las *thangkas* de los budas.

Lotön se quedó abrumado, encogido de miedo, y una fe especial y fuera de lo común en el Jetsun surgió en él.

- Yogui -le dijo-, te ruego que me enseñes el dharma de tu propia experiencia. Verdaderamente te has ganado toda mi confianza.

- Me parece excelente -le contestó el Jetsun- que tengas fe y confianza. Pero hablar sobre mi experiencia de meditación a alguien que no es un recipiente adecuado sería muy desafortunado. Escucha las razones para ello.

Y, a continuación, cantó esta canción de realización:

Me postro a los pies de Marpa el Traductor:
concede tus bendiciones para que este renunciante pueda guardar
las palabras secretas.

Jactarse de la visión del dharma del Mantra Secreto,
debatir contigo, maestro, que estás lleno de parcialidad y
prejuicios,
sobre los términos convencionales sería una pérdida lamentable[25].
Tener un debate y una charla ociosa
respecto a la meditación sin distracción sería una pérdida
lamentable.
Cuando se mantiene en secreto la conducta del Mantra Secreto,
revelar las disciplinas yóguicas en público sería una pérdida
lamentable.
Para quien persigue la iluminación a través de la meditación,
dedicarse al estudio sería una pérdida lamentable.
Cuando se vierten las instrucciones esenciales en un buen
recipiente,
dárselas a las personas no aptas sería una pérdida lamentable.
Dejar vacío el lugar solitario ocupado al principio
sería al final una pérdida lamentable.
Cantar las profundas canciones de la experiencia del yogui
en medio de asambleas multitudinarias sería una pérdida
lamentable.
Si sigo hablando de las cosas que son lamentables, hay muchas;
con estas pocas bastará por ahora para responder a tu pregunta.

Así cantó.

Y el maestro dijo:

- Aunque no quieras hablar de tu experiencia meditativa, parece que la meditación ha sido la causa de que la sabiduría y el conocimiento se hayan manifestado en ti. Te ruego que hables brevemente sobre la visión, la meditación y la conducta de las iniciaciones concedidas, y del camino gradual y los *bhumis*.

---

[25] La palabra que traducimos aquí como 'pérdida lamentable' (tib: *phangs*) tiene el sentido de profunda pérdida de algo querido, o profundo arrepentimiento por una oportunidad perdida.

- No sé nada sobre tu tradición -dijo el Jetsun-, pero en la mía las cosas son así.

Y, a continuación, cantó esta canción de realización:

> Me postro a los pies de Marpa el Traductor.
> En respuesta a este gran maestro, canto esta canción.
> Sin hacer caso de contradicciones y conexiones[26], presta atención al sentido.
>
> Cuando no hay nada a lo que se mire, esa es la suprema visión,
> esa es la mente en sí misma, la claridad.
>
> Cuando no hay nada que se busque, ese es el supremo descubrimiento,
> esa es la mente en sí misma, la preciosa vena del tesoro.
>
> Cuando no hay nada que llevarse a la boca, esa es la suprema saciedad,
> es la comida del *samadhi* que libera por completo.
>
> Cuando no hay nada que beber, esa es la suprema satisfacción,
> es el líquido de la *amrita* de la *bodichita*.
>
> Esta sabiduría que es simple autoconocimiento
> no es algo que pueda ser expresado con palabras.
>
> No es un objeto de *sravakas* o de inmaduros[27]
> ni tampoco es del dominio de los lógicos eruditos.
>
> Si realizas lo que está más allá de dar y recibir,
> eso se conoce como la iniciación suprema.
>
> Si alcanzas la realidad que está libre de lo alto y de lo bajo,
> eso se conoce como el *bhumi* supremo.

---

[26] Milarepa le está diciendo al maestro que no adopte su conducta habitual de analizar y criticar, como haría en un debate. Contradicciones y conexiones (tib: *'gal 'brel ma bsdebs*) son los componentes clave del sistema de la lógica budista (pramana).

[27] 'Inmaduros' se refiere aquí a los seres ordinarios. (KTGR)

Si alcanzas la realidad que está libre de recorrer,
eso se conoce como el camino supremo.

Si alcanzas la realidad no nacida e inmortal,
eso se conoce como satisfacer la necesidad suprema.

Si alcanzas la realidad que es incomprensible[28],
eso se conoce como el *pramana* supremo.

Si alcanzas la realidad que está más allá de lo grande y lo
pequeño,
eso se conoce como el *yana* supremo.

Si alcanzas la realidad que está más allá del bien y del mal,
eso se conoce como los medios supremos.

Si alcanzas la realidad que está libre de dualidad,
eso se conoce como la visión suprema.

Si alcanzas la realidad que está libre de punto de referencia[29],
eso se conoce como la meditación suprema.

Si alcanzas la realidad que está libre de aceptar y rechazar,
eso se conoce como la conducta suprema.

Si alcanzas la realidad que está libre de intento y de esfuerzo,
eso se conoce como la realización suprema.

Aquellos que están impedidos de entender el sentido de todo esto
son:
los grandes maestros que se han vuelto arrogantes de tanto
estudio,
los eruditos que se jactan de las palabras
y los meditadores que se concentran en aceptar y rechazar.
Aunque estos tres esperan la liberación, no hacen sino
permanecer atados;
están atados por las cadenas de la dualidad.

---

[28] La realidad que no puede ser comprendida por medio de la lógica y del razonamiento
que usa la terminología. (KTGR)

[29] Punto de referencia u objeto de enfoque (tib: *dmigs gtad*).

> Aunque desean la libertad, no hacen sino permanecer cautivos;
> son cautivos del gancho del perceptor y lo percibido.
> Aunque desean escapar, chapotean en un lodazal;
> chapotean en el lodazal de los tres reinos del samsara.

Así cantó.

Lotön, abandonando su orgullo y su arrogancia, se postró ante el Jetsun. Y aunque le pidió el dharma, el Jetsun no se lo dio. Había adquirido una fe inquebrantable en el Jetsun, y dijo, reconociéndolo ante él:

- Los debates que hemos estado teniendo son los auténticos debates. Y, por supuesto, tú los has ganado.

Luego, volvió al monasterio y habló con Darlo:

- No sé si, como dice Milarepa, este conocimiento que nosotros, los lógicos, tenemos, que carece de hastío, de renuncia y de visión pura, será una ayuda para alcanzar la liberación o más bien un impedimento. Estoy arrepentido de haber pensado que las percepciones extrasensoriales y las facultades milagrosas de Milarepa, esos signos de realización de la práctica, eran solo brujerías. Ahora confío en ellas.

- Tu fe en él -le contestó Darlo- te ha vuelto muy ingenuo. Te has convertido en un señor del dharma maléfico. Por lo que a mí respecta, solo veo en sus percepciones extrasensoriales y en sus actos de magia los trabajos de un espíritu fuerte digno de ser aceptado como discípulo y de ser educado; no lo veo como alguien que tenga la más mínima realización del dharma. Y, además, ¡yo no tengo relaciones inapropiadas con esa joven!

Y, manteniendo sus puntos de vista erróneos, murió. Apegado a sus ideas descarriadas, renació como un temible gran demonio que actuaba como testigo de juramentos.

El Jetsun dijo:

- Al haber establecido una conexión negativa conmigo, Darlo ha llegado hasta el último confín del samsara.

Los eruditos que difamaron al Jetsun incurrieron en un gran perjuicio para sí mismos. En cuanto a Lotön, andando el tiempo, se convirtió en asistente del Jetsun y, a través de la práctica de la meditación, llegó a ser el más grande de los cinco discípulos íntimos del Jetsun maestros de meditación, cuyas historias serán presentadas más adelante.

Este es el ciclo de La victoria de Milarepa mediante el poder y la magia en un debate surgido por celos.

35. Rechungpa y Tipupa

Namo Guru

El Jetsun Milarepa salió finalmente victorioso del enfrentamiento con los celosos oponentes a través de sus poderes y de su habilidad en hacer milagros. Sin embargo, su hijo del corazón Rechungpa no quedó satisfecho con ello, ya que el Jetsun no había conseguido ganar por medio de la réplica directa en términos filosóficos. Pensaba: "Esos eruditos carentes de fe en los milagros no quedaron satisfechos, y deben ser derrotados replicándoles con argumentos o mediante el uso de auténtica magia negra. Aunque yo he recibido enseñanzas del Jetsun sobre ese tipo de magia, probablemente solo hayan sido palabras[30]. Lo que dijeron esos maestros de que los milagros eran mera brujería, eso necesita ser contestado; pero el Jetsun no lo va a hacer. Para el propósito de lograr la budeidad en una sola vida, las instrucciones del guru son, sin duda, profundas. Pero para derrotar a los eruditos, necesito ir a la India y estudiar lógica.

Rechungpa le comunicó al Jetsun sus deseos. Y el Jetsun le contestó:

- Rechungpa, si hubiéramos perdido el debate, ¿por qué los eruditos habrían mostrado su respeto? Si vas a La India para estudiar lógica con el propósito de defenderte en debates, solo irás pensando en objetivos mundanos. Si abandonas la práctica verdadera y te dedicas a la filosofía, aunque puedas aprender algo, nunca tendrás la certeza de que vas a ganar todos los debates, ni lograrás la maestría total sobre la lógica y la filología. Para saber cómo responder a todas las preguntas y en todos los debates debes alcanzar la budeidad, y para alcanzar la budeidad debes entregarte a la meditación. Así, renunciarás a esta vida y te mantendrás en la práctica de la meditación para reconocer tu verdadera naturaleza. Incluso si tuvieras el poder de matar a los demás por medio de la magia negra, sin el poder de guiarlos solo conseguirías la ruina para ellos y para ti. Además, a causa de la magia negra que yo realicé, tuve que hacer frente a muchas penalidades en presencia de Marpa. Por tanto, debes quedarte aquí y

---

[30] Esto implica que Milarepa probablemente solo le hablara a Rechungpa sobre la magia negra, sin darle transmisiones completas de ella (TN).

concentrarte en la contemplación de la brevedad de la vida y en la incertidumbre del momento de la muerte.

Rechungpa manifestó insistentemente su ruego de que le permitiera ir a La India. Y, al final, el Jetsun consintió:

- Si porfías en no escucharme y en ir a La India, no te enviaré allí para que estudies lógica. En el tiempo que pasé junto a Marpa de Lhodrak, me transmitió únicamente cuatro partes de los nueve ciclos de enseñanzas de las *dakinis* sin forma del Linaje de la Escucha. De modo que aún quedan cinco en La India. Existe la profecía de que, si un hijo de mi linaje va allí y las recibe del linaje de Naropa, las traerá aquí y beneficiará a los seres vivos. Aunque esto es cierto, no fui yo mismo en persona a recibirlas debido a que no pude en el pasado abandonar mi práctica de meditación. Ahora ya soy viejo y he alcanzado plena confianza en la mente, de manera que yo no iré. Irás tú y las traerás contigo. Para viajar a La India, necesitarás oro.

Milarepa y Rechungpa reunieron el oro que les habían ido ofreciendo, y juntaron una gran cantidad. Luego, como fiesta de despedida de Rechungpa, todos los estudiantes, incluidos Shendormo y Leksé Bum, prepararon un *ganachakra*. En la ceremonia que fue organizada, el Jetsun le hizo entrega a Rechungpa de todo el oro.

- Rechungpa, hijo -habló el Jetsun-, contempla el significado de esta canción. Ve y recibe esas enseñanzas dhármicas en La India.

Y, a continuación, cantó esta canción de realización:

Me postro a los pies de Marpa el Traductor:
concédeme tus bendiciones para que pueda seguir tu ejemplo.

Mi hijo de poca escucha[31] ha perdido el debate
y le surgen las dudas, y quiere abandonar la práctica.
Quiere estudiar, y para ello necesita viajar a tierras lejanas.
Ese es el traicionero camino del yogui que duda.

---

[31] Esto significa "que ha estudiado poco".

Si fueras a La India,
busca el dharma de los ciclos de las *dakinis* sin forma
del linaje del gran pandita Naropa.
No te entregues al enredo de dedicarte a debatir.

Al principio, mi lugar de encuentro fue inequívoco:
encontré y serví a Marpa Lotsawa.
En el medio, mi lugar de meditación fue inequívoco:
medité en El Pico de los Dientes del Caballo de la Roca Blanca.
Al final, mi lugar para mendigar donativos fue inequívoco:
sin guía ni amigos, he ido pidiendo por todo el país.
Ahora estoy libre de rechazar el samsara y de perseguir el
nirvana.
Así, para este yogui, ya no hay vuelta atrás.

Cuando hube dejado la compañía de Marpa de Lhodrak
y me instalé en las recias montañas,
el guru Buda me dijo:

"El rey Chakravartin es el ostentador de la joya,
los pájaros de las cinco familias vuelan en el espacio del
dharmata[119].
Lo primero es la claridad: la antorcha de la sabiduría;
lo segundo son los *nadis*, los *pranas* y la red de los chakras;
lo tercero es el gran gozo, la preciosa joya del habla;
lo cuarto, 'el sabor único', el espejo de los fenómenos externos;
lo quinto es la autoliberación, el mahamudra.
Todos estos cinco dharmas aún permanecen
en La India, y deben ser preservados."[32]

Ahora soy viejo y no podré ir;
tú, hijo mío, un sostenedor del linaje de Marpa,
recupera esto de la tierra de La India.

Así cantó.

---

[32] Estos son los cinco Ciclos del dharma de las dakinis sin forma que Marpa no recibió en
La India y que Rechungpa fue a recuperar por mandato de Milarepa.

Alegremente, Rechungpa, tomó una parte selecta de las ofrendas de oro, la lanzó sobre el cuerpo del Jetsun, y cantó la siguiente canción:

> A riesgo de mi vida, me propongo cumplir
> el significado y la intención del mandato de mi guru.
> Que pueda yo recibir, de acuerdo con la profecía,
> la cálida respiración de las *dakinis*, las instrucciones esenciales.
> Por la compasión del que tiene amor y sabiduría,
> te ruego que me aceptes como inseparable de ti.
> Bendíceme para que recuerde y nunca olvide
> las guirnaldas vajra de tus palabras de mandato.
> A Rechungpa, que va sin guía y sin amigos,
> te ruego que le protejas de todo lo que le salga al camino,
> en los temibles y traicioneros caminos de La India;
> donde quiera que vaya, estate conmigo.
> Cuando vague por esas tierras humanas, desprovisto de guía,
> que encuentre a alguien con quien tenga buena conexión kármica.
> Que las apariencias que se presenten como obstáculos en el camino
> se transformen y se dejen ver como preciosas joyas.

Luego, el Jetsun cantó esta canción de realización dedicada a Rechungpa:

> A mi hijo, Rechungpa, que parte hacia La India,
> le daré un consejo en siete grupos de tres:
>
> Primero es el gran camino del Mantra Secreto;
> segundo, las importantes instrucciones esenciales del guru;
> tercero, tu propia sabiduría:
> que estas tres grandezas te acompañen.
>
> Primero, necesitas prestar servicio a los que saben;
> segundo, necesitas tener fe en el guru;
> tercero, necesitas perseverar por ti mismo:
> que estas tres necesidades te acompañen.
>
> Primero, haz que el control del *prana* penetre tu punto vital;
> segundo, penetra en la expansión del *dharmata*;

tercero, penetra la maestría del dharma:
que estas tres formas de penetración te acompañen.

Primero es ver la claridad del gozo;
segundo es ver la miríada de las apariencias;
tercero es ver las escrituras, la lógica y las *upadeshas*:
que estas tres cosas que deben ser vistas te acompañen.

Aprecia la compañía de la consorte genuina;
aprecia la mente de la experiencia del gozo;
aprecia la conducta que es como la de un elefante[33]:
que estas tres cosas apreciables te acompañen.

Transmitir las instrucciones a los recipientes no aptos es una
pérdida lamentable;
cantar tu experiencia en canciones es una pérdida lamentable;
vagabundear por las ciudades es para el yogui una pérdida
lamentable:
ten en consideración estas tres pérdidas lamentables.

Primero, reunirse con los amigos dhármicos;
segundo, reunirse con las *dakinis*;
tercero, reunir provisiones en las asambleas.
Que estas tres causas de reunión te acompañen.

Reflexiona sobre el significado de esta canción y ponlo en
práctica.

Así cantó.

Rechungpa hizo postraciones ante el guru y, a continuación, partió hacia La India.

Iba en compañía de quince monjes junto a su líder, un *dzogchenpa*[34] llamado Khyitön[35]. En Nepal, Rechungpa y Khyitön tuvieron la oportuni-

---

[33] Conducta yóguica constante y sin temor, que se esfuerza por beneficiar a todos los seres.

[34] Alguien que practica *dzogchen*, la 'gran perfección'.

[35] *Khytön*, que significa 'Maestro Perro', es conocido también como Ra Lotsawa (Thrangu 2001, 12)

dad de implicarse en ciertas actividades dhármicas; y durante el camino conocieron a un discípulo de Tipupa[36] llamado Bharima.

En Khokhom, tuvieron que ir a pedir al rey un permiso de viaje. El rey le dijo:

- Tú eres el hijo del corazón del *sidha* que no quiso aceptar la invitación que le mandé hace tiempo.

Y, de acuerdo con sus deseos, Rechungpa recibió el permiso y provisiones para el viaje. Cuando llegó a La India, Rechungpa conoció a Tipupa y consiguió todas las enseñanzas dhármicas que iba buscando. Tipupa sintió también una gran fe hacia el Jetsun y le dio a Rechungpa un bastón de madera de agar para que se lo llevara como regalo de su parte.

Rechungpa conoció además a Machik Drupé Gyalmo[37], recibió las instrucciones esenciales de Amitayus y estudió magia negra con los *tirthikas*. De vuelta, a su paso por Nepal, volvió a ver a Bharima, el discípulo de Tipupa, debatiendo con algún traductor celoso y aclarándole sus errores dhármicos. Y hay muchas más historias, relativas a este viaje de Rechungpa a Nepal y a La India, que pueden ser conocidas en detalle en su biografía.

A través de su *samadhi* iluminado, el Jetsun supo del regreso de Rechungpa, y se acercó hasta el centro de la llanura de Palkhü para darle la bienvenida. Allí, padre e hijo volvieron a reencontrarse.

Este es el ciclo de Rechungpa y Tipupa.

---

[36] Rechungpa recibió la transmisión de *Los ciclos del dharma de las dakinis sin forma* de Tipupa, de quien se dice que era una reencarnación (a través de la práctica de 'la posesión del muerto') de Darma Dodé, el difunto hijo de Marpa.

[37] Literalmente, "La Madre, Reina de la Realización", conocida como Ekamatrika Siddharajñi, en sánscrito (tib: *ma gcig grub pa'i rgyal mo*). Debido a su dominio de la práctica de larga vida, se dice que vivió más de quinientos años.

36. Mégom Repa

Namo Guru

Durante la estancia del Jetsun Milarepa en La Cueva del Vientre de Nyanang, un comerciante del clan Mé fue a conocer al Jetsun. El comerciante sintió una fe inquebrantable en él, y ofreció todos los bienes materiales que poseía al padre Jetsun y a sus hijos. Luego, tras ser instruido en cómo entrar por la puerta del dharma, se puso a meditar, y una experiencia y una realización excepcionales se desarrollaron en su corriente mental. El Jetsun le dio las indicaciones de la visión, la meditación y la conducta en unión, e inmediatamente el comerciante tuvo la visión del estado natural de su propio rostro y alcanzó un inconmensurable gozo y deleite. Tras la recepción de estas instrucciones, en las filas de la ceremonia de un *ganachakra*, Drigom Repa se dirigió a Mégom[38]:

- ¿Tienes fe en el dharma y en las instrucciones esenciales? ¿Qué signos de experiencia han surgido en ti?

- Sí -dijo Mégom-, tengo fe en las instrucciones esenciales que he recibido por la compasión de los gurus raíz del linaje. Frente a cualquier fenómeno que surja, ya sea que me produzca felicidad o sufrimiento, no necesito más que las instrucciones esenciales del guru; y he desarrollado una motivación fuerte y estable para no abandonar nunca los retiros de montaña.

El Jetsun quedó complacido y le dijo:

- Muy bien, Mégom, así es. Si tienes confianza en el guru y en las instrucciones esenciales, será imposible que no surjan en ti las experiencias y la realización. Sin embargo, no esperes que esto vaya deprisa, de modo que tendrás que perseverar meditando en retiros de montaña.

Y, a continuación, cantó esta canción de realización:

---

[38] Meditador del clan Mé.

Me postro a los pies de Marpa el Traductor.
Todos los que estáis aquí, Mégom y los demás,
contemplad y poned en práctica
la canción de este viejo con experiencia.

Dado que mi confusión ha sido cortada de raíz,
la autocognición se ha manifestado como mi guru.
Si la autoconsciencia no se manifiesta como tu guru,
no debes apartarte de un maestro *sidha*.

Todas las apariencias se han manifestado como mis textos.
Si las apariencias no se manifiestan como tus textos,
no debes apartarte de las enseñanzas genuinas.

El hastío surge en mí de forma natural.
Si el hastío no surge en ti de forma natural,
no debes apartarte del antídoto.

Yo he realizado la realidad no nacida.
Si tú no has realizado la realidad no nacida,
debes sentirte aún concernido por el karma, la ley de causa y el
efecto.

Yo he comprendido que samsara y nirvana son no-dos.
Si tú no has comprendido que samsara y nirvana son no-dos,
debes meditar en la unión de las dos verdades.

Yo tengo completa experiencia de la inseparabilidad de uno
mismo y los demás.
Si tú no tienes completa experiencia de la inseparabilidad de uno
mismo y los demás,
no debes separarte de la *bodichita*.

La realización se expresa de forma espontánea en mí.
Si la realización no se expresa de forma espontánea en ti,
no debes separarte de la consciencia discriminativa.

Para mí ya no hay meditación y posmeditación.
Si todavía hay meditación y posmeditación para ti,
debes practicar el camino de los medios en un lugar solitario.

Las experiencias surgen continuamente para mí.
Si no surgen continuamente para ti,
no debes separarte de 'las tres puntas de la nariz'[39].

Yo he realizado que los tres kayas están intrínsecamente
presentes.
Si tú no has realizado que los tres kayas están intrínsecamente
presentes,
debes practicar las fases de creación y de culminación.

En mí, las seis conciencias están completamente relajadas.
Si para ti las seis conciencias no están completamente relajadas,
no debes separarte de tus compromisos y *samayas*.

Así cantó.

Mégom quedó encantado, y dijo:

- Te ruego que me aceptes, por tu bondad, y que me des una sola enseñanza que abarque las indicaciones de la visión, la meditación y la conducta.

Milarepa cantó, en respuesta, esta canción de realización:

Me postro ante las bendiciones del maestro.
La unidad de la visión, ¡qué delicia!
La unidad de la meditación, ¡qué gozo!
La unidad de la conducta, ¡claro que me hace feliz!
Estas tres clases de unidad, ¡qué maravilla!

Si no comprendes la unidad de la visión,
¿cómo puedes conocer que todos los fenómenos son el
dharmakaya?

Si no comprendes la unidad de la meditación,
¿cómo el sufrimiento puede convertirse en tu ornamento?

Si no comprendes la unidad de la conducta,
¿cómo puede el hastío surgir espontáneamente?

---

[39] 'Las tres puntas de la nariz' (tib: *sna rtse gsum*) están conectadas con las prácticas del
nadi-prana del cuerpo sutil.

Los seres vivos de los seis reinos del samsara
y la sabiduría del nirvana
son inseparables. Son de una misma naturaleza.
Has de saber que esto es la unidad de la visión.

La miríada de apariencias del rojo y el blanco
y la sabiduría del *dharmata*
son inseparables, una misma esencia en el dharmakaya.
Has de saber que esto es la unidad de la meditación.

Como el reflejo de la luna en el agua, todo lo impregna;
como un arcoíris, es inaprensible;
como la luz de una vela, es radiante claridad.
Has de saber que esto es la unidad de la conducta.

Todos los seres vivos las poseen,
ellas son las tres clases de unión.
La no dualidad es el punto clave de la visión,
la no distracción es el punto clave de la meditación,
la unión es el punto clave de la conducta.
Y las tres, inseparables, son el punto clave de la realización.
Hijo mío, ¡debes practicar de esta forma!

Así cantó. Y todos los hijos discípulos sintieron una gran motivación positiva.

Luego, cuando Mégom se dirigía él solo a quedarse en retiros de montaña, le dijo al Jetsun:

- Te ruego que me des un consejo que sea fácil de tener presente.

- Yo he practicado como voy a contarte -le dijo el Jetsun-, y a causa de ello, las buenas cualidades se han desarrollado en mi corriente mental. Practica tú también de esta forma.

Y cantó la siguiente canción de realización:

Yo, el yogui Milarepa,
mirando de manera desnuda, veo la esencia.
Libre de elaboraciones, lo que veo es como el espacio.
Permaneciendo de forma espontánea, realizo la naturaleza esencial.

Realizo la esencia vacía de todas las cosas
y, al relajarme, la suelto en su lugar natural.
La claridad y el lodo del río de la consciencia están separados.
Desechándolos del todo, corto con conceptos y recuerdos.
Me he distanciado resueltamente del abismo de los seis reinos.
Reconociendo mi mente como buda,
no me queda ningún deseo por cumplir.
Cuando la realización emana de dentro,
es como el Sol levantándose sobre la oscuridad.
Los montones de conceptos y aflicciones,
si desparece la artificiosidad, se disuelven en sí mismos.

Así cantó.

Mégom se sintió exultante y, de acuerdo con las instrucciones de su guru, se dedicó a la meditación solitaria en las montañas. Por medio de ello, los signos de la experiencia de los caminos y los *bhumis* y las extraordinarias buenas cualidades de la experiencia y de la realización surgieron en su mente. Este hijo íntimo de Milarepa, conocido como Mégom Repa, benefició a muchos afortunados ayudándoles a practicar.

Este es el ciclo de Mégom Repa.

37. Sahle Ö

Namo Guru

El Jetsun Milarepa salió para hacer su ronda de mendicidad, practicando 'el sabor único', entre La Cueva del Vientre de Nyanang y Ngokang. Se quedó unos cuantos días en Lashing y luego se acercó hasta Naktra. De camino, se encontró con una joven de dieciséis años de piel oscura y reluciente pelo rubio, vestida y adornada con elegancia. Iba en busca de agua, y el Jetsun la abordó:

- Joven, por caridad, dale a este yogui algo de comer para hoy.

- Si los que vivimos a la orilla del camino diéramos de comer a todos los mendigos que pasan por delante, nunca acabaríamos -le replicó la joven, yéndose para su casa.

El Jetsun se quedó allí, y esa noche la joven tuvo un sueño especial. Por la mañana, recordando el sueño, pensó: "Nunca sabemos cuándo se puede presentar ante nosotros un buda encarnado. Es posible que ese al que llaman el Jetsun Milarepa sea un buda. Si lo fuera, el sueño que he tenido esta noche se debería a su compasión. Iré a conocerlo mejor". Entonces, volvió al lugar llevando comida que ella misma había cocinado para el día, y se la sirvió al Jetsun.

- ¿De dónde eres, yogui? -le preguntó.

- Soy uno de los renunciantes de los alrededores -le respondió el Jetsun.

- ¿No eres el Jetsun Milarepa, el que está en La Cueva del Vientre de Nyanang?

- Sí, también.

Con una fe que invadió todo su cuerpo, todo su vello se puso de punta. Se postró ante él y le dijo:

- Tú eres el que ha aparecido esta noche en mis sueños.

- ¿Qué has soñado? -le preguntó Milarepa.

- Soñé que el Sol y la Luna estaban dentro de mí, pero carecían de luz. A continuación, otro sol y otra luna se levantaron por el este y la luz de ambos iluminó al sol y la luna que yo tenía dentro. Estos salieron de mi interior y se fundieron con la luz del sol y la luna del este. Y, entonces, el universo entero se iluminó ante mis ojos. ¿Si sigo y sirvo al Jetsun, brillará el dharma para mí?

- Es posible que así sea -dijo el Jetsun.

La bendijo con su *samadhi*, y regresó a La Cueva del Vientre de Nyanang.

No mucho después, la joven fue a visitarlo con un amigo. Llegó a la presencia del Jetsun y le pidió enseñanzas del dharma. A continuación, entregándole una pieza de oro como regalo, cantó esta canción de ofrenda:

¡Oh Maravilla!, gran repa yogui,
gran *sidha*, escúchame, por tu bondad.
Cuando pienso en este cuerpo mío que ha nacido,
veo que es impermanente como el rocío sobre la hierba
y eso me hace sentirme inquieta.

Cuando pienso en los amigos que me hacen compañía,
veo que son impermanentes, como los invitados a una fiesta.
Y eso también me hace sentirme inquieta.

Cuando pienso en la riqueza acumulada,
veo que es impermanente, como la miel de las abejas.
Y eso también me hace sentirme inquieta.

Cuando pienso en la tierra en la que he nacido,
veo que es como la prisión de un rey malvado.
Y eso también me hace sentirme inquieta.

Durante el día, me lo paso haciéndome preguntas,
y cuando llega la noche, sin poder dormir, pienso y reflexiono.
Por el poder de los méritos reunidos con anterioridad,
he logrado en esta vida un nacimiento humano.
Años y meses llevo a mis espaldas,
pero solo días y horas me quedan por delante.

A cada momento que pasa, la muerte está más cerca.
Como el tronco de un árbol podrido, mi cuerpo se derrumbará
pronto.
Mi respiración, como la neblina, pronto se disolverá.
Cuando pienso en todo ello, me siento inquieta.
Con la mente así de agitada, no puedo dormir nunca.
Señor, padre, gran Jetsun, me postro a tus pies y te suplico:
que mi mente pueda concentrarse en el auténtico dharma.
Ahora, señor, gran Jetsun, te lo ruego, ¡sé mi refugio!
Por tu bondad, te lo ruego, otórgame el dharma supremo.

Así cantó.

Con la intención de comprobar si sería capaz de practicar el dharma
con devoción y si, en caso de sentirse atraída por las preocupaciones mundanas, seguiría practicando, el Jetsun le dijo:

- No necesito tu oro. Para vosotras, las chicas ricas, es imposible practicar el dharma. Incluso si pudieras, es difícil conseguir cierta indepen-
dencia para seguir practicando el dharma. Además, con lo joven que eres,
el mundo te atrae y tu actividad mundana es intensa.

Y, a continuación, cantó esta canción de realización, en respuesta a la
de ella:

¡Glorioso rey Chakravartin, nirmanakaya!
Me postro a los pies de Marpa, la bondad en persona.

Arriba, en el maravilloso palacio, en los jardines divinos
del reino celestial de Tushita,
crecen flores divinas
lustrosas y de dulce fragancia.
Pero las abejas comunes no pueden llegar hasta ellas.
Incluso si lo hicieran, no podrían libar su néctar.

En Jambudvipa, al sur del Monte Meru,
hay un estanque que posee las ocho buenas cualidades[40]

---

[40] Se refiere a las ocho buenas cualidades del agua: dulce, fresca, suave, luminosa, transparente, limpia, no daña la garganta y es saludable para el estómago. (TDC)

que depuran todas las negatividades, la ignorancia y las
tendencias latentes.
Las aves comunes no pueden llegar hasta él.
Incluso si lo hicieran, no podrían quedarse.

Al norte de Bodhgaya[41]
hay árboles medicinales de sándalo
que sanan cualquier enfermedad física.
Pero ningún ser humano enfermo puede llegar hasta ellos.
Incluso si lo hicieran, no sabrían cómo utilizarlos.

En el norte, en la tierra de las nieves,
en la frontera entre El Tíbet y Nepal,
hay un protector de todos los seres desdichados,
la imagen aparecida de forma espontánea de Wati Sangpo[42].
Pero los desafortunados no pueden llegar hasta ella.
Incluso si lo hicieran, no podrían tener fe.

En este océano ilimitado del samsara,
se encuentran los desdichados seres carentes de seguridad en sí
mismos.
Vagan errantes a través de los tres reinos inferiores.
Aunque es posible que logren las libertades y las ventajas,
no pueden acumular mérito de forma regular.
Incluso si acumulan algo, son arrastrados por el engaño.

Aunque se consiga un nacimiento humano, con sus libertades y
ventajas,
es como el brillo de una estrella durante el día,
sintiéndose a gusto, la gente se entrega a ese camino de confort

---

[41] En tibetano, Bodhgaya se conoce como 'el Trono Vajra' (*rdo rje gdan*).

[42] "Wati Zangpo (*wati bzang po*), o el Jowo de Kyirong (*skyid grong jo bo*). Una famosa estatua de madera de sándalo de Avalokiteshvara, bajo la apariencia de Khasharpana. Es una de las cinco estatuas llevadas desde Nepal por Akaramatishila, por orden del rey Songtsen Gampo (…) Se dice de esta imagen tan venerada que ha hablado en varias ocasiones a los guardianes del templo, y que ha emitido profecías. La gente peregrina desde El Tíbet para recibir sus bendiciones. Es del tamaño de un niño de cinco años, y fue puesta a salvo por los refugiados tibetanos; actualmente está custodiada por su santidad el Dalái Lama en Dharamsala, en La India". (Shabkar, 390)

y no toma la senda del dharma genuino.
Incluso si entra por la puerta del dharma,
pocos son los que mantienen de forma correcta el *samaya*.

Por la bondad del padre Jetsun,
todas las apariencias están hechas de oro;
no necesito tus ínfimos tesoros.
Esta canción con sus cinco ejemplos, y su significado que hace seis,
la he cantado dedicada a una estudiante con fe.
Pero ahora mismo tu fe ya se está debilitando
y es difícil que se vuelva firme e inmutable.
Por tanto, joven muchacha, es mejor que te vayas.
En el futuro, podrás concentrarte en el dharma.
Cuida de tu esposo como si fuera una divinidad.
Cuida de tus hijos con los que tienes una deuda kármica[120].
Restaura la parte alta de la fortaleza que está en ruinas.
Trabaja con denuedo en los campos y haz que den un alto rendimiento.
Cuida del ganado como si fuera tus propios hijos.
Por encima, haz ofrendas a las Tres Joyas y al guru.
Por abajo, ocúpate cariñosamente de los pobres y de los que sufren.
En medio, muestra respeto a tus suegros.
Sé amable con los vecinos de tu tierra
y hazle súplicas a este anciano.
Aspira a encontrarte con el dharma en el futuro.
Yo hago votos por que tu vida sea auspiciosa y larga.

Así cantó.

La joven hizo postraciones ante el Jetsun y dijo:

- Recordando los defectos del samsara, solo anhelo practicar el dharma desde el fondo de mi corazón, y no siento ninguna atracción hacia los vulgares asuntos mundanos. Y te voy a explicar por qué.

Y, a continuación, cantó esta canción:

Me postro a los pies del Jetsun, que es pura bondad,
concédeme tus bendiciones para que mis deseos se cumplan.
Señor, Gran Repa, te ruego que me escuches amablemente;
estas palabras que te dirijo con devoción,
tú verás si son sinceras o no.

¡Siento una tristeza y una desesperación tan grandes!
Y al pensar qué puedo hacer,
el recuerdo de la impermanencia y de la muerte surgen de lo más
profundo.
Desde que salí del vientre de mi madre hasta ahora,
he visto morir a mucha gente, viejos y jóvenes.
La vida es impermanente como una gota de rocío sobre la hierba,
los días y las horas pasan desapercibidos.
No hay un solo lugar en ningún sitio
al que la muerte no llegue, bien lo veo.
Que voy a morir es una certeza incuestionable
y, cuando muera, no tendré control sobre mi lugar de
renacimiento.
Cuando contemplo los sufrimientos de los reinos inferiores,
me siento aterrorizada, pensando: "Yo podría sufrir de ese modo".

Considerando las otras formas del samsara,
me comprometeré con el mal karma del matrimonio.
Cuando sigues los dictados del samsara,
dejas atrás a tus amorosos padres;
te unes y, a continuación, te atas a un hombre cruel.
Plantas así los cimientos junto a los tres reinos inferiores,
donde los tres reinos superiores y la liberación quedan
bloqueados.
Él se lleva la riqueza y la comida de tus padres
e, insensatamente, trabajas como su esclava.
Ese compañero que salta contigo dentro del samsara,
al principio, es un príncipe divino de dulce sonrisa;
entre medias, se vuelve un demonio de rostro negro y airado;
al final, es un joven toro, siempre dispuesto a golpearte.
Pensando en ello, el desengaño se apodera de mí.
Por tanto, esta joven se entregará a la práctica del dharma

supremo.
Como compañía, tendré a los hermanos y hermanas vajra.

Luego, respecto a los hijos que se da a luz,
pocos están dotados de algún mérito.
Aunque es posible que nazca alguno con buen karma,
la mayoría solo traen deudas kármicas que debes pagar.
Al principio, te quitan la belleza del cuerpo;
entre medias, te quitan la comida de la boca;
al final, te quitan la riqueza de las manos.
Pensando en ello, el desengaño se apodera de mí.
Por tanto, esta joven se entregará a la práctica del dharma
supremo.
Como hijo, cuidaré de la criatura de la consciencia.

En cuanto a los templos, las posadas y similares,
pocos son construidos con verdadero sentido.
Todas esas prisiones del samsara,
al principio, traen sufrimiento a la mente;
entre medias, atormentan el cuerpo;
y al final, te llevan a la ruina total.
Pensando en ello, el desengaño se apodera de mí.
Por tanto, esta joven se entregará a la práctica del dharma
supremo
y construirá la fortaleza de la meditación intrépida.

Al lado de la corriente de virtud de los fieles
-las formas y enseñanzas del Tathagata[43]-,
cualquier trabajo de campo o de granja carece de sentido.
Al principio, se lucha con la tierra inculta;
entre medias, se lucha por conseguir agua;
al final, se lucha con la otra gente.
Pensando en ello, el desengaño se apodera de mí.
Por tanto, esta joven se entregará a la práctica del dharma

---

[43] Estos dos versos se refieren al trabajo de hacer estatuas y dar enseñanzas budistas. Al lado de este tipo de trabajo, ningún otro, como por ejemplo la agricultura o la ganadería, tiene ningún sentido.

supremo;
cultivaré los campos de mi salvaje corriente mental.

Si te apoderas de la mente con la intención de la *bodichita*,
entonces es posible que surja el mérito.
Si no, si solo te concentras en amasar riquezas
-incrementando tu ganado y tus rebaños-, acumularás karma
negativo.
Al principio, la codicia simple es destronada por el intenso deseo;
entre medias, el orgullo y los celos crecen;
al final, todo ello será una señal para que aparezcan los enemigos.
Pensando en ello, el desengaño se apodera de mí.
Por tanto, esta joven se entregará a la práctica del dharma
supremo;
con compasión, me dedicaré al cuidado del ganado, de los
rebaños y de las seis clases de seres.

No haciéndote cargo de tus propios defectos,
siempre estás mirando los de los demás.
¿Cómo se puede, así, tener armonía con la gente?
Incluso Buda, nuestro maestro omnisciente,
que está libre de las manchas de tales defectos,
fue considerado alguien lleno de defectos
por las malas personas y los no virtuosos.
De esta forma, nunca tendremos armonía con nadie
y nunca seremos capaces de complacerlos.
Pensando en ello, el desengaño se apodera de mí.
Por tanto, esta joven se entregará a la práctica del dharma
supremo;
y me dedicaré a la contemplación del rostro de mi propia mente.

Para ti, emanación de buda,
todas las apariencias se muestran como hechas de oro.
Incluso si esto no sucede,
no hay existencia ni no-existencia.
Dado que he abandonado el apego,
debo ofrecerte mi mundana y vulgar pieza de oro.

Todos los Victoriosos han afirmado:
"Abandona las cosas que te producen apego".
Todos los budas, además, han dicho:
"Si dedicas los alimentos y riquezas ilusorios a la virtud,
se volverán meritorios".
Así lo he oído con mis propios oídos.

Con esa intención te hago este ofrecimiento,
y tras recibir esta señal de mi devoción,
te ruego que me enseñes bondadosamente el dharma supremo.

De este modo le ofreció ella su canción.

El Jetsun aceptó el oro y, a continuación, se lo devolvió, diciéndole:

- Si verdaderamente deseas practicar, incluso al precio de tu vida, entonces acabas de entrar por la puerta del dharma. Por tanto, prepara ofrendas para el guru y los *yidam*.

Luego, con devoción, ella hizo una amplia variedad de ofrendas.

El Jetsun le dio, entonces, los votos de *upasaka* de la tradición de los sutras, además de las iniciaciones de la tradición del mantra, y le puso el nombre de Sahle Ö[44]. Llevando las instrucciones en su corazón, fue enviada a meditar, y las buenas cualidades y signos de la experiencia se desarrollaron enseguida. Y fue capaz de permanecer en las montañas.

El Jetsun dijo:

- Me siento muy complacido con tu meditación y tu perseverancia. Con la experiencia y la realización que has alcanzado, serás capaz de quedarte en las montañas. Ve, pues, a las montañas a meditar en soledad. Mantén la siguiente instrucción esencial en tu corazón hasta que volvamos a vernos.

Entonces, cantó esta canción de realización de instrucciones:

Genuino guru dotado de compasión,
preciosas Tres Joyas excelentes fuentes de refugio,

---

[44] Luz Vívida.

dakinis y protectores de gran poder,
me postro ante todo lo que acabo de mencionar.

Desconozco el modo de cantar canciones con bellas palabras,
pero las que uso aquí tienen la bendición del linaje.
Su significado está impregnado de la intención de los Victoriosos.
¡Oh fiel meditadora Sahle Ö,
limpia el polvo del espejo de tu mente
y proyecta la mirada en el espacio sin mancha!
Con las bendiciones de todos los *sidhas* previos,
ve a meditar a las montañas, en lugares solitarios.
El motivo para ir errante por retiros de montaña
es alcanzar la maestría; contempla la naturaleza de la mente.
Ahora te explicaré la forma de hacerlo:
¡escucha atentamente, Sahle Ö!

Tomando como ejemplo la montaña de allá arriba,
debes meditar libre de movimiento.
Para desarrollar las buenas cualidades de buda,
haz esto con una determinación que se abstenga del placer y del dolor.

Tomando como ejemplo el río de allá abajo,
medita sin interrumpir la corriente.
Para recibir las bendiciones del guru,
debes tener un respeto y una devoción permanentes.

Tomando como ejemplo este cielo,
medita sin centro ni confín.
Dirige tu mirada a la verdadera naturaleza;
hazlo con los medios y la sabiduría en unión.

Tomando el Sol y la Luna como ejemplos,
medita sin que la claridad se oscurezca.
Recuerda que las seis clases de seres han sido tus padres;
ten una compasión que los incluya a todos.

Tomando el océano allá lejos como ejemplo,
medita sin pereza ni sopor.

Mira de forma directa tu propia mente;
practica de acuerdo con las explicaciones del guru.

Tomando la tierra como ejemplo,
medita completamente libre de cambios.
Para ser un recipiente apropiado para las instrucciones,
estabiliza tu fe en la naturaleza de buda.

Mira hacia dentro a tu propia mente,
medita sin categorías ni conceptos.
Haz que las apariencias se conviertan en tus textos,
haz que tu mente sea el verdadero objeto de tu estudio.
En cualquier momento y de todas las formas posibles,
procúrate la provisión de la generosidad inagotable.
Embellécete con las joyas de la disciplina.
Desnúdate y vístete con la piel animal de la paciencia.
Cabalga el mágico corcel de la diligencia.
Busca la noble ciudad de la meditación.
Enriquécete con los bienes del conocimiento.
Sin olvidar la bondad del guru,
hazle la ofrenda de tu experiencia y tu realización.
¿Entiendes todo esto, mujer dotada de fe?

Así cantó.

La fe de ella se fortaleció aún más, y preparó y ofreció una gran variedad de ofrendas para complacer al Jetsun. Luego, de acuerdo con las instrucciones del Jetsun, abandonó todas las actividades corrientes de esta vida y marchó a meditar a La Montaña de Nangyul, en Nyanang.

El Jetsun, a continuación, se fue a La Roca Roja de Drin; y, mientras permanecía en un estado de claridad permanente, dirigió su atención hacia Rechungpa con gran amor. Entonces, un brillante rayo de luz procedente de una estupa de cristal le dio de lleno. Debido al poder de la magia negra que Rechungpa había adquirido con los *tirthikas*, se desató una gran tormenta que emborronó la visión. Pensando "¿Habrá encontrado algún obstáculo mi hijo Rechungpa?", voló desde La Roca Roja de Poto hasta Lachi. De camino, se impulsó con el pie en un lado de la roca llamada La Cueva de la Práctica Rechen, y dejó allí su huella impresa. De nuevo, en un estado de claridad, vio a Rechungpa y supo que, aunque su vida no corría peligro, tenía obstáculos producidos por estados mentales no dhármicos.

Después, se fue en dirección a Nyanang para examinar a Sahle Ö. De camino, se encontró con varios monjes a los que preguntó por el paradero de ella. Le dijeron:

- Sigue en el mismo lugar de retiro donde empezó. Su cuerpo no se mueve. Nunca habla. Es como si lo ignorara todo. Parece que hubiera entrado en algún estado de meditación erróneo.

El Jetsun pensó: "Que ella pueda meditar de este modo no es un defecto, es una excelente cualidad". Y se acercó hasta donde estaba. Ella, que se encontraba también en un estado de claridad, vio que el Jetsun venía y fue hacia el valle para reunirse con él. Se postró ante él, le preguntó por su salud y, a continuación, se sentó sin decir nada más. Entonces, para despertar la experiencia dentro de ella, el Jetsun cantó esta canción de realización:

> Sahle Ö, que has establecido en tu corriente mental
> el dharma de permanecer en retiros solitarios de montaña:
> primero, has confiado en el guru con devoción,
> y, por el poder de la bendición, tu corriente mental ha madurado.
> Has confiado en el sabor supremo del camino del néctar de los medios,
> y has desarrollado certeza en el dharma genuino.
> Tu meditación no ha sido ni muy tensa ni muy relajada,
> y de ese modo los signos de la experiencia de quienes te han precedido en el camino han surgido en ti.
> Dado que no has tenido obstáculos ni condiciones adversas,
> no tienes preguntas en este momento, y eso es bueno también.
>
> Si aplicas mucho esfuerzo en la práctica del dharma,
> es como atiborrarte de comida envenenada:
> así no te será posible alcanzar la liberación.
> El ciervo almizclero permanece durante mucho tiempo en cuevas.
> Las recitaciones vajra del cuervo negro son copiosas[121].
> El pez de vientre blanco[122] controla a las mil maravillas su respiración.
> El tallo de médula blanca es experto en extraer nutrientes.

Las marmotas meditan en la absorción de la cesación.
Los brahmanes practican austeridades por largos períodos de
tiempo.
Los loros saben entonar palabras huecas[45].
Si el factor de liberación no surge en tu mente,
aunque busques con anhelo, no encontrarás la senda de la
liberación.
Por el simple hecho de bloquear la proliferación de pensamientos
que se arremolinan en tu mente como en un estanque,
no conseguirás liberarte del océano del samsara.

Con el *chandali* de meditar en los atributos,
arderá el conocimiento imparcial.
Con el *chandali* de calmar la mente,
reconocerás la claridad prístina del bardo.
Con el *chandali* de la realidad innata,
realizarás la realidad libre de nacimiento y cesación.
Con el *chandali* del *bindu* y el *nadi*,
quedarás libre de apegarte a las cosas como reales.
El canal central, el *avadhuti*, que está libre de esfuerzo,
carece de elaboración, es autogenerado y primordialmente puro:
en él, el nudo de la dualidad se desata por sí mismo.
Su esencia es el punto clave del mahamudra.
¿Comprendes esto, Sahle Ö?

Así cantó.

Y, a continuación, Sahle Ö le ofreció su realización:

Ante mí hay alguien que sostiene el linaje de Vajradhara,
alguien que ha recibido la profecía de las cuatro clases de *dakinis*.
Por medio de la compasión de Tilo y Naro,
sostenedores del Linaje de la Práctica,
la intención de los tantras surgió en su corazón.

---

[45] Estos versos van desgranando ejemplos de distintos métodos usados en conexión con
el dharma (estar en cuevas, recitaciones vajra, control de la respiración, extracción de
nutrientes -o rasayana-, etc.), pero no dan resultado a causa de carecer del 'factor de liberación'.

La cosecha de compasión de Marpa Lotsawa el Traductor
se expande en las diez direcciones,
y los frutos puros maduran en cada uno de sus estudiantes.
A causa de esta fructificación, llevo hasta mi coronilla
tus pies de loto que liberan mi propia corriente mental.

Gran Repa de Gungtang, dotado de inmensa compasión,
la bandera de tu fama ondea en las diez direcciones.
Preciosa joya sobre mi cabeza,
con fe y respeto, te suplico,
padre, guru, que has sido tan bondadoso
conmigo y con todos los aptos para ser adiestrados.
Diriges nuestro análisis hacia el dharma
y nos estableces en el camino infalible.
A través de las iniciaciones, haces evolucionar las corrientes
mentales que eran inmaduras.
A través de los medios, liberas a los que carecían de libertad.

Esas apariencias que despliegan su multiplicidad en el exterior,
a través de tus indicaciones son como ilusiones.
La claridad se une con el *dharmata*, la madre.
Y el mágico despliegue de la mente vacilante
se disuelve en sí mismo, como las olas del océano.
A través de la energía y la solidez de mi práctica,
he atravesado cualquier implicación conceptual,
todos los desvíos del camino mundano.

El camino infalible ha nacido en mi mente.
Comprendo el camino del Mantra Secreto de los medios.
No confundo los caminos elevados con los inferiores.
Deseo la budeidad, pero aún no la he alcanzado,
de manera que, en presencia del guru, fervientemente le solicito
el apoyo superior del Mantra Secreto.
Juntos, con mi especial hermano del dharma Ngendzongpa,
comparamos nuestras experiencias y nuestra realización.

Soy una mujer inteligente, lista y sensata.
A los que tratan de embaucarme, ¡me los como!
Acorto mi tiempo de sueño ignorante

y alargo mi corriente mental en el estado de *samatha*.
Me aparto del rostro de todos los hombres.
Muchos años han pasado desde que abandoné la mullida
almohada.

La realidad de mahamudra desciende sobre mi cabeza;
descanso concentradamente en ello, sin distracción.
Me esfuerzo por alcanzar el nirvana,
no estoy separada ni de la vacuidad ni de la compasión,
y de este modo ni soy orgullosa ni descuido a los demás.
No me desagrada debatir sobre el dharma.
Mi guru es un ser bondadoso
y yo siempre lo miro como si fuera el mismo Buda.
Le ofrezco esta canción profundamente agradecida.
¡Que las *dakinis* se deleiten en este festín de sonido!

Así, ella ofreció su realización.

El Jetsun quedó complacido y dijo:

- De esta forma, esta joven ha mostrado más signos de meditación. Que el vipasana llegue a estos niveles es muy raro. Has entrado en el camino de la omnisciencia y debes continuar meditando en retiros de montaña.

En consecuencia, Sahle Ö permaneció sin apartase de los retiros de montaña y de la meditación. A causa de ello, se convirtió en una *dakini* liberada del 'yo' que benefició a las enseñanzas y a los seres vivos.

Esta historia sobre una de las cuatro primeras mujeres discípulas del Jetsun fue escrita por Ngendzong Tönpa Jangchung Gyalpo, que posee el *dharani* de una perfecta memoria.

Este es el ciclo de Sahle Ö.

38. La historia del cuerno de yak

Namo Guru

Sahle Ö, la yoguini despierta, progresaba en su práctica, y el Jetsun se dirigió a Palkhü para dar la bienvenida a su hijo del corazón Rechungpa. Por el camino, se detuvo en La Fortaleza de Betse Döyön. Rechungpa, que llegaba acercándose desde Gungtang, venía tocado ligeramente por el orgullo. Desde su estado de claridad, el Jetsun lo percibió y salió a recibirle.

Cuando el padre y el hijo se encontraron en medio de los campos de Palkhü, Rechungpa pensó: "Ya he estado dos veces en La India, y esta vez ha sido para cumplir el mandato del guru, con el objetivo de beneficiar a los seres y a las enseñanzas de Buda. Desde el punto de vista de las bendiciones y la compasión, el Jetsun es más grande que yo, pero yo le supero en cuanto a estudios sobre lógica y textos sagrados. Me pregunto si, cuando me dé la bienvenida, se postrará él también ante mí".

Y, con estos pensamientos, Rechungpa le entregó al Jetsun el bastón de madera de agar que Tipupa le había dado para él e hizo postraciones ante Milarepa. Pero el Jetsun no tenía la más mínima intención de devolverle el gesto. Aunque Rechungpa se sintió molesto por ello, le dijo a Milarepa:

- Lama, ¿en qué lugares has estado desde que me fui a La India? ¿Estás bien de salud? ¿Por dónde han viajado mi maestro y sus discípulos? ¿Están bien mis compañeros repa?

El Jetsun pensó: "¿Se deberá el orgullo de Rechungpa a la mala influencia de los *tirthikas* o se trata de algún maleficio que le haya lanzado algún demonio? Sea lo que sea, debo usar estrategias para despejar este obstáculo de orgullo". Y, sonriendo, cantó esta canción en respuesta:

Soy un yogui que recorre las faldas nevadas de las montañas.
Mi cuerpo está sano, florece en el mandala del espacio.
La rigurosa enfermedad de los cinco venenos ha sido eliminada;
de este modo el abatimiento ya no me afecta, soy feliz.
He renunciado a la distracción del apego a los negocios;

en soledad, he alcanzado la maestría, y soy feliz.
He renunciado a la gran diversidad de las actividades comunes;
en tierras solitarias y deshabitadas, me siento feliz.
He renunciado a la vida de familia y a sus sufrimientos
mundanos;
sin el trabajo de acumular y proteger, soy feliz.
No deseo ser un erudito, he dejado de leer libros;
con la virtuosa actividad libre de preocupaciones me basta, soy
feliz.
No tengo mucho orgullo ni alardeo de hacer buenos discursos;
como no hago debates ni tengo discusiones, soy feliz.
No tengo nada que ver con el autoengaño ni la hipocresía;
sin tener que comportarme así o asá, soy feliz.
Sin arrogancia ni deseos de fama,
las calumnias y las murmuraciones se acabaron, y de este modo
soy feliz.
Cualquier lugar es bueno, en cualquier sitio soy feliz.
Puedo vestir de cualquier forma, con lo que sea soy feliz.
Cualquier comida es buena, con lo que encuentre soy feliz.
En todo momento, soy siempre feliz.

Yo, el anciano padre Milarepa,
a causa de la bondad de Marpa el Traductor,
sé que el samsara y el nirvana están enteramente en mi mente46;
de manera que soy un yogui que siempre está feliz.
Los compañeros repa gozan de excelente salud,
su práctica florece en los retiros de montaña.

Hijo, Rechungpa Dorje Drakpa,
¿has vuelto de La India?
En todos los lugares que has visitado y los caminos por los que
has ido,
¿tu mente se ha sentido libre de fatiga?
¿Tu mente y tu consciencia se encuentran claras y vibrantes?
¿Tus canciones de realización y tu voz conservan la bendición?

---

[46] Samsara y nirvana no son algo separado de la mente.

¿Has cumplido las instrucciones de tu guru?
¿Has obtenido el dharma que deseabas?
¿Has obtenido las otras instrucciones esenciales que completan las nueve[123]?
Entre las cosas desconocidas: ¿tienes ya las nueve?
¿Estás libre de orgullo y de amor propio?
¿Es el beneficio de los demás el motivo de tus actos?
¡Rechungpa ha regresado de una tierra lejana!
Que esta melodía sea tu regalo de recibimiento.

Así cantó.

Y, a continuación, Rechungpa cantó en respuesta:

Cumpliendo el mandato del guru, mi señor, sus palabras vajra,
viajé al país de La India.
El camino fue temible y traicionero,
de modo que tuve que soportar muchas penalidades y sufrimientos.
Pero valió la pena sobrellevar tales dificultades.

Conocí a Tipupa, el Árbol del Mantra Secreto[47],
y me encontré con Machik Drupé Gyalmo.
Vi a la asombrosa deidad *yidam*
y fui testigo de los signos de las profecías de las *dakinis*.
En cuanto a las *upadeshas* que deseaba recibir:
recibí los tantras[48] La claridad: la Lámpara de la sabiduría de la cognición,
Nadis, prana y la red de los chakras,
El sabor único: el espejo de los fenómenos externos,
El gran gozo: la Preciosa Joya del Habla[124],
El samaya del espejo de la propia mente,
El samaya de la sustancia: el sol de la realización.

---

[47] A causa de la gran cantidad de enseñanzas tántricas que estaban en su poder, Naropa le dio a Tipupa el nombre de "Árbol del Mantra Secreto" (*gsang sngags sdong po*). (Thrangu 2001, 7)

[48] NOTA DEL TRADUCTOR AL ESPAÑOL: todo lo que viene a continuación es una lista de títulos de textos tántricos.

Recibí La conducta: cortar el agua con la espada[125],
La autoliberación: el mahamudra
y La ausencia de la muerte: la extracción de la amrita;
además, El dharma de oro,
La indicación de los puntos clave del bardo,
Las instrucciones esenciales sobre Sentarse para una sesión de
meditación[126],
Los tres símbolos y Las cinco cosas preciosas,
Los seis dharmas que hay que poner en práctica;
Las instrucciones esenciales necesarias para esta vida, y mucho
más;
Todas ellas instrucciones esenciales inconcebibles.

Las *mamos* y las *dakinis* se reunieron como nubes
y los gurus y las deidades se sintieron complacidos.
Sus mentes y la mía se fundieron en una.
Los *sidhis* se precipitaron como una lluvia de flores.
El *tendrel* de los buenos augurios fue colocado alrededor de mi
cuello.
El legado celestial fue puesto en mis labios.
Las *upadeshas* y las instrucciones esenciales fueron puestas en
mis manos.
Y las aspiraciones auspiciosas fueron mis guías.

A medianoche, mis propósitos intencionados se cumplieron,
y a continuación se levantó el sol del gozo y la alegría.
Ahora he vuelto a encontrarme con mi guru el Jetsun.
El Ciclo de las dakinis sin forma y todo lo demás,
este dharma genuino que he recibido,
dado que nos ha venido gracias a tu actividad previa,
mira, por favor, si le das tu visto bueno,
y otórgame la alabanza y el honor debidos.

Cuando hubo cantado esto, puso en manos del Jetsun los mencionados
textos de instrucciones. Luego, para cortar de un tajo el orgullo de Rechungpa, el Jetsun cantó esta canción de realización:

Rechungpa, que has crecido bajo mi protección desde que eras un
muchacho,

deja de presumir de tus esfuerzos y escucha mi canción.
Esta canción intencionada, esta hebra de oro hecha de palabras,
esta plácida melodía, este secreto rugido:
si te parece razonable, guárdalo en tu mente.

Las *dakinis* te han otorgado
Los ciclos del dharma de las dakinis sin forma.
Pero quien aspira a la grandeza para sí mismo
morirá a manos de mala gente.
Los ricos, que acumulan sus bienes con avaricia,
no hacen sino entregar su riqueza a sus más enconados enemigos.
Ir detrás de riquezas, placeres y comida
es presagio de morir de inanición.
Los malvados que no hacen balance de sí mismos
ponen el engañoso medio para provocar su propia desaparición.
La acumulación de esclavos por parte de líderes y funcionarios
es el demonio destructivo que arruina a la buena nación.
Si un hombre malvado no respeta a su esposa,
es un funesto presagio que atrae la ruina sobre sí mismo.
Un practicante del dharma que no puede mantener su sitio
es el árbol ruinoso del declive de las enseñanzas.
No mantener en secreto las instrucciones esenciales de las *dakinis*
es la semilla para empezar a disgustar a las *dakinis*.

Hijo, considerarte a ti mismo por encima de esas instrucciones
esenciales
significa que tu corriente mental se desvía hacia la corrupción.
Hablar mucho del dharma con palabras huecas
significa que tu experiencia de la buena meditación se detiene.
Alardear en exceso sobre lo que has hecho
significa que dudas sobre la aceptación de tu maestro.

Un discípulo que no tiene respeto por su maestro:
no hay cosa más lamentable que esta.
Un meditador que no permanece en las montañas:
no hay mayor pérdida que esta.
Los practicantes que no han renunciado a los allegados:
no hay mayor ruina que esta.

Eruditos que no están comprometidos con la práctica:
no hay mayor vergüenza que esta.
Monjes que no mantienen su disciplina:
no hay mayor vergüenza que esta.

Mi apuesto hijo llamado Rechungpa,
si todo esto te parece razonable, guárdalo en tu mente.
Si no te parece razonable, haz lo que te dé la gana.
Yo soy ya un anciano temeroso de la muerte,
así que no tengo tiempo para más palabrería.
Como eres joven y te tienes en tanta estima,
te burlarás, a cambio, de quien te diga
que eres orgulloso, maleducado y que hablas groseramente.

Marpa el Traductor, que has sido tan bondadoso,
concede tus bendiciones para que este renunciante agote las ocho
preocupaciones mundanas.

Así cantó.

Luego, agarró los textos de Rechungpa y el bastón de madera de agar,
y utilizando la marcha milagrosa[49], echó a correr. Rechungpa se sentía
muy cansado y no podía darle alcance. Corriendo detrás de él, fue cantando esta canción:

Padre Jetsun, guru, sé tan amable de escucharme.
Es imposible que las mentes del hijo y del padre se separen.
Todas estas instrucciones esenciales, estos textos inmaculados,
te los ofrezco, padre Jetsun.

Las *dakinis* han aclarado errores, omisiones y añadidos
de estos Ciclos del dharma de las dakinis sin forma.
Estas profundas enseñanzas, y las aún más profundas, fueron
selladas bajo mandato.
Te ruego que me prestes atención, ¡oh Jetsun guru!

---

[49] 'La marcha milagrosa' (tib: *rdzu 'phrul gyi zhabs*) es una habilidad que se alcanza por
medio de la práctica yóguica, con la cual se puede correr a una velocidad excepcional.

Además, La conexión de la práctica de la larga vida,
El símbolo de las dakinis de la palabra secreta,
La naturaleza esencial del cuerpo vajra
y El sagrado vínculo de Drupe Gyalmo,
todo ello se lo ofrezco al guru, mi señor.

Y más aún, La profunda protección de los signos,
La upadesha para sanar las enfermedades,
Los decisivos puntos clave de la sanación de los demonios, y todo
lo demás,
estas innumerables *upadeshas* que son oro refinado,
te las ofrezco, ¡oh guru, mi señor!

El rey de las seis medicinas excelentes,
El samaya de las sustancias de los dakas y dakinis,
los he traído cargados a mis espaldas.
Los ofrezco en pago a la bondad del guru.
Ese bastón de madera de agar, rey supremo de las medicinas,
insuflado de poder por las *dakinis*,
es milagroso e inestimable.
Dado para ser ofrecido como regalo al Jetsun
por Tipupa, el Árbol del Mantra Secreto.

Se trata de objetos maravillosos, por supuesto. Te ruego que los
aceptes,
y presta atención a este agotado Rechungpa.
Piensa en mí con cariño y párate un momento.
Si me permitieras descansar,
sería el colmo de la generosidad.
Remediar el hambre y la sed de los demás
es la acción más bondadosa que uno puede realizar.
Ofrecer la riqueza de las palabras confortadoras
es inestimable para los desamparados.
Dar buenos consejos que muestren el camino
es el *samaya* de todos los reyes del dharma.

Así cantó.

El Jetsun iba escuchando la canción de Rechungpa mientras corría. Al acabar la canción, se sentó y le dio la réplica con esta canción de realización:

> Es estupendo que el padre y el hijo estén en armonía:
> estar en armonía con todo es lo mejor.
> Y estar en armonía con tu padre es lo mejor de lo mejor.
> Estar en conflicto con todos es una mala señal,
> estar en conflicto con tu padre es lo peor de lo peor.
> Para la buena conducta, la armonía con el padre es excelente.
> Hay que retribuir la bondad de la propia madre.
> La conducta armoniosa con la gente es buena cosa.
> Siendo complaciente con los hermanos del dharma, los deseos se
> cumplen.
> Siendo complaciente con tu guru, las bendiciones llegan.
> Considerándose a uno mismo con humildad, se consigue el
> beneficio propio.
> Un practicante es alguien que renuncia a las malas actitudes.
> Si honras a los menospreciados, eso es bondad amorosa.
> Si tu actitud habitual es la humildad, ganarás buen nombre.
> Si no ejerces la hipocresía, tu *samaya* es puro.
> Si pasas tiempo con personas nobles, tus cualidades aumentarán.
> Si no le das vueltas a las cosas, las habladurías maliciosas dejarán
> de estar presentes.
> Si tienes una gran *bodichita*, lo excelente se presenta.
> Así es como se comporta la gente dotada de comprensión.
> Los locos no distinguen al amigo del enemigo.
>
> Estos Ciclos del dharma de las dakinis sin forma,
> respecto a mi práctica, ni me sirven de nada ni me perjudican.
> En cuanto a Tipupa, Árbol del Mantra Secreto,
> mi conexión con él es más profunda que la tuya.
> Del dharma de Machik Drupé Gyalmo,
> no hay mejor discípulo que yo.
> Las palabras secretas de las mamos y las dakinis
> me fueron confiadas a mí; ¿quién más podría enseñarlas?

En el Mandala de Oro de los Bosques y los Campos[50]
he participado en muchos *ganachakras*.
Sobre la *yidam* Vajrayoguini,
he pasado con ella más tiempo que contigo.
De los campos puros de los *dakas* y las *dakinis*,
no hay ni uno solo del que yo esté separado.
Estoy mucho más preocupado que tú
por las cosas que tú haces.
Hijo, no estés atado por la arrogante búsqueda de la fama.
¡Ve y ponte a meditar en lugares solitarios!

Así cantó.

Y, luego, siguieron caminando juntos, maestro y discípulo.

Esta es la primera parte del ciclo del cuerno de yak: El reencuentro.

Cuando el Jetsun y su hijo iban de camino, Rechungpa pensó: "Si hubiera sido otro guru, tras mi regreso de La India habría recibido una cariñosa y cálida bienvenida. Pero como mi guru vive de ese modo y viste de cualquier forma, ¿qué otra cosa podría esperar de él? He pasado tiempo en La India y he aprendido todas esas enseñanzas del Mantra Secreto; si hubiera practicado para alcanzar la iluminación a través de austeridades y duros trabajos, no lo habría conseguido. Debería dedicarme a meditar y practicar rodeado de objetos deseables". Iba cavilando orgullosamente con este tipo de pensamientos negativos y opiniones sobre el Jetsun; de lo cual, este era consciente.

En cierto momento, tropezaron con un cuerno de yak, y el Jetsun dijo:

- Rechungpa, recoge ese cuerno de yak y llévalo contigo.

Y Rechungpa pensó: "Mi guru a veces hace cosas sin sentido. Como dice el antiguo proverbio: a veces se cabrea como un perro viejo, y otras veces se pone cachondo como un viejo verde. ¿Para qué diantres servirá ahora este cuerno de yak?". Y le dijo al Jetsun:

---

[50] El mandala de oro de los bosques y los campos (tib: *shing spang gser gyi mandal*) es el nombre del lugar de La India donde Rechungpa se encontró con Machik Drupé Gyalmo. (Shabkar 1994, 153)

- Ni sirve para comer ni sirve para beber. Dejémoslo ahí.

- No nos impedirá caminar, y llegará un momento en que nos sea útil -dijo el Jetsun, y lo agarró él mismo.

En medio de la gran llanura de Palmo Paltang, no había lugar ni siquiera para que un ratoncillo se guareciera. Hasta ese momento el cielo había estado despejado, pero las nubes comenzaron a concentrarse. Entonces, el granizo, empujado por un fuerte viento, comenzó a descargar. Sin siquiera tener la oportunidad de mirar a su guru, Rechungpa se cubrió la cabeza y se sentó en el suelo. Cuando la granizada comenzó a amainar algo, Rechungpa buscó al guru, pero no lo encontraba por ninguna parte, así que permaneció sentado esperando. Al cabo, oyó la voz del Jetsun proveniente del interior del cuerno de yak, que estaba tirado sobre una pequeña elevación del terreno. Se acercó, pensando: "Este es el mismo cuerno que el Jetsun recogió antes". Fue a levantarlo, pero no fue capaz de moverlo. Estaba allí fijo, pegado al suelo. Rechungpa miró dentro y, sin que el cuerno aumentara de tamaño ni el cuerpo del Jetsun hubiera empequeñecido, vio que el Jetsun estaba allí sentado a la entrada del cuerno de yak, como si fuera un reflejo agrandado visto en un espejo. A continuación, el Jetsun le cantó a Rechungpa esta canción de realización:

> Las bendiciones del guru han entrado en mi cuerpo:
> yo no soy un meditador que se sienta de forma ordinaria.
> ¡Circunvala y póstrate ante
> esta manifestación del cuerpo milagroso, Rechungpa!

> Las bendiciones del guru han entrado en mi habla:
> yo no soy un meditador que da charlas ociosas.
> Tengo un tesoro de canciones sobre las instrucciones esenciales,
> ¡guarda su significado en tu mente, Rechungpa!

> Las bendiciones del guru han entrado en mi mente:
> yo no soy un meditador a quien lo arrastren las nociones erróneas.
> Con las percepciones extrasensoriales -manifestaciones de la
> claridad-,
> ¡ten respeto y devoción, Rechungpa!

> La visión de mi hijo Rechungpa es como la del buitre, el rey de
> las aves:

a veces es elevada y a veces es rastrera.
Entre lo elevado y lo rastrero, ¡párate y piensa!
¡No tengas tanta prisa, asistente mío de túnica de algodón!
Si el hijo es igual al padre, pasa dentro de este cuerno de yak.
Una casa espaciosa y confortable se encuentra dentro de este cuerno de yak.

La meditación de Rechungpa es como el Sol y la Luna:
a veces brillan resplandecientes y a veces están nublados.
Entre el brillo y la oscuridad, ¡párate y piensa!
¡No tengas tanta prisa, asistente mío de túnica de algodón!
Si el hijo es igual al padre, pasa dentro de este cuerno de yak.
Una casa espaciosa y confortable se encuentra dentro de este cuerno de yak.

La conducta de mi hijo Rechungpa es como el viento:
a veces está en calma y a veces es impetuoso.
Entre la calma y el ímpetu, ¡párate y piensa!
¡No tengas tanta prisa, asistente mío de túnica de algodón!
Si el hijo es igual al padre, pasa dentro de este cuerno de yak.
Una casa espaciosa y confortable se encuentra dentro de este cuerno de yak.

La realización de mi hijo Rechungpa es como la cosecha de los campos:
a veces es abundante y a veces es escasa.
Entre la abundancia y la escasez, ¡párate y piensa!
¡No tengas tanta prisa, asistente mío de túnica de algodón!
Si el hijo es igual al padre, pasa dentro de este cuerno de yak.
Una casa espaciosa y confortable se encuentra dentro de este cuerno de yak.

Para la mente que sufre la plaga de las pequeñas condiciones adversas[51],
esta posada del cuerno de yak es deleitable -un lugar excelente-.

---

[51] Es probable que Milarepa se refiera aquí al granizo que ha dejado a Rechungpa empapado y entumecido. (TN)

> ¡Hijo, tu padre te hace señas para que entres!
> Hijo, no está bien no entrar a la casa de tu padre.
> Soy un viejo, ya no valgo para nada.
> No he estado en La India.
> Así que no soy nadie importante, y además vivo en estas
> estrecheces.
>
> Hijo, Rechungpa, tu cuerpo es joven.
> Tú sí has ido a La India y has servido a muchos *sidhas* y eruditos.
> Tú sí eres importante, entra a estas habitaciones abiertas y
> amplias.
> Dentro de este cuerno de yak donde estarás seco,
> no existe el apego al 'yo' ni a las cosas como reales.
> ¡Venga, Rechungpa, entra a este cuerno de yak!

Así cantó.

Rechungpa pensó para sí mismo: "¿Seré capaz de meterme?". Entonces, trató de entrar en el cuerno, pero ni siquiera fue capaz de meter la cabeza o una mano. Pensó: "Tal vez el poder del Jetsun sea real, o tal vez no. Lo que sí sé es que el granizo lo era". Luego, temblando mientras se le caían las lágrimas, acercó la boca al cuerno y cantó esta melodía:

> Padre guru, Jetsun, te ruego que me escuches:
> este sirviente del linaje, Rechung Dorje Drak,
> su visión, meditación, conducta y realización
> no son altas ni bajas, claras ni oscuras, calmadas ni impetuosas,
> no son buenas ni malas: son lo que en sí mismas son.
> Ya sea que mi túnica de algodón esté húmeda o seca, ¡te suplico!
> Ya sea que esté a la altura de mi padre o no, ¡te suplico!

Así cantó.

A continuación, el Jetsun salió del cuerno de yak y miró el cielo. El viento se había aquietado, las nubes se habían dispersado y lucía un cálido sol, que iba secando los ropajes de Rechungpa. Sentándose por unos instantes, el Jetsun dijo:

- Rechungpa, tu poder está bien como está. Yo sabía que no necesitabas ir a La India. Yo no fui nunca porque me sentía satisfecho con las enseñanzas de mahamudra y de los seis yogas de Naropa. Que hayas ido a La India y hayas recibido estas otras enseñanzas que deseábamos me parece estupendo.

- Lama -dijo Rechungpa-, me siento helado y hambriento; te ruego que nos acerquemos a aquellas tiendas para mendigar algo.

- Ahora no es el momento de ir a pedir.

- Estoy famélico ahora mismo. Te lo ruego, acerquémonos.

- De acuerdo, muy bien, vayamos. En la primera tienda hay dos o tres personas con las que tenemos un buen *tendrel*, iremos primero allí para pedir.

- Esa gente -replicó Rechungpa- golpea a quien se acerca para mendigar; no seas tan entusiasta de las tiendas grandes. La gente de las tiendas pequeñas no se burlará de nosotros. Deberíamos acercarnos primero a las tiendas pequeñas.

Entonces, se acercaron hasta la entrada de una pequeña tienda amarilla y anunciaron que estaban mendigando.

Una desagradable anciana salió a su encuentro:

- Probablemente es algo muy fácil para vosotros, yoguis, andar pidiendo día y noche, pero para nosotros es un incordio. No parece correcto que os dediquéis a pedir comida. La persona a la que se lo pedís también lo necesita[127]. Ya he dado esta mañana a otros mendigos lo que tenía para dar. ¡Id a pedir a otra parte! -los despidió con desprecio.

- Por la noche no hay nada que comer -dijo el Jetsun-. Como el sol está a punto de ponerse, deberíamos buscar un lugar para dormir.

Y encontraron un sitio para dormir al otro lado del campamento. En medio de la noche, oyeron un clamor procedente de las tiendas que duró un buen rato. Hacia el final de la noche, el ruido paró; y, al poco, salió el sol.

- Rechungpa -dijo el Jetsun-, ¿cómo están las tiendas?

- La vieja que anoche no quiso darnos nada -dijo Rechungpa echando un vistazo- ya no está.

- Vayamos a ver -dijo el Jetsun-. Hay que comer algo, y tenemos trabajo.

El maestro y el discípulo se dirigieron hacia las tiendas, donde se enteraron de que la anciana había fallecido; el motivo de su muerte fue haberle hablado de una forma desconsiderada a un hombre sagrado. La gente de las otras tiendas se había repartido su dinero. De comida, quedaba una pequeña bolsa llena de mantequilla suave y *tsampa*, y un cubo lleno de yogur puesto a fermentar.

- Hijo, Rechungpa -dijo el Jetsun-, todos los fenómenos son así. Anoche nos sentíamos en la miseria por no tener nada de esto, y hoy nos lo han puesto en las manos. Me apetece comer, sírveme algo.

Luego, el maestro y su discípulo tomaron las cosas de la difunta y las ofrecieron como alimento en un *ganachakra*. Rechungpa empaquetó los restos comestibles, y se prepararon para marchar.

- Rechungpa -dijo el Jetsun-, no es bueno tomar comida de un muerto sin hacer algo por él a cambio. Hay un proverbio que dice: "La gente mayor come y los jóvenes trabajan"; por tanto, tú transportarás el cadáver y yo te iré señalando el camino.

Entonces, Rechungpa, pisoteando irrespetuosamente la sombra de Milarepa, fue cargando con el cuerpo de la mujer, mientras el Jetsun guiaba. Llegados a una pradera, Milarepa dijo:

- Deja el cadáver ahí.

Y, tocando con su bastón el centro del pecho del cuerpo, continuó hablando:

- Rechungpa, todos los seres, como este, tienen que morir. Pero quienes no piensan que les va a suceder también a ellos, pierden la oportunidad de practicar el dharma genuino. Nosotros dos debemos estar muy vigilantes y atentos a ello.

Y, a continuación, cantó esta canción de realización sobre los seis ejemplos de la ilusión y la impermanencia:

> ¡La bondad del guru está más allá de toda comprensión!
> Cuando el conocimiento de la impermanencia surge en tu
> corriente mental,

todas las actividades se vuelven práctica del dharma.
Recordando la muerte una y otra vez,
vences al demonio de la pereza.
Y, como en el caso de la anciana de la noche pasada,
el momento de la muerte nos es desconocido.
Rechungpa, no dejes que tu corriente mental se insensibilice:
¡escucha a tu guru!

Observa los objetos que aparecen en el exterior:
las apariencias son impermanentes, como el sueño de la noche
pasada.
Recodando ese sueño, la confusión me hace sentirme inquieto.
¿Has cortado de raíz la confusión, Rechungpa?
Cuando pienso en ello, me acuerdo del dharma supremo.

Este cuerpo espantapájaros que solo anhela placeres,
todo lo que hace para su satisfacción es causa de sufrimiento.
Este cuerpo no es más que una bolsa de basura,
así que no tengas una idea tan elevada de ti mismo; ¡escucha mi
canción!

Mira tu propio cuerpo:
es impermanente como una ciudad de gandharvas.
Su crecimiento y decadencia me hace sentirme inquieto.
¿Has resuelto la vida y la muerte, Rechungpa?
Cuando pienso en ello, me acuerdo del dharma supremo.

La persona maliciosa no tiene la oportunidad de ser feliz.
La mente delirante es la base de todas las disputas.
La mala disposición viene de uno mismo.
No estés tan ansioso por realizar la mente; ¡escucha esta canción!

Mira en tu interior la mente que percibe:
es impermanente como un pajarillo en la rama de un árbol.
No se queda donde la pones; y eso me hace sentirme inquieto.
¿Has logrado la estabilidad mental, Rechungpa?
Cuando pienso en ello, me acuerdo del dharma supremo.

Dentro, el *prana* de la fuerza vital es frágil como un solo pelo de
caballo:

es incierto, siempre a punto de romperse,
como la fuerza vital de la anciana de la noche pasada.
No estés apegado a esta vida; ¡escucha mi canción!

Estate pendiente del movimiento de la respiración en tu interior.
La respiración es impermanente, como el vapor de las nubes en el
cielo.
La neblina se disuelve y desaparece; eso me hace sentirme
inquieto.
¿Has vislumbrado la pureza natural del movimiento, Rechungpa?
Cuando pienso en ello, me acuerdo del dharma supremo.

Cultiva la compañía de una pandilla de mala gente y acabarás
lleno de odio.
Los amigos de los malos solo hablan de cosas negativas,
como la anciana propietaria. ¿Sacó ella de eso algo bueno?
Hijo, no pongas en ello tus expectativas; ¡escucha mi canción!

Mira a tu círculo de amigos:
la amistad es impermanente, como los invitados a una fiesta.
Tras reunirse, sin duda luego partirán; eso me hace sentirme
inquieto.
¿Has dejado de lado tus relaciones, Rechungpa?
Cuando pienso en ello, me acuerdo del dharma supremo.

El propietario de una hacienda no gasta toda la riqueza
acumulada;
así funcionan las cosas en la existencia kármica.
Acumular riqueza por avaricia
es el caso de la anciana y su saco de comida.
No tengas mucho apego; ¡escucha mi canción!

Mira la riqueza que hayas acumulado.
La riqueza es impermanente, como la miel de las abejas.
Tu comida que consumen los demás, eso me hace sentirme
inquieto.
¿Tienes el tesoro de una mente abierta, Rechungpa?
Cuando pienso en ello, me acuerdo del dharma supremo.

Así cantó.

Acabaron el trabajo del enterramiento de la mujer y dirigieron la consciencia de ella hacia el dharmadatu. Entonces, cargaron la comida aún comestible y pusieron rumbo a La Fortaleza de Betse Döyön.

Esta es la segunda parte del ciclo del cuerno de yak, la sección principal.

Más adelante, mientras el padre Jetsun y su hijo estaban en Betse, la comprensión de Rechungpa experimentó una gran expansión. Y, estando en ese estado de gozo, tuvo una gran variedad de pensamientos de distinta índole. El Jetsun, dándose cuenta de ello, en cierto momento le dijo:

- ¿Qué tipo de experiencias has tenido?

Entonces, Rechungpa cantó esta canción de realización para el Jetsun, titulada "Cómo surgió la experiencia":

Mientras estaba en compañía de mi guru,
una experiencia como una espada afilada surgió.
Las ideas sobre dentro y fuera quedaron abolidas ¡Qué deleite!

Mientras estaba sentado en medio de una gran cantidad de gente,
una experiencia como una lámpara de mantequilla surgió.
Las instrucciones esenciales quedaron claras para los demás. ¡Qué deleite!

Mientras estaba en las blancas cumbres nevadas,
una experiencia como un león blanco de las nieves surgió.
Y anuló al resto de las apariencias. ¡Qué deleite!

Mientras estaba en la ladera de La Roca Roja,
una experiencia como un buitre, el rey de las aves, surgió.
Y pulverizó todos los límites. ¡Qué deleite!

Mientras iba errante sin ninguna idea por el mundo,
una experiencia como una abeja veteada[128] surgió.
He abandonado todo apego al contacto. ¡Qué deleite!

Mientras estaba sentado en medio del samsara,
una experiencia como una flor de loto surgió.
Los defectos mundanos no me afectaban. ¡Qué deleite!

Mientras estaba en poblaciones de fieles estudiantes,
una experiencia como el Jetsun Mila surgió.
Y canté melodiosas instrucciones. ¡Qué deleite!

Este deleitoso sentimiento procede de la bondad del guru.
Esta mente sin artificio se establece como naturaleza de buda.

Así cantó.

A continuación, el Jetsun dijo:

- Si esas experiencias no están contaminadas por el orgullo, has comprendido la bondad del guru, que es realmente maravillosa. Ese es el punto de vista que debes tener respecto a dichas experiencias; aunque me temo que no es el caso.

Y, entonces, cantó esta canción de realización:

Cuando la compasión surge de lo más profundo de mi corazón,
veo que los seres vivos de los tres reinos del samsara
es como si estuvieran dentro de un hoyo de fuego.

Las instrucciones esenciales del simbólico Linaje de la Escucha
que yo mantengo en mi corazón
son como la sal, que se disuelve en el agua.

Cuando la sabiduría surge del interior,
la retahíla de dudas sobre si eso es o no es
es como estar soñando mientras se medita; despertar es la
posmeditación.

Cuando la gran dicha es captada a través de la visión,
todos los fenómenos que surgen de esa forma
se autoliberan como las burbujas en el agua.

Cuando se comprende el carácter de las cosas cognoscibles,
la sabiduría que es consciente de la naturaleza esencial
es como un cielo libre de nubes.

Cuando el lodo provocado por el movimiento se asienta y la
mente se vuelve clara,
la sabiduría de la claridad autogenerada
es como un blanco espejo de plata que acaba de ser limpiado.

Cuando la naturaleza de buda se ha disuelto en el dharmakaya,
los *skandas* que han renacido a causa del deseo
son como un huevo aplastado por un pisotón.

Cuando la soga del apego ha sido cortada,
el umbral del bardo del devenir
es como una serpiente enroscada que se estira.

Cuando la conducta de adoptar y rechazar queda liberada,
la mente que permanece libre de actividad
es como un león que ha perfeccionado los tres poderes.

Clara apariencia, clara vacuidad y clara sabiduría:
cuando uno posee estas tres clases de claridad,
es como el sol brillando en un cielo sin nubes.

Los sentidos y sus objetos están separados, como los caballos y
los yaks.
Las ataduras de la mente y los *skandas* han quedado cortados.
Yo he aprovechado al completo este precioso nacimiento humano
y este yogui ha completado lo que debía ser hecho.
Hijo, ¿has hecho tú algo parecido?
¡No seas tan orgulloso, Rechungpa!

Así cantó.

Se dice que Rechungpa, entonces, se dejó llevar por una motivación errónea. Y el Jetsun dijo:

- Ahora, padre e hijo, vayamos a meditar a un lugar deshabitado, donde no haya nadie, como Lachi o Tisé.

- Mi cuerpo está débil -dijo Rechungpa-. Si antes no paramos en algún templo de un pueblo cercano para pasar un tiempo y recuperarme, no creo que sea capaz de viajar y ponerme a meditar.

- Si practicaras el dharma con todo tu corazón -le replicó el Jetsun-, lo que yo te propongo sería suficiente.

Y, a continuación, cantó esta canción sobre las ocho cosas que son suficientes:

Hijo, tu propio cuerpo como monasterio, es suficiente:
los puntos vitales del cuerpo son el palacio de las deidades.

Tu propia mente como guru, es suficiente:
la certeza es el noble ser supremo.

Los objetos externos como tus textos, es suficiente:
tal variedad de apariencias son el camino de los símbolos de la
liberación.

El *samadhi* como tu comida, es suficiente:
samatha es el legado de la deidad.

Vestir *chandali* como tu ropa, es suficiente:
su gozoso calor es la vestimenta de las *dakinis*

Cortar tus lazos con los amigos, es suficiente:
la soledad es el divino maestro de ceremonias.

Apartarte de tus enemigos, es suficiente:
los enemigos no son más que gente que te cruzas en el camino.

En cuanto a los obstáculos, meditar en la vacuidad es suficiente:
no son sino la diversidad del mágico despliegue de la mente.

Si quieres hacerlo bien, haz como yo te digo.
Si no lo haces, caerás en picado por el mal camino.
Yo soy un anciano preocupado por la muerte,
 no tengo tiempo para andarme con tonterías.
Tú eres joven, con la carne, la sangre y el corazón llenos de vida;
y aunque mi consejo te sería de ayuda, no haces ni caso.
Para quien está atrapado en el punto de vista erróneo del amor
propio
hablar de manera franca y directa es una pérdida de tiempo.
Si quieres meditar, ven y sígueme.
Si no, haz lo que te dé la gana.

Tras haber cantado esto, el Jetsun se preparó para partir.
Entonces, Rechungpa le agarró de la ropa, y cantó en respuesta
esta canción sobre las ocho insuficiencias:

Aunque basta el cuerpo como monasterio,
necesito un lecho y un tejado encima,

o la lluvia, el viento y los enemigos podrían dañarme.
Esta es una insuficiencia.

Aunque basta la mente como guru,
necesito un guru que me dé las indicaciones.
Si no tengo alguien a quien hacer súplicas, no hay nada que hacer.
Esta es otra cosa que es insuficiente.

Aunque los objetos sensibles basten como textos,
las dudas y los obstáculos aparecen por todas partes.
Sin manuales que me aclaren las cosas, no hay nada que hacer.
Esta es otra cosa que es insuficiente.

Aunque el *samadhi* baste como alimento,
el cuerpo necesita nutrientes.
Este cuerpo ilusorio depende de la comida.
Esto también es algo insuficiente.

Aunque el *chandali* baste para vestirse,
uno necesita cubrirse las vergüenzas cuando va por ahí[129].
Todo el mundo tiene pudor.
Esta es otra cosa que es insuficiente.

Aunque es mejor cortar los lazos con los amigos,
uno necesita relaciones de amistad allá donde va.
Sea bueno o malo, todo el mundo tiene amigos.
Esta es otra cosa que es insuficiente.

Aunque basta con evitar a los enemigos,
siempre te encuentras con mala gente en el camino.
Las personas hostiles pueden aparecer en cualquier parte.
Esta es otra cosa que es insuficiente.

Aunque basta con meditar en la vacuidad para afrontar los
obstáculos,
los espíritus hambrientos y los espíritus en general tienen
malévolas intenciones.
Es difícil domar el demonio del apego al 'yo'.
Esta es otra cosa que es insuficiente.

> Cuando tú estás con el guru en armonía,
> haga lo que él haga será agradable.
> Te lo ruego, vamos donde yo deseo.
> Te lo pido por favor: vayamos al pueblo por un tiempo.

Así cantó.

El Jetsun dijo:

- Muy bien. Si voy, la forma en que yo vaya estará bien. Pero si no voy, la forma en que tú vayas no estará bien. Si estás decidido a no ir a algún lugar deshabitado de las montañas, vayamos entonces unos días a Poto a enseñar el dharma.

Y, luego, el maestro y su discípulo se dirigieron a La Roca Roja de Poto.

Esta es la última parte del ciclo del cuerno de yak.

39. La canción de las burras salvajes

Namo Guru

El padre, el Jetsun Milarepa, y su hijo viajaron hasta Poto. Por el camino, cuando estaban a punto de llegar a Drin, Rechungpa dijo:

- Esta noche la pasaré aquí. Quiero reunirme con los benefactores de Drin.

- Hijo -replicó el Jetsun-, vayamos primero juntos a Poto, tú y yo solos, sin que los monjes ni los otros discípulos ni los benefactores se enteren.

Rechungpa asintió a regañadientes a esto, y padre e hijo se presentaron juntos en La Fortaleza de Kyipuk Nyima, en La Roca Roja de Poto.

- Rechungpa -dijo el Jetsun-, ve a por agua, y yo iré encendiendo el fuego.

Rechungpa salió a buscar agua. Cuando ya la tenía, llegó a una elevación del terreno situada en medio de un hermoso, amplio y vasto campo, entre Poto y La Cueva de Kyipuk. Allí, una burra salvaje estaba pariendo una cría. Al acabar el parto, la madre y la cría, ambas, dieron a luz a sendas crías. Y, a continuación, de nuevo, cada una de ellas parió una nueva cría. Y este proceso continuó sin parar hasta que hubo cien burras salvajes y cien crías, todas entretenidas jugando. "Estas burras salvajes -pensó Rechungpa- son más hermosas que las de Paltang", y se quedó por allí un rato, distraído con el espectáculo.

Mientras tanto, cuando el Jetsun ya tenía el fuego preparado, abrió los libros traídos por Rechungpa. En un estado de gran compasión, habló de forma sincera: "*Los ciclos del dharma de las dakinis sin forma*, y el resto, que le envié a buscar a La India, ruego que las *dakinis* mantengan y protejan estas enseñanzas en el espacio y todas las cosas que sean beneficiosas para los seres vivos. Y la magia negra de los *tirthikas* y los libros similares, que los protectores aparten tales enseñanzas y todo lo que sea dañino para los seres vivos". A continuación, se quedó sentado reflexionando unos instantes, y al cabo lo echó todo al fuego, menos algunos pocos pergaminos muy especiales.

Volviendo a la visión de Rechungpa, una de las burras más fuertes se convirtió en un lobo y se dedicó a perseguir a las demás burras por el camino. Entonces, Rechungpa, inquieto, pensó: "¡Oh, me he distraído! Si no regreso rápido, el Jetsun me echará la bronca". Y echó a correr de vuelta.

Al llegar al puente colgante[130], pudo oler el humo procedente del papel ardiendo y pensó: "¿Se estarán quemando mis textos?". Entró y vio todas las cubiertas de madera de sus libros allí tiradas, vacías, sin contenido. Sintió como si el corazón se le saliera del pecho[131] y, profundamente enojado, preguntó:

- ¿Qué ha pasado con mis textos?

- Tardabas tanto en volver con el agua que pensé que habías muerto. Y, pensando que habías muerto, no les vi utilidad; me parecieron una simple distracción para la actividad virtuosa. Así que quemé todos esos textos inútiles. ¿Por qué tardaste tanto?

Y Rechungpa, poseído del mismo orgullo que hasta entonces, pensó: "Mi guru tiene tal obsesión y enfado que incluso se atreve a hacerme esto. Quizás debería volverme con Tipupa, o irme a algún otro país". Y con la fe completamente perdida, Rechungpa permaneció allí en silencio un buen rato. Al cabo, dijo:

- Solo porque me quedé a ver el espectáculo de los centenares de burras y sus crías, he sufrido una pérdida de tal calibre. Mi viaje a La India, con todo el oro que el Jetsun me dio, por no hablar de la fatiga de mis tres puertas, todo ello carece ahora de sentido. Me iré a otro país.

De esta forma expresó su disgusto y manifestó su pérdida de la fe.

- Rechungpa, hijo -habló el Jetsun-, no pierdas la fe. Este es el resultado que has obtenido a causa de tu distracción con el espectáculo. Hijo, si quieres espectáculos, yo te proporcionaré uno. ¡Mira!

Entonces, de la coronilla de la cabeza del Jetsun surgió un precioso trono sobre un loto, encima del cual había un disco solar y otro disco lunar. Sobre ellos, se sentaba el mismísimo Marpa el Traductor, inseparable de Vajradhara y rodeado de los gurus del linaje. A ambos lados de los ojos y las orejas de Milarepa brillaban el Sol y Luna. De sus fosas nasales salían rayos de luz, como hebras de hilo, irradiando los cinco colores. Entre sus cejas había un remolino de vello que emanaba rayos de luz. En su lengua tenía un loto de ocho pétalos en cuyo centro descansaban un disco solar y otro lunar; y por encima se veían todas las letras del alfabeto sánscrito[132], echas de luz, finas como si hubieran sido dibujadas con la sección de un cabello, rodeadas de luz y emitiendo reflejos. En el centro de su corazón había un nudo auspicioso que emanaba igualmente rayos de luz. Y mientras seguía emitiendo tales emanaciones, Milarepa cantó esta canción de realización:

> Escucha ahora, hijo, Rechungpa:
> aquí, sobre la coronilla de mi cabeza,
> hay un trono enjoyado, montado sobre leones.
> Sobre el asiento de un loto, un sol y una luna,
> se encuentra Marpa Lotsawa, la bondad en persona, inseparable
> de Vajradhara.
> Todos los demás gurus del linaje
> lo rodean como una sarta de perlas.
> Si sabes ver con los ojos de la fe,
> todas las bendiciones que desees caerán como la lluvia.
> Hijo, si hay algo que sea maravilloso, es esto.
> Aunque el espectáculo de las burras fuera fascinante, solo se trata
> de animales[133].
>
> Hijo, Rechungpa, escucha de nuevo:
> sobre la punta de mis orejas
> brillan el Sol y la Luna;
> lo hacen a la manera del arcoíris.
> Ellos son la expansión ineclipsable de la claridad
> -medios y sabiduría en perfecta unión-.
> Hijo, si hay algo que sea maravilloso, es esto.
> Aunque el espectáculo de las burras fuera fascinante, solo se trata
> de animales.
>
> Hijo, Rechungpa, escucha aún:
> de las fosas nasales de mi nariz
> emanan rayos de luz de los cinco colores
> -brillan como filamentos de joyas preciosas-.

La auténtica esencia del Mantra Secreto
es control del prana penetrando en el canal central;
se trata de un signo del adiestramiento en la recitación vajra del
prana.
Hijo, si hay algo que sea maravilloso, es esto.
Aunque el espectáculo de las burras fuera fascinante, solo se trata
de animales.

Hijo, Rechungpa, escucha esto:
En medio de mis cejas
hay un remolino de vello, que gira como una caracola:
de él emana una miríada de rayos de luz.
La amrita de la iluminación, libre de manchas,
es luz que provoca la compasión de los budas.
Hijo, si hay algo que sea maravilloso, es esto.
Aunque el espectáculo de las burras fuera fascinante, solo se trata
de animales.

Hijo, Rechungpa, ahora escucha también:
en cuanto a mi voz, sobre mi lengua parlante
hay una flor de loto de ocho pétalos rojos.
Sobre ella hay un sol, una luna y todas las letras.
El sonido del habla vajra resuena de manera incesante
con el contenido de las escrituras.
Si sabes ver con los ojos del respeto,
todo el dharma brotará de tu propia habla.
Hijo, si hay algo que sea maravilloso, es esto.
Aunque el espectáculo de las burras fuera fascinante, solo se trata
de animales.

Hijo, Rechungpa, escúchame:
en el centro del corazón de mi cuerpo vajra
hay un nudo precioso, resplandeciente de luz.
Tiene la naturaleza de los tres inmutables kayas
y simboliza la unión inseparable de vacuidad y compasión.
Hijo, si hay algo que sea maravilloso, es esto.
Aunque el espectáculo de las burras fuera fascinante, solo se trata
de animales.

Así cantó.

Rechungpa se quedó allí sentado, lleno de resentimiento[134], con la mirada perdida. Al cabo, dijo:

- No he hecho nada malo a sabiendas; el espectáculo de las burras salvajes era más interesante. Manifestando los signos de su realización, el Jetsun no hace nada que sea negativo. Ahora devuélveme mis textos, por favor[135].

Y continuó sentado en la misma actitud resentida. De pronto, se levantó y comenzó a moverse dando pisotones; luego, volviendo a sentarse, apoyó la barbilla en las manos, con los codos sobre las rodillas, y empezó a tararear una canción[52].

Mientras tanto, el interior y el exterior del cuerpo del Jetsun se volvieron transparentes y luminosos. En su centro secreto estaba Chatupitha, en el centro de su ombligo estaba Chakrasamvara, en el centro de su corazón estaba Hevajra, en el centro de su garganta estaba Mahamaya, en el centro de su frente estaba Budhakapala y en el centro de su coronilla estaba Guhyasamaya, cada uno de ellos con su séquito de deidades. Todo ello aparecía radiante en la tienda[53] del arcoíris, sin ningún tipo de ser esencial. Desplegando esto de manera vívida y resplandeciente, cantó la siguiente canción de realización:

> Hijo, Rechungpa, vuelve a escucharme.
> El cuerpo de este yogui que ves aquí
> es el palacio de los dioses surgido interdependientemente:
> en él residen las asambleas de las deidades victoriosas.
> En mi centro secreto, el *chakra* donde se sustenta la dicha,
> están las deidades de Chatupitha.
> La expansión del mandala de la dicha inmaculada.
> Es el *kaya* de la sabiduría coemergente.
>
> En mi ombligo, el *chakra* de la emanación,
> está la asamblea de las deidades emanadas de Chakrasamvara.

---

[52] Según DSD, este tipo de canción (*shugs glu*) podría ser una canción romántica o de montaña.

[53] Su cuerpo.

En este mandala de sesenta y dos ramas
reside la esencia del cuerpo vajra.

En el centro del corazón, el *chakra* del dharma,
están las nueve deidades emanadas de Hevajra.
Ellas son la auténtica esencia de los tres satvas[54].
Es el mandala de la mente vajra.

En la garganta, el *chakra* del goce,
reside la asamblea de las deidades de Mahamaya.
Es el juego ilusorio de las apariencias,
el mandala del habla vajra.

En el centro de la frente está el *chakra* de la caracola blanca,
en él reside la asamblea de las deidades de Budhakapala.
Dotado del significado esencial de la sabiduría,
alberga el mandala vajra de la no dualidad.

En el *chakra* de la gran dicha de la coronilla
está la asamblea de las deidades Guhyasamaya.
Con los *nadis* y la *bodichita* inseparables,
alberga el mandala de la gran dicha.

Hijo, si sabes cómo meditar en tu cuerpo como la deidad,
la claridad del cuerpo, sin obstrucción, brillará de forma
manifiesta;
el cuerpo ordinario se convierte en el cuerpo arcoíris.
Hijo, si hay algún espectáculo impresionante, este lo es.
Hijo, no pierdas la fe; ábrete a la visión pura.

Así cantó.

Y Rechungpa dijo:

- Estos signos de realización del Jetsun son sin duda maravillosos. Pero no tengo mis textos, y no me voy a dejar impresionar. Devuélvemelos, por favor.

---

[54] Los tres satvas, o 'seres', son samayasatva, jñanasatva y samadhisatva.

Entonces, el Jetsun empezó a moverse por toda la zona, sin encontrar obstáculos ni en las rocas ni en las peñas ni en nada. Echó a volar montado en una piedra, llegó hasta el río y se sentó sobre la superficie del agua. Su cuerpo echó llamas y después oleadas de agua. Emanó varias formas de sí mismo y, a continuación, las volvió a subsumir en una sola. Se remontó hacia arriba y estuvo sentado en medio del aire un rato. Y, realizando todo tipo de acciones diferentes, cantó esta canción de realización:

Hijo, Rechungpa, vuelve a escucharme.
Mi ser no impedido por ningún objeto
es un signo de mente y apariencias fundidas en una sola.
Montar sobre una piedra y volar alrededor
es un signo de mi habilidad para entrar y salir[55].
Usar el agua como si fuera la tierra
es un signo de fundir los cuatro elementos en uno.
Las llamas saliendo de mi cuerpo y las oleadas de agua
son un signo de dominio del agotamiento de los elementos[56].
Dividirme en muchos y volver a reunirme en uno
es un signo de ser capaz de beneficiar a todos los seres por medio
de las emanaciones.
Moverme por el cielo
es un signo del *prana* y la mente penetrando en el canal central.
Hijo, si hay algún espectáculo impresionante, este lo es.
Aunque el espectáculo de las burras fuera fascinante, solo se trata
de animales.
Suplica no caer en puntos de vista erróneos.

Así cantó.

Rechungpa dijo:

- Los signos de realización del Jetsun son como un juego de niños. Todo este comportamiento caprichoso no me impresiona lo más mínimo;

---

[55] La habilidad de transferir la conciencia a otros cuerpos, por ejemplo, a cadáveres (tib: *yul la grong 'jug*).

[56] Se refiere al samadhi llamado 'el ayatana del agotamiento de los elementos', por medio del cual se adquiere control sobre los elementos externos del fuego, el agua, etc.

más bien me irrita. Si de verdad tienes compasión, te pido por favor que me devuelvas mis textos.

- Hijo, no pierdas la fe en tu padre. Si eres capaz de suplicar, toda la existencia fenoménica se convertirá en tus textos. Suplícame que tus experiencias se mantengan de forma espontánea.

Milarepa, a continuación, se dirigió hacia una estrecha senda que usaban los mercaderes de Drin y que había quedado bloqueada por un gran pedrusco. Lo cortó como si fuera una masa, lo levantó como si fuera agua y lo pisoteó como si fuera barro. Luego lo levantó con una sola mano y lo lanzó al río que discurría abajo por el centro del valle. Tras ello, cantó esta canción de realización:

> Hijo, Rechungpa, escucha una vez más.
> Este lugar atravesado por una estrecha senda
> se encuentra obstaculizado por un pedrusco de ocho caras.
> Los que quieren ir hacia arriba se topan con su lado derecho.
> Los que quieren ir hacia abajo se encuentran con su lado
> izquierdo.
> Ni cien herreros podrían romperlo.
> Ni cien fuelles podrían hacer que se derritiera.
> Si lo cortas como una masa, lo cortas así.
> Si lo levantas como agua, lo levantas así.
> Si lo compactas como barro, lo compactas así.
> Si disparas una flecha, la disparas así.
> Si sabes ver a tu padre con los ojos de la fe,
> aunque no quieras, todas las cosas buenas caerán como la lluvia.
> Todo lo que necesites aparecerá como la veta del tesoro de la
> riqueza.
> Si hay algo que sea maravilloso, esto lo es.
> El espectáculo de las burras era fascinante, pero solo se trataba de
> animales.
> Hijo, Rechungpa, cambia tu perspectiva.

Así cantó.

Rechungpa dijo:

- Si realizaras el milagro de recuperar mis textos, eso haría que mi fe reviviera. De lo contrario, no vas a impresionarme.

Y la fe siguió todavía sin aparecer en él.

Entonces, usando su túnica a modo de alas, el Jetsun despegó hacia el cielo desde el borde del acantilado de La Roca Roja. Planeó como un buitre en el aire, salió disparado como un halcón y se lanzó en picado como un rayo. Mostrando todo tipo de habilidades en su vuelo, cantó esta canción de realización:

> Hijo, Rechungpa, vuelve a escucharme.
> Esta es La Fortaleza del Cielo de la Roca Roja:
> en la cima de esta fortaleza celestial,
> cuando el buitre planea, bate sus alas.
> Cuando el pajarillo vuela, su pequeño corazón palpita.
> Ningún ser humano ha volado antes,
> y no es posible volar para ningún ser humano.
> Cuando un anciano como yo vuela, vuela así.
> Cuando planeo como un buitre, planeo así.
> Cuando salgo disparado como un halcón, salgo disparado así.
> Cuando caigo en picado como un rayo, caigo en picado así.
> Cuando fluctúo como el viento, fluctúo así.
> Si tú supieras cómo experimentar
> los milagros del cuerpo interdependiente a través de la fe,
> tendrías un perfecto dominio, y samsara y nirvana se fundirían en uno.
> Si hay algo que sea maravilloso, esto lo es.
> El espectáculo de las burras era fascinante, pero solo se trataba de animales.
> Hijo, Rechungpa, adiestra tu corriente mental.

Así cantó.

A pesar de que Milarepa le mostrara todos estos milagros, Rechungpa, aparte de quedarse mirándolos, siguió sin dar señales de querer recuperar su fe. Entonces, el Jetsun, de nuevo usando su túnica a modo de alas, se puso a planear por el cielo. Y, mientras describía círculos, cantó esta canción de realización:

Hijo, Rechungpa, escucha de nuevo.
En La Roca Roja de la Montaña de Mönri,
apareció una manada de burras salvajes carente de propósito.
Y en un solo instante,
en el *dharmadatu* sin origen de 'el sabor único',
surgió sin obstáculo una gran diversidad de formas.
Entonces, una burra salvaje se convirtió en lobo,
persiguió a la manada y cruzó el paso.
Sabiendo que la verdadera naturaleza de las aflicciones y los
defectos ocultos
es el antídoto para que abandonemos todas las cosas,
perceptor y percibido deben cruzar el paso.
Las emanaciones de Milarepa
fueron una indicación de la esencia
para Rechung Dorje Drakpa.

Yo, el anciano padre Milarepa,
este mágico cuerpo que he desplegado,
este milagroso y maravilloso espectáculo,
no pensaste que fuera especial en absoluto.
Pero la emanación de cien burras y borricas
eso sí te pareció verdaderamente impactante.
Eso es un signo, Rechungpa, de tu visión errónea.
Todos los distintos milagros que he realizado
todavía no te han hecho recuperar la fe.
Discípulos sin fe de esta edad corrupta:
cuando pienso en ellos, este yogui se entristece.

Hijo, Rechungpa, presta atención:
la sólida madera y los duros cuernos
si tratas de doblarlos, puedes doblarlos.
Pero no hay forma de doblar tu endurecida mente.
Dobla tu mente desde dentro, Rechungpa.

Los tigres del sur y los yaks del norte,
si tratas de domesticarlos, puedes domesticarlos.
Pero no puedes domesticar tu apego al 'yo'.
Doma tu fuerte apego al 'yo', Rechungpa.

Las aves del cielo y los ratones de la tierra,
si tratas de atraparlos, puedes atraparlos.
Pero no puedes atrapar tu confusa presencia mental.
Atrapa tu confusión con atención consciente, Rechungpa.

El dharma de estudiar y el dharma de contemplar,
si te adiestras en ellos, llega la comprensión intelectual.
Pero no hay forma de comprender de forma intelectual tu propia
mente insustancial[57].
Medita en la naturaleza propia de la mente no nacida, Rechungpa.

Un padre amoroso y una madre compasiva,
si decides dejarlos, puedes dejarlos.
Pero tú no puedes dejar tu mala actitud y tu gran amor propio.
Deja tu mala actitud y tu amor propio, Rechungpa.

La casa de tu tierra natal y la riqueza que contiene,
si tratas de abandonarlas, seguro que puedes abandonarlas.
Pero no puedes abandonar el deseo de felicidad y confort.
Abandona tus esfuerzos en pos de la felicidad, Rechungpa.

Joyas elegantes y mujeres hermosas,
si tratas de abandonarlas, puedes abandonarlas.
Pero no puedes abandonar la cama cómoda, blanda y caliente.
Abandona el sueño ignorante de los cadáveres, Rechungpa.

Las rocas de las montañas que están cerca y lejos,
si quieres, puedes plantarte delante de ellas.
Pero no puedes plantarte delante de tu propio rostro de sabiduría.
Mira tu propio rostro, mente en sí mismo, Rechungpa.

Frente al mandato del rey y a la orden de la reina,
si haces una apelación, puedes hallar dispensa.
Pero no hay lugar para apelar ante el Señor de la Muerte.
Lleva la muerte al camino, Rechungpa.

---

[57] No hay forma de comprender la verdadera naturaleza de la mente con el pensamiento
dualista ordinario.

Disipa las percepciones negativas de tu corriente mental.
Calma los aires negativos de tu conducta.
Observa el modo de pensamiento basto de tu corriente mental.
Deja atrás tus puntos de vista erróneos, esos obstáculos
demoníacos.
Abandona al mal amigo del apego al 'yo'.
A la hora muerte, no dejaré más testamento que este;
mientras viva, no tengo otro consejo capital que este.
¡Mantén esto en tu corriente mental, Rechungpa!

Así cantó.

Y, a continuación, se elevó cada vez más alto en el cielo, hasta que quedó fuera de la vista. Entonces, un gran arrepentimiento surgió en Rechungpa, y una fe fuera de lo común lo invadió. Y pensó: "Ahora el Jetsun se ha ido. Dado que mi mente aún no estaba adiestrada, no he sido capaz de dejar de pensar en esos pocos míseros textos. Y luego, a pesar de todos los milagros realizados por el guru Jetsun, no fui capaz de recuperar la fe. Ahora, a causa del disgusto que le he dado, el Jetsun se ha ido a algún reino celestial. Alguien como yo, poseído por puntos de vista tan erróneos, no puede ir a una tierra pura. ¿De qué utilidad son los textos sin el guru? Me tiraré desde este acantilado". Con este pensamiento, formuló la aspiración de que, en todos sus futuros renacimientos, estaría siempre en la presencia del Jetsun y de que su mente se fundiría en una sola con la de él.

Y, con todas sus fuerzas, saltó desde el acantilado. Con su cuerpo tirado allí abajo, junto a la roca, destrozado, la sombra del Jetsun, que volaba por los aires, cayó sobre él. Entonces, lamentándose con una quejumbrosa melodía, trató de salir volando detrás del Jetsun, pero no consiguió que su cuerpo despegara. A continuación, se puso en pie y echó a correr, pisando la sombra del cuerpo de Milarepa mientras iba tras él. Cuando llegó a la parte alta de La Roca Roja, procedentes de un hueco que había en el lateral de un acantilado, Rechungpa oyó una voz y vio unos cuerpos que aparecieron allí de forma inexplicable[136]. El Jetsun había emanado tres formas corporales. La figura del centro, acompañada por las de su derecha y su izquierda, empezó a cantar esta canción de realización en respuesta a las quejas de lamento de Rechungpa:

Hijo, Rechungpa, escucha:
de un padre Jetsun salen otros dos Jetsun.
Ahora están aquí las tres emanaciones.
Si fueras a hacer una ofrenda, ¿a cuál de los tres se la harías?
Si confesaras tus faltas, ¿con cuál de los tres lo harías?
Si te interesaras por su salud, ¿la de quién sería?
Si tomaras votos, ¿con quién los tomarías?
Si recibieras iniciaciones e instrucciones esenciales, ¿de quién las
recibirías?
La indicación de la verdadera realidad, ¿de quién la recibirías?
Como refugio definitivo, ¿a quién elegirías?
Tu confianza más profunda, ¿en quién la depositarías?
Hijo, ante el despliegue de estas emanaciones,
si has vuelto a tener fe, habla con total sinceridad[137].
Tu conducta negativa es un premio para el Señor de la Muerte;
si sientes temor ante ello, abandónala inmediatamente.
Respecto a los demonios obstructores de tus pensamientos
erróneos,
arrepiéntete y confiesa.

Así cantó.

Rechungpa, con las lágrimas corriéndole por todo el rostro, dedicó esta
canción:

Padre de sabiduría, amor y poder,
guru Jetsun, te ruego que me escuches.
Ante todas las apariencias que el Jetsun ha manifestado,
yo, Rechungpa, he estado cegado por mi visión errónea.
Al que yo con alegría le preguntaría por su salud,
al que yo con devoción le haría ofrendas y postraciones,
aquel de quien recibiría iniciaciones e instrucciones,
la indicación suprema, mi fuente de refugio,
serías tú, el Jetsun del centro.
Tú has estado cuidando de mí con compasión, eso es lo que siento
en lo más profundo.
A partir de ahora, sujeta mi conducta negativa.

Te ruego que protejas a este renunciante que ha sucumbido a los puntos de vista erróneos.

Así cantó Rechungpa.

Se acercó y abrazó a la figura del Jetsun del centro, con tanto fervor que, por unos instantes, sufrió un desmayo. Luego, cuando se hubo recuperado, padre e hijo regresaron a la cueva.

El Jetsun dijo:

- Rechungpa, si quieres alcanzar la iluminación, debes ser capaz de practicar ateniéndote a las instrucciones esenciales fundamentales. Para nosotros, los debates y los mantras de la magia negra de los *tirthikas* carecen de utilidad. *Los ciclos del dharma de las dakinis sin forma* son textos muy valiosos para mí, y esos no los quemé. El resto, sin embargo, deberían ser practicados con la expectativa de alcanzar la budeidad; pero, por temor a que puedan desviar a algunos hacia los reinos inferiores, los quemé. Escucha esta canción. Y, entonces, Milarepa cantó esta canción de realización:

Hijo, Rechungpa, a quien he criado desde bien joven,
fuiste enviado para recibir las instrucciones esenciales.
Pero con tantos textos sobre las leyes del debate
temí que te convirtieras en alguien a quien solo le interesaran las escrituras.

Tu expectativa es convertirte en un meditador.
Pero con tanta charla ociosa
temí que acabaras siendo solo un gran maestro.

Tu expectativa era que conociendo 'uno' alcanzarías la liberación.
Pero rodeado de tantos términos convencionales
temí que, sabiendo tanto, no comprendieras el 'uno'.

Fuiste enviado para buscar el dharma genuino.
Pero con la acumulación de tanto karma
temí que te convirtieras en alguien dominado por el apego y la aversión.

El dharma que te envié a buscar
ha volado entre las rocas.

Ahora está en manos de las *dakinis*.
Si lo suplicas, ellas te lo concederán.

Todos los mantras de la magia negra y demás,
los lancé a las llamas.
Los ofrecí al Bhagavan Agnideva[58].
Dado que esto beneficia a todos, a uno mismo y a los demás,
estoy satisfecho.

Hijo, no estés muy enfadado, que eso abrasaría tu corriente
mental.
No sufras demasiado, que eso agotaría tu cuerpo y tu mente.
No elucubres en exceso; relájate, descansa.
Retribuye la bondad de tu guru.

Así cantó.

Entonces, Rechungpa hizo súplicas, pensando: "Las palabras del guru
son las palabras de Buda y, sin duda, son verdaderas". Y todos los textos
que eran de beneficio para los seres vivos, como *Los ciclos del dharma
de las dakinis sin forma*, y el resto de las enseñanzas cayeron en manos
de Rechungpa, y él sintió un gozo más allá de toda medida. Nunca se
separó del punto de vista de que el guru es el buda en persona. "Hasta
ahora, he respetado y he servido mucho al guru, pero necesito hacerlo
mucho más aún", pensó; e hizo la promesa de que así sería, y la cumplió
del todo.

Luego, convocó a sus hermanos del dharma y al resto de los estudiantes, y todos reunidos prepararon un *ganachakra* como ceremonia de bienvenida por el regreso de Rechungpa. Desde las filas de la asamblea, Seben
Repa habló y le preguntó a Rechungpa:

- Al parecer, fuiste a La India para conseguir las instrucciones esenciales y el conocimiento de la profecía del Jetsun. Ahora, si alguien nos
plantea un debate, ¿cómo debemos argumentar para derrotarlo?

---

[58] De los guardianes de las diez direcciones, Agnideva (tib: *me lha*), literalmente "la deidad del fuego", es el guardián del sudeste.

- Rechungpa -intervino el Jetsun-, explica cómo derrotar a los contrincantes según *Los ciclos del dharma de las dakinis sin forma.*

Entonces, Rechungpa ofreció esta solución, en forma de melodía, para derrotar a los contrincantes en un debate[59]:

> Con el linaje del gran Vajradhara,
> se derrota a los contrincantes de los linajes que deben ser
> desaprobados.
> Con el Guru Buda Repa,
> se derrota a los contrincantes poseídos por el deseo.
> Con las Instrucciones esenciales del Linaje de la Escucha del
> camino de los medios,
> se derrota a los contrincantes que son demonios fabricados por la
> mente.
> Con El sabor único: el espejo de los fenómenos externos,
> se expulsa hasta el último vestigio de las faltas que se esconden.
> Con El gran gozo: la Preciosa Joya del Habla,
> se cauterizan los conceptos mediante el fuego de la sabiduría.
> Con Nadis, prana y la trama de los chakras,
> se barren hasta el último vestigio los estados mentales de torpeza,
> agitación y desinterés.
> Con La autoliberación: el mahamudra,
> se doman los demonios del apego a las cinco puertas del 'yo'.
> Con Claridad: la Lámpara de la sabiduría,
> se dispersa la oscuridad de la ignorancia y la pereza.
> Con La conducta: cortar el agua con la espada,
> se corta de raíz el nudo de las ocho preocupaciones.

Así cantó.

Y el Jetsun dijo:

- Esta forma de derrotar a los contrincantes en un debate es, sin duda, excelente. Y, además, necesitáis estos puntos clave de la visión y la meditación.

---

[59] Esta canción habla de seis de *Los Nueve ciclos del dharma de las dakinis sin forma,* los primeros cinco de los cuales fueron traídos por Rechungpa de La India.

Y cantó esta canción de realización:

La visión es sabiduría, la cual es vacuidad.
La meditación es claridad, libre de fijación.
La conducta es la corriente continua del no apego.
La realización es desnudez libre de manchas.

Con esta visión, la sabiduría que es vacuidad,
existe el peligro de extraviarse en la mera palabrería.
Si no desarrolláis certeza en la realidad,
las palabras no aseguran la liberación del apego al 'yo'.
Por tanto, la certeza es extremadamente importante.

Con esta meditación, claridad libre de fijación,
existe el peligro de extraviarse en la mera calma.
Si la sabiduría no surge desde el interior,
aunque permanezcáis en un estado estable, no hay liberación.
La sabiduría no se desarrolla a partir de la torpeza ni de la
agitación;
de modo que es imprescindible una atención consciente sin
distracción.

Con esta conducta, la corriente continua del no apego,
existe el peligro de extraviarse en comportamientos inadecuados.
Si la visión y la meditación no surgen para acompañarla,
la disciplina yóguica se convierte en amiga de las ocho
preocupaciones.
Por tanto, es imprescindible estar libre del apego y de la
ignorancia.

La realización, que es desnudez libre de manchas,
corre el peligro de ataviarse con las prendas de las características.
Si la confusión no se detiene desde el interior,
solo meditaréis con una aspiración mental; y eso será
intrascendente.
Por tanto, es imprescindible detener la confusión.

Así cantó.

La asamblea al completo alcanzó la certeza y se regocijó con gran deleite.

Este es el ciclo de La canción de las burras salvajes.

40. Lengom Repa

Namo Guru

Tras el regreso de La India de Rechungpa, hijo del corazón de Milarepa, estando formalmente en una asamblea de celebración junto a la mayoría de sus hijos discípulos y de sus estudiantes en La Roca Roja de Poto, el Jetsun cantó una canción de realización profetizando la próxima llegada del incomparable Gampopa.

Entonces, los estudiantes de Chuwar invitaron a Milarepa a ir a su tierra y quedarse allí. Un meditador del clan Len, de Dakpo, fascinado por las cosas que había oído de la fama del Jetsun, se acercó a conocer a Milarepa en persona. Nada más encontrarse en la presencia del Jetsun, un *samadhi* especial de gozo, claridad y no pensamiento surgió en él. Y sintió una fe suprema.

- Soy un meditador de Dakpo -le dijo al guru-. He recibido con anterioridad distintas instrucciones de diversos gurus, por ejemplo, algunas instrucciones sobre la 'gran perfección'[60]. He practicado también la meditación analítica, que utiliza el conocimiento discriminativo; y tengo cierta experiencia en la práctica de 'el sabor único'. Sin embargo, aparte de una simple comprensión básica de todo ello, no he alcanzado ninguna realización estable[138]. Guru, dado que he oído hablar de tu fama, he venido a pedirte tu dharma. Te ruego que me concedas el dharma.

- ¿Has tenido alguna experiencia de este tipo en tu práctica? -le replicó el Jetsun. Y, a continuación, cantó esta canción de realización:

> Las instrucciones genuinas del guru,
> ¿no se habrán desviado hasta convertirse en meras palabras?
> Tu conocimiento discriminativo,
> ¿no se habrá extraviado y apegado a la dualidad?
> La visión que debe ser realizada,
> ¿no habrá sido tomada por el enemigo, el perceptor y lo

---

[60] Dzogchen o mahasandhi (tib: *rdzogs pa chen po*)

percibido?
Tu concentración meditativa sin punto de referencia,
¿no habrá sufrido deterioro en la traicionera senda de las
características?
Tu conducta en la práctica de 'el sabor único',
¿no se habrá extraviado en las dudas?
En cuanto al logro del nirvana,
¿no habrás acariciado la idea de conseguirlo en otro lugar?
La experiencia desconectada de la corriente mental,
¿no se habrá convertido en agua estancada?
La vacuidad innata de la naturaleza de la mente,
¿no se habrá ensuciado de elaboraciones?
Todos los yoguis que van errantes por las montañas,
¿no habrán sido poseídos por el demonio de intentar complacer a
los demás?
De esta forma, el círculo vicioso de la ignorancia y la confusión
gira y gira como el torno de un alfarero.

Así cantó.

Entonces, el hombre le dijo:

- Esto es, en efecto, lo que a mí me pasa. Por eso estoy aquí para pedirte las iniciaciones y las instrucciones esenciales, y ponerle remedio.

En consecuencia, el Jetsun le dio las iniciaciones y las instrucciones esenciales, y lo envió a meditar. A causa de las tendencias latentes previas del hombre, no fue capaz de renunciar a su actividad virtuosa cargada de características. Tenía muchos pensamientos de ir a lugares habitados por gente. El Jetsun lo percibió y, cuando el meditador volvió a su presencia para ofrecerle su realización, le dijo:

- Lengom, si no meditas concentrado, si no abandonas los frenéticos pensamientos de querer ir a lugares llenos de gente y de realizar actividades virtuosas cargadas de características, existe el peligro de que permanezcas en los tres reinos del samsara.

Previniéndole de esa forma, cantó esta canción de realización:

Poseer un linaje genuino,
purificar la confusión en el espacio

y acechar el momento adecuado para hacer lo que debe ser hecho:
alguien dotado de todo esto, es un yogui.

Cuando se medita en mahamudra
no hay necesidad de concentrarse en las características.
Cuando estar libre de elaboraciones surge de ello,
¿cuál es la utilidad de la refutación analítica?

Para los yoguis que deambulan por las ciudades,
intentando complacer a amigos y familiares,
involucrados en conductas pretenciosas e inadecuadas,
la inseparabilidad de claridad y vacuidad permanece oculta.

Abandona tus ideas: solo te traerán aflicción.
A la hora de la muerte estarás arrepentido; de modo que, antes de morir,
por medio del recuerdo de la impermanencia y de la muerte,
precávete contra el enemigo de las aflicciones.
Existe el peligro de que caigas en el abismo de los seis reinos.

Mientras vas de un retiro de montaña a otro,
si no miras de forma directa a tu mente,
existe el peligro de que caigas en la actividad neutral.

Si no haces súplicas al guru, tu señor,
con gran fe y devoción,
existe el peligro de que tu experiencia quede oscurecida.

Si no meditas en el profundo camino de los medios
con diligencia y esfuerzo intensos,
existe el peligro de que el enemigo -las aflicciones- gane.

Que tu monasterio sea moverte siempre entre retiros de montaña.
Si lo haces así, sin duda las cualidades madurarán.

Así cantó.

Estas palabras penetraron en los defectos ocultos de Lengom, y le hicieron reflexionar sobre la verdad de lo que el Jetsun decía. Permaneció meditando en soledad en retiros de montaña, y desarrolló una realización especial. Lengom fue a ofrecer su realización al Jetsun, quien quedó complacido y le dijo:

- Me parece estupendo. Dado que tienes que seguir trabajando aún con las cosas que hay que adoptar y abandonar antes de alcanzar la iluminación, debes comprenderlas. Y, a continuación, cantó esta canción de realización:

Hijos, esposa y tratar de ser complaciente,
esas tres son las ataduras del yogui.
Los practicantes del dharma deben abandonarlas.

Bienes, riqueza y arrogancia, los tres,
esos tres son los obstáculos del yogui.
Los practicantes del dharma deben abandonarlos.

Los amigos íntimos, los benefactores y los discípulos, los tres,
esos son los que tratan de disuadir al yogui.
Los practicantes del dharma deben abandonarlos.

El alcohol, la fatiga y el sueño, los tres,
esos tres son los asaltantes del yogui.
Los practicantes del dharma deben abandonarlos.

El parloteo, las risas y la diversión, los tres,
esos tres son las distracciones del yogui.
Los practicantes del dharma deben abandonarlos.

El guru, las instrucciones esenciales y la fe, los tres,
esos tres son los fundamentos del yogui.
Los practicantes del dharma deben adoptarlos.

Los lugares solitarios, los buenos compañeros y las provisiones, los tres,
esos tres son el bastón de caminante del yogui.
Los practicantes del dharma deben adoptarlos.

La no-distracción, el no-pensamiento y el gozo, los tres,
esos tres son la esposa del yogui.
Los practicantes del dharma deben adoptarlos.

Relajación, espontaneidad y naturalidad, las tres,
esas tres son el porte del yogui.
Los practicantes del dharma deben adoptarlas.

No apego, no rechazo y percepción despierta, los tres,
esos tres son los signos en el camino del yogui.
Los practicantes del dharma deben adoptarlos.

Así cantó.

- A causa de la bondad del Jetsun -dijo Lengom-, he podido abandonar todo lo que había que abandonar y, al hacerlo, he adoptado implícitamente lo que había que adoptar. Gracias por ayudarme a estar siempre feliz.

- Así es, hijo -replicó el Jetsun-. Un yogui que mantiene todo lo que debe ser abandonado y adoptado es siempre feliz y está bien. Si renuncias a ello, volverás al sufrimiento. La línea divisoria entre la felicidad y la desgracia consiste en lo que hay que abandonar y adoptar.

Entonces, cantó esta canción de realización sobre la línea divisoria entre la felicidad y la desgracia:

El yogui que conoce su propio rostro y está en contacto con la
verdadera naturaleza de la realidad es siempre feliz.
El practicante que va detrás de la confusión y produce sufrimiento
es siempre desgraciado.

El yogui que vive sin manipular las cosas y se muestra puro y
firme ante lo que pase es siempre feliz.
El practicante que se deja arrastrar por cualquier sentimiento que
surja, permitiendo que el apego y la aversión le dominen, es
siempre desgraciado.

El yogui que realiza que las apariencias son el dharmakaya y
acaba de un tajo con esperanzas, temores y dudas es siempre feliz.
El practicante que se comporta de forma irreflexiva e inapropiada
y no mantiene a raya las ocho preocupaciones mundanas es
siempre desgraciado.

El yogui que, sabiendo que todo es mente, toma a favor cualquier
cosa que suceda es siempre feliz.
El practicante que desperdicia la vida y a la hora de la muerte se
lamenta es siempre desgraciado.

El yogui que ha logrado su completa realización y ostenta su
propio lugar en la naturaleza esencial es siempre feliz.

El practicante que es indulgente con sus deseos y busca la
atención de los demás es siempre desgraciado.

El yogui para quien las características han sido liberadas en sí
mismas y tiene una experiencia incesante es siempre feliz.
El practicante que, esclavo de las palabras y los conceptos, no se
aclara sobre qué es la mente es siempre desgraciado.

El yogui que abandona la acción en el mundo y está libre de
objetivos y puntos de referencia es siempre feliz.
El practicante que batalla por la supervivencia y trabaja para
proteger a su esposa y a su familia es siempre desgraciado.

El yogui que siente hastío desde lo más íntimo y comprende que
todo es una ilusión es siempre feliz.
El practicante que sigue el camino de la diversión y ata a ello su
cuerpo y su habla es siempre desgraciado.

El yogui que, montado en el corcel de la diligencia, recorre el
camino de la liberación es siempre feliz.
El practicante que se deja maniatar por la pereza, la piedra
angular del samsara, es siempre miserable.

El yogui que corta con los atributos de lo que oye y observa y
vigila el espectáculo de la mente es siempre feliz.
El practicante que simpatiza con el dharma pero se deja
enganchar por la conducta negativa es siempre desgraciado.

El yogui que corta de un tajo esperanzas, temores y dudas y
permanece de forma continua en el estado innato es siempre feliz.
El practicante que pone en manos de los demás su collar y su
correa, tratando de ser educado y complaciente, es siempre
desgraciado.

El yogui que lo deja todo atrás y practica el dharma sublime es
siempre feliz.

Así cantó.

Entonces, una motivación superior surgió en Lengom, y el resto de los
hijos discípulos sintieron un gran regocijo. Durante el *samadhi* meditativo, fueron capaces de permanecer sin vacilación en el estado de

mahamudra; en la posmeditación, las apariencias se les presentaron como ilusiones, y se esforzaron por abandonar la negatividad y practicar la virtud. El Jetsun se sintió muy satisfecho con Lengom Repa, quien más tarde se convertiría en amigo íntimo del dharma de Dakpo Rinpoche (Gampopa), y fue el más importante de sus discípulos y benefactores.

Este es el ciclo del hijo íntimo de Milarepa Lengom Repa.

41. El noble Gampopa

Namo Guru

El noble Gampopa, el supremo hijo del corazón del señor de los yoguis, Shepa Dorje, fue anunciado en la inigualable profecía hecha en la canción de realización del guru Marpa de Lhodrak que explica el augurio de los cuatro pilares que aparecían en el sueño del Jetsun. La deidad *yidam* Vajrayoguini también le profetizó al Jetsun que tendría veinticinco discípulos íntimos que llegarían a ser *sidhas*, y serían como el Sol, la Luna y las estrellas. Entre ellos, según esa profecía, Gampopa sería el supremo, análogo al Sol.

El perfecto Buda también profetizó la aparición de Gampopa en múltiples ocasiones, a lo largo de los sutras mahayana, como por ejemplo en *El sutra rey del samadhi*. Y, en concreto, el *Mahakarunapundarika Sutra*[61] dice:

"Ananda, en el futuro, tras mi muerte, en la cadena montañosa del norte, aparecerá un monje apodado 'el Médico'. Habrá servido de manera excepcional a los anteriores Victoriosos y habrá mostrado respeto y dedicación a muchos cientos de miles de budas. Él ha entrado por completo en el mahayana, y lo ha hecho con la finalidad de aportar beneficio y felicidad a muchos seres. Ha estudiado a fondo, domina el *pitaka* de los bodisatvas y ensalza el mahayana. Será un excelente maestro de la doctrina mahayana."

Según esa profecía, en este momento en que las cinco degeneraciones crecen, en este País de las Nieves del norte, el llamado Dakpo Lhajé[62] es conocido en los tres niveles del samsara, y en honor a él se iza la bandera del homenaje de la fama. En el estado de claridad, el Jetsun vio a este bodisatva *mahasatva*[63] que manifiesta la realización de los diez *bhumis*.

---

[61] El sutra del loto blanco de la gran compasión (tib: snying rje chen po padma dkar po).

[62] El Médico de Dakpo.

[63] Gran ser Bodisatva.

A través de la bendición de su *samadhi*, y citándole por medio de una emanación de su mente, Gampopa se presentó ante el Jetsun. Esta biografía, en la que se cuenta por qué es similar al sol de las enseñanzas del Buda y cómo estableció a los seres vivos en la iluminación suprema, es una simple gota en el océano.

Este gran maestro nació en El Tíbet, en el valle de Shewa, en Nyal, dentro del clan Nyip. Su padre, Utso Gabar Gyalpo, era médico y tenía dos esposas: Yanglaza y Samten Drönma. Cada una de ellas tuvo un hijo, el mayor de los cuales, nuestro maestro, recibió el nombre de Darma Drak. El padre, que era muy habilidoso para los negocios mundanos, educó a su hijo, quien también resultó ser una persona inteligente y hábil en asuntos mundanos. A la corta de edad de quince años ya había estudiado la tradición del mantra de la escuela Nyingma, incluyendo el tantra raíz de *Guhyagarhba*, el tantra de *Heruka Gyalpo*, el *Tantra de las deidades pacíficas y airadas* (Shitro) y el tantra *Agarrando la red de la gran compasión*. Se convirtió en un erudito en muchos ciclos del dharma de la tradición Nyingma, y había llegado a ser un gran especialista en las ocho ramas de la medicina dhármica de su padre.

A la edad de veintidós años, Darma Drak se casó con la hermosa hija de un poderoso jefe de clan llamada Shang Darma Ö. Tuvo dos hijos, un niño y una niña. En determinado momento, el niño murió y Darma Drak llevó en brazos el cuerpo de su hijo para ser enterrado. A su regreso, la niña había fallecido también. Tras varios días, la esposa enfermó y quedó postrada en su lecho. A pesar de que él hizo uso de todos los tratamientos médicos y rituales que conocía, no sirvió de nada. Ella permaneció enferma durante un tiempo hasta que finalmente murió, a pesar de su resistencia. El marido le leyó textos escritos en valiosa tinta de oro, pensando: "Aunque sus energías físicas se han agotado, ella se resiste a morir. Debe de estar apegada a algo".

- Los seres vivos sufren -le dijo a ella- porque no comprenden la naturaleza compuesta del samsara. Todos aquellos que desean perdurar en el samsara, en el que no hay verdadera felicidad, se encuentran afligidos. A la vista de tales seres sumidos en la confusión y que padecen grandes sufrimientos a causa de vínculos familiares que no son sino un sueño, me siento descorazonado. Tus fuerzas físicas se han agotado y aun así te resistes a morir. Me da la sensación de que estás apegada a algo. Si se trata de algún objeto externo, lo donaré a los monasterios. Si es por el dinero o las posesiones, les daré un uso virtuoso ofreciéndolos para servicio y respeto de la sangha o para la gente necesitada. No hay nada a lo que debas sentirte apegada. Ambos nos hemos encontrado a causa de la conexión de nuestra aspiración previa; pero, debido al poder de algún karma negativo, has contraído esta enfermedad y todo lo que he hecho para ayudarte no ha servido sino para producirte más sufrimiento. Ya sea que sigas viva o que mueras, no hay ya otra opción para mí más que practicar el dharma verdadero.

- Ahora, ya estoy preparada para morir -le contestó la esposa-. No siento apego por las tierras ni por las posesiones ni por la comida, por nada en absoluto. Aunque, Lhajé, aún siento apego por ti. De manera que, con la intención de que no seas seducido por ninguna otra mujer, te enviaré a mi hermano mayor para que esté contigo. Además, la vida de familia en el samsara nunca es verdaderamente feliz; por tanto, Lhajé, tienes que entregarte por completo a la práctica del dharma verdadero.

- Incluso si te recobraras -dijo el maestro-, marido y mujer deben acabar por separarse. Si mueres, me dedicaré por entero a la práctica del dharma y no volveré a tomar esposa. ¿Quieres que te haga un juramento?

- Nunca has mentido -dijo ella- ni has engañado a nadie; pero esta vez, para que yo tenga la plena certeza, te ruego que me hagas ese juramento.

Él se preparó para hacer el juramento y, como ella solicitara que hubiera un testigo, llamó a su tío Palsö para que estuviera presente. Y colocándose sobre la cabeza un volumen de las escrituras escrito con preciosa tinta de oro, hizo el juramento.

- Lhajé -dijo la esposa-, te estaré vigilando desde la tumba para ver si practicas el dharma verdadero o no.

Tomó la mano de él, le miro a los ojos y, según se cuenta, derramando lágrimas, entregó su último aliento y murió.

Entonces, nuestro maestro tomó todas sus posesiones e hizo tres partes. La primera la entregó como ofrenda en nombre de su esposa, para pagar los gastos de cremación y conservar sus restos en *tsa-tsas*[64] en el interior de una estupa que había de ser erigida. Fue conocida como La Estupa de la Jomo, y aún se conserva en Nyal. La segunda parte de sus posesiones la donó en obras de caridad con fines dhármicos. Y la tercera la retuvo para sí mismo, con la finalidad de tener un fondo de provisiones para la práctica del dharma.

Tras ocuparse de dejar arreglados los asuntos de su esposa, se sintió en paz y pensó: "Ahora tengo que dedicarme a la práctica del dharma". Y se fue a meditar él solo a Nyithong. Su tío Palsö pensó: "Mi pobre sobrino ha sido abandonado por su idolatrada esposa y ahora está pasando un terrible duelo"; y le llevó un poco de carne y de cerveza. Tío y sobrino hablaron de la situación en detalle, y nuestro maestro dijo:

- Tío, desde que mi esposa murió me siento verdaderamente feliz.

- ¡Nunca volverás a encontrar una mujer como ella! -le contestó el tío furioso-. Si tu suegro Shang Darma Ö se enterara de lo que acabas de decir, iría a por ti -y tomando un puñado de tierra se lo echó encima.

- Tío[139] -le confrontó nuestro maestro-, ¿ya te has olvidado? Fuiste testigo del juramento que hice hace apenas unos días. ¿Acaso no estoy practicando el dharma, como juré?

- Sobrino -le respondió el tío-, tienes razón. Aunque me he hecho viejo, raramente pienso en el dharma. Y esto es una gran falta. Sobrino, practica el dharma, que yo cuidaré de tus propiedades y de tus bienes.

Entonces, el precioso maestro, sin que sus familiares se enteraran, se fue al monasterio de Puto, en Penyul. Y encontrándose con Putowa Rinchen Sal[65] en persona, le dijo:

- Precioso guru, vengo de Nyal para estudiar el dharma. Te ruego que me permitas entrar por la puerta del dharma y que me facilites algo de comer.

---

[64] Pequeños relicarios que suelen contener las cenizas de los muertos.

[65] Putowa Rinchen Sal (1027–1105), estudiante de Dromtönpa, fue uno de los fundadores del linaje Kadampa.

- No puedo darte de comer -le contestó Putowa-. Si puedes procurarte comida por tus propios medios, tráela y te permitiré entrar por la puerta del dharma.

Entonces, nuestro maestro pensó: "Si yo tuviera medios, no habría preguntado; parece de sentido común. En general, en el *Guhyagarbha tantra*, se dice que el guru que posee los cuatro tipos de compasión actúa para el beneficio de todos los seres. Estos cuatro son: la compasión incesante, la compasión espontánea, la compasión que concede las súplicas y peticiones y la compasión de satisfacer las necesidades de aquellos que deben ser adiestrados. Un guru que posee estos cuatro tipos de compasión actúa para el beneficio de los seres vivos, así se enseña. Parece que este guru no tiene gran compasión". Y a causa de que no existía una conexión kármica previa entre ellos, no sintió un interés devoto en Putowa.

Regresó a su tierra por una temporada y aprovechó para reunir provisiones con vistas a su práctica del dharma, en especial dieciséis medidas de oro[66]. Luego, se dirigió a un monasterio de Penyul llamado Gyachak Ri. Allí, en presencia del lama Gyachilwa, tomó la ordenación completa de monje y recibió el nombre de Sönam Rinchen. A continuación, recibió muchas enseñanzas dhármicas de Gueshe Shawa Lingpa y de Jadul Dzinpa, por ejemplo, el *Sutralamkara*, el *Abhisamayalamkara* y el *Abhidharmakosha*[67]. De Mangyulpa Loden Sherap recibió muchas enseñanzas tántricas, por ejemplo, *Hevajra* y *Guhyasamaja*, así como las iniciaciones y las instrucciones esenciales. De Gueshe Nyukrumpa y Gyachak Riwa recibió todas las enseñanzas del linaje Kadampa. Tras recibir todas estas enseñanzas, pensó: "Ahora tengo que practicar"; y se quedó en Gyachak Ri.

Nuestro maestro había mostrado una gran sabiduría y compasión, y su deseo de posesiones y su apego eran casi nulos. Tenía una fe y una diligencia excepcionales, y muy poca pereza e indolencia. Durante el día se

------

[66] *Sang* (tib: *srang*), traducido aquí como 'medidas', equivale aproximadamente a 37'5 gramos. Así que la cantidad mencionada de dieciséis sang equivaldría a seiscientos gramos, algo más de veintiuna onzas (poco menos de una libra y media).

[67] Todos estos textos son estudiados aún hoy en día en muchos lugares como parte de la formación del sutrayana.

esforzaba en hacer girar la rueda de las actividades dhármicas y la rueda del estudio y la contemplación; por la noche, hacía girar la rueda de la renuncia de la meditación[140]. Su cuerpo, incansable en tales actividades virtuosas, jamás era atacado por insectos o parásitos. Aunque solo hacía una comida cada cinco o seis días, nunca estaba hambriento, y su cuerpo siempre experimentaba un estado de gozo. Podía estar sentado en una sola sesión de *samadhi* durante días. El apego burdo y la beligerancia desaparecieron de él. Cuando dormía, sus sueños mostraban los signos de quienes están cercanos al décimo *bhumi*, tal como se explica en el *Sutra de la sagrada luz dorada*[68].

En determinado momento, tuvo una visión durante su experiencia meditativa en la que aparecía un yogui de piel oscura de enormes dimensiones. Llevaba unos cuantos harapos andrajosos sobre sus espaldas y un bastón de bambú en la mano. En la visión, el yogui le plantaba la mano sobre la cabeza, le escupía y luego se iba. Tras ello, la meditación *samatha* de Gampopa se intensificaba y la certeza de vipasana aumentaba en él. Experimentando un gran gozo, su mente se volvía muy clara. Encontrándose con algunos de sus compañeros monjes, les explicó la experiencia que había tenido.

- Cuando los monjes completamente ordenados que mantienen de forma perfecta su disciplina, como es tu caso -le dijeron-, tienen visiones de yoguis y de poblaciones, se trata de encantamientos de Pekar[69], y existe el peligro de que surjan los obstáculos. Debes acudir al abad, pedirle la transmisión de la Achalanatha Blanca y recibir las bendiciones por medio de la ofrenda de *tormas* a la *sangha ordenada* en una ceremonia. Si lo haces así, quedarás protegido de cualquier obstáculo.

Recibió la transmisión de la Achalanatha Blanca de manos del abad, hizo un centenar de ofrendas de *tormas* para la *sangha* y recitación de mantras. Sin embargo, la visión del yogui se volvió más frecuente aún.

---

[68] Suvarna-prabhasottama-sutra (tib: mDo gser 'od dam pa).

[69] Pekar (tib: *pe dkar*), puede tratarse aquí de una ortografía alternativa para el legendario protector del dharma tibetano Pehar Gyalpo, pero no es seguro. (Buswell 2014, 638)

Por entonces, el Jetsun Milarepa se encontraba en La Fortaleza de Kyipuk Nyima, en La Roca Roja de Poto, con Rechung Dorje Drak, Shiwa Ö, Seben Repa, Drigom Repa, Ngendzong Tönpa y los demás, sus hijos del corazón más importantes. Los estudiantes Dzesé y Khujuk, de Drin, y algunos otros también estaban reunidos allí. Mientras hacían girar la rueda del dharma de ambos significados, el provisional y el definitivo, los *repas* más antiguos le dijeron al Jetsun:

- El cuerpo del Jetsun ha llegado a la ancianidad. Cuando te vayas y pases a un reino puro, necesitaremos a alguien que ocupe tu lugar y nos ayude a disipar los obstáculos y a fortalecer la práctica, alguien que sea además un motivo de adquirir méritos para los benefactores. Jetsun, en cualquiera que hayas pensado para llevar a cabo esto, estaría bien que le otorgaras las instrucciones completas, como si llenaras un vaso, y le dotaras de poder. Sin esto, la actual comunidad de discípulos no será capaz de seguir adelante ni proteger nuestro linaje.

- Hay un discípulo -contestó el Jetsun ligeramente molesto- que será capaz de hacer que mi actividad florezca y se expanda. Trataré de ver esta noche dónde se encuentra. Volved por la mañana y os diré.

A la mañana siguiente, el Jetsun se levantó tan temprano como acostumbraba y convocó a todos los discípulos para que se reunieran con él; y todos los *repas* y estudiantes acudieron.

- El noble ser que mantendrá mis enseñanzas -dijo el Jetsun-, el vaso que ha de ser llenado con las instrucciones esenciales y que será capaz de propagar las enseñanzas en las diez direcciones, es alguien que ha sido ordenado monje y lleva por nombre Lhajé. Está a punto de aparecer. La noche pasada, en mis sueños, este hijo llegaba llevando un vaso de cristal blanco vacío y yo lo llenaba hasta los topes de la *amrita* de mi propio vaso de plata blanca. Un hijo le ha nacido a un anciano padre. Él será como el sol de las enseñanzas de los budas, y será capaz de beneficiar a incontables seres -y rompió a reír-: ¡Ja ja ja!

Y, a continuación, cantó esta canción de realización:

Me postro ante los nobles gurus.
Hago súplicas al que está lleno de bondad.

La leche de la leona blanca del este
ciertamente es una leche excelente y alimenticia.
Pero no hay excelencia hasta que su alimento es experimentado;
la excelencia que uno conoce después de probarla
es la experimentada por Indra, el señor de dioses.

El salto del tigre veteado del sur
ciertamente es un salto excelente y poderoso.
Pero no hay excelencia hasta que se rivaliza con su salto.
La excelencia que uno conoce tras rivalizar con él
es la que tiene Dombi Heruka[70] cuando lo monta.

La bilis del pez del oeste[141]
ciertamente es una bilis amarga.
Pero no hay amargura hasta que se la experimenta.
La amargura que uno conoce tras haberla experimentado
solo ha sido experimentada por los nagas Gawo y Jokpo[71].

El poderoso dragón de color turquesa del norte
ciertamente es excelente y tiene una fuerza colosal.
Pero uno no puede sentir su excelencia antes de rivalizar con su
fuerza.
La excelencia tras rivalizar con él
es la que tienen los campeones Lhaga y Luga[72].

La leche de la leona del este
debe ser servida con un cucharón de oro puro.
No puede ser servida en un vaso ordinario.

---

[70] Dombi Heruka fue un mahasidha indio. Previamente había sido rey, pero dejó su reino
para dedicarse a las prácticas yóguicas profundas en la selva. Cuando su reino se sumió
en el caos, fue llamado por los brahmanes para que regresara al gobierno. Se dice que,
tras abandonar la selva, aparentemente sin intención de volver al trono, fue visto con su
consorte montando una feroz tigresa preñada.

[71] Famosos reyes naga.

[72] Según una leyenda tibetana tradicional, Lhaga y Luga (tib: *lha dga'* y *klu dga'*) fueron
los dos hombres más fuertes de China, encargados de transportar el Jowo de Shakyamuni,
con la princesa Kongjo incluida, cuando fue enviada a casarse con el rey tibetano Songtsen
Gampo. (Gyaltsen 1996, 147)

Si la servís en un vaso ordinario,
el vaso se romperá y el contenido se desparramará.

Las instrucciones esenciales de los maestros Naropa y Maitripa
ciertamente son muy profundas. Sin embargo, aunque esto es así,
no hay profundidad hasta que uno se ha puesto a meditar.
Solo después de meditar puede uno comprender su profundidad.
Mi venerable padre Marpa las ha recibido
y Milarepa ha meditado en ellas.

Unas pocas palabras sobre la experiencia meditativa de Milarepa,
aunque ciertamente pueden liberar los puntos vitales,
no pueden ser vertidas en recipientes indignos.
Si un digno recipiente aparece, se las daré gratuitamente.
Si mi hijo el maestro llega, ¡a él se las daré!

Así cantó.

En aquel momento, el precioso maestro[73] había salido para hacer circunvalaciones. Ese año, había una gran hambruna en el país, y a las puertas del monasterio se juntaron tres mendigos que estaban allí sentados, esperando conseguir algo de comida.

- Qué suerte sería -dijo uno de ellos-, si, a causa de esta hambruna, esta tarde la excelente sangha de Gyachak Ri saliera a repartir comida como muestra de caridad. Si no excluyeran a nadie que viniera a pedir, algo nos tocaría a nosotros también. Entonces, después de que cada uno de nosotros comiera hasta hartarse, podríamos juntar los restos de *tsampa* e irnos por los alrededores de Gyachak Ri y disfrutar a nuestro aire comiendo lo que hubiéramos reunido.

- Yo tengo una idea más realista que la tuya -dijo otro de los mendigos-. Sería bueno si pudiéramos recoger más o menos un dré de verduras, estén en sazón o no, y un poco de chili, las cocinamos, hacemos un gran

---

[73] Gampopa.

puchero[74] de sopa, nos la comemos, y nos vamos a nuestro refugio a echar una siesta.

- ¡Seamos listos! -dijo el mayor de los tres-. Incluso estando hambrientos, debemos reír y poner buena cara. Si un pájaro está hambriento, sigue planeando como un garuda[75]. No habléis solo desde el estómago. Estoy viendo a un monje, que tiene muy buen aspecto, haciendo circunvalaciones en la montaña, hacia el oeste. Si nos oyera hablar de esta forma, sería una vergüenza para nosotros. Si aspiráis a algo, que sea algo grande. Aspirad a ser un descendiente puro de alguna deidad luminosa, un rey del dharma que expanda las enseñanzas de Buda por todo El Tíbet, El País de las Nieves; ser un soberano como Tsé Dé[76] sería, por supuesto, magnífico; gobernar El Tíbet en esta vida no estaría mal. O incluso pensemos en Milarepa, el señor de los yoguis, que está en la parte occidental de la cadena montañosa nevada de Lachi, y se alimenta de la austeridad y del *samadhi*, viste una simple túnica y sobrevive gracias al calor de *chandali*. Medita día y noche, y permanece en el estado luminoso de mahamudra. Cuando viaja, lo hace volando por los aires. Estar en su presencia sería la mayor de las venturas; qué maravilloso sería poder renunciar a esta vida y practicar como él lo hace. O simplemente ver su rostro, eso ya sería una gran suerte.

Y, mientras hablaba, las lágrimas comenzaron a correrle por el rostro.

Cuando Gampopa oyó mencionar el nombre del Jetsun, en ese momento, una fe súbita surgió en él. Fue un sentimiento tan intenso que se desmayó, y no recuperó la consciencia hasta la medianoche. Al volver en sí, mientras derramaba gran cantidad de lágrimas, se puso en pie y comenzó a postrarse en la dirección en la que vivía el Jetsun.

- ¡Jetsun, Jetsun, acéptame, te lo ruego!

---

[74] La palabra tibetana *slo*, traducida aquí como 'puchero', se refiere en realidad a un tipo de contenedor que se usa específicamente en el proceso de aventar el grano. (TDC)

[75] Literalmente: "Incluso si el pájaro está hambriento, sigue mostrando sus cuernos de garuda" (tib: *bya ltogs rung khyung ru deng nge bya ba yin*).

[76] Tsé Dé (tib: *tse lde*) fue un monarca de Guge, el reino occidental del Tíbet, que probablemente reinó desde el año 1057. (Gyatso 2005, 75)

A continuación, se puso a recitar las siete ramas[77] sin parar, la práctica principal de la actividad virtuosa; y tuvo unas experiencias de *samadhi* como nunca antes había tenido. A la mañana siguiente, pensando "¿Me podré reunir con el Jetsun?", llamó a los tres mendigos. Les dio una buena comida -carne, mantequilla y todo lo demás-, mucho mejor de lo que habían deseado. Y, cuando estuvieron saciados, les dijo:

- Desearía conocer a ese maestro del que hablabais ayer. Parece que tenéis mucha información sobre él. ¿Podéis, por favor, llevarme hasta donde está? Entre mis ahorros tengo dieciséis medidas de oro, os daré la mitad, que podréis usar para practicar el dharma vosotros mismos.

- Nosotros no sabemos nada sobre ese guru -contestaron los dos mendigos jóvenes.

- Yo puedo ayudarte -dijo el mayor de los tres.

Esa noche, hicieron juntos ofrendas a las Tres Joyas.

Gampopa, en un sueño poblado de súplicas, soplaba un *radong*[78] cuyo sonido envolvía el mundo entero. No existe en la actualidad una trompa en todo Ü ni en Tsang que tenga un sonido similar. Luego, mientras se mantenía en el cielo sin sostenerse en nada, tocaba un tambor que hacía un sonido muy fuerte y a la vez agradable y puro, y que llegaba a oídos de incontables seres humanos y animales. Una joven, que parecía de la región de Mön, le decía: "Has tocado el tambor para la gente, pero también ha sido oído por los animales". Luego, le entregaba un cráneo ritual lleno de leche y añadía: "Esto no será bastante para los animales que han venido, pero bébela y será de beneficio no solo para ellos, sino para todos los seres vivos de los seis reinos".

Más tarde, Gampopa reflexionó sobre el sueño y lo interpretó así: "Los seres humanos que oían el tambor eran los que debían ser adiestrados de forma gradual en los caminos y los *bhumis*, porque no eran recipientes

---

[77] Es una práctica de acumulación de méritos que consiste en rendir homenaje y hacer ofrendas, confesión, celebración, solicitud del dharma, petición de permanecer sin pasar al nirvana y finalmente dedicación.

[78] El *radong* es una larga trompa de sonido grave utilizada en los rituales monásticos tibetanos.

adecuados para el vajrayana. Los gurus Kadampa son realmente bondadosos. Los animales que oyeron mi tambor son mis grandes discípulos yoguis que están en los retiros de montaña. Este sueño es un augurio de que dependeré exclusivamente de las instrucciones esenciales del guru Milarepa en el camino de los medios y del mahamudra".

Acompañado por el mayor de los mendigos, nuestro maestro se puso en camino. Con gran fe y diligencia, iba caminando y diciendo "¿Cuándo veré a mi guru?", con las lágrimas bañándole el rostro sin cesar. A la hora de comer, no tenía apetito. Hizo el camino de un tirón, sin ganas de descansar. Cuando llegaron a Tsinesar, en el Alto Nyang, el mendigo simuló estar enfermo, diciendo:

- A partir de aquí, ya no estoy seguro del camino. Pero más arriba hay un monasterio llamado Sakya al que puedes acercarte para pedir ayuda.

Abandonado por su compañero, Gampopa anduvo desorientado y errante por la planicie, como si fuera un ciego. Durante la noche, estuvo llorando, con el rostro pegado contra el suelo. Entonces, el mendigo mayor volvió a aparecer y le dijo:

- Hijo, ya casi estás, no llores de esa forma. Te mostraré el camino.

Más tarde, Gampopa llegó a la convicción de que los mendigos habían sido emanaciones del Jetsun.

Gampopa continuó, preguntando por el camino. En el puerto de Drangso Trawa, se encontró con muchos mercaderes de Latö, a quienes también anduvo preguntando. Uno de los jefes de partida, llamado Dawa Zangpo, de Nyanang, le dijo:

- El señor de los yoguis, de nombre Milarepa, el guru sidha famoso en todo El Tíbet, la Tierra de las Nieves, reside en estos momentos en Chuwar, en la región de Drin.

Pensando "Entonces es allí donde me reuniré con el Jetsun", se sintió exultante. Y le echó los brazos al cuello al mercader, derramando lágrimas. Luego, tras informarse de la ruta, tomó el camino de Dingri. En el centro de un gran campo, encontró un banco y se detuvo allí a echar un sueño. Como llevaba dos días sin comer nada, su cuerpo estaba exhausto, y el elemento aire de su cuerpo resultó seriamente desequilibrado. Como resultado, perdió la consciencia. Se cayó del banco y permaneció inconsciente hasta la medianoche. Cuando finalmente despertó, no había ni un solo centímetro[142] de su cuerpo, de la cabeza a los pies, que no le doliera. Su sed era extrema, pero no había nadie a mano que pudiera traerle algo de agua; de manera que siguió allí tirado durante dos días más.

Entonces, pensó: "Si no puedo encontrarme con el Jetsun en esta vida, en la próxima naceré en su presencia sea como sea. Que mi mente se mezcle completamente con la suya -formuló esta aspiración-. En esta vida, en la siguiente y en el bardo entre ellas, no existe otra fuente de esperanza que el Jetsun". Pensando esto, derramó muchas lágrimas e hizo súplicas con determinación.

Al cabo, pasó por allí un maestro kadampa de Jayul.

- ¿Adónde te diriges? -le preguntó a Gampopa.

- Voy hacia Drin, para encontrarme con el Jetsun Milarepa en persona.

- Yo también voy en esa dirección -dijo, y a continuación le preguntó-: ¿Estás enfermo?

- Me encuentro mal físicamente -contestó Gampopa-. Y, además, me muero de sed. ¿Podrías darme un poco de agua?

El maestro le dio un cuenco de agua y se lo bebió hasta la última gota. De esa forma se recuperó bastante, y se pusieron en camino juntos.

En esos momentos, el Jetsun estaba enseñando el dharma en Tashi Gang, y se encontraba de muy buen humor. Mientras daba enseñanzas, hacía repentinas pausas y se quedaba en estado de meditación, y a ratos estallaba en risas. Una de las benefactoras de Drin que se encontraba presente, una mujer llamada Dzesé que era una estudiante avanzada, le dijo al Jetsun:

- Jetsun, mientras das enseñanzas, a ratos te sumes en estados meditativos y a ratos te pones a reírte. ¿Acaso se debe a que unas veces piensas en las cualidades de los discípulos apropiados y otras piensas en los pensamientos erróneos de los discípulos inapropiados?

- No estoy pensando -le respondió el Jetsun- en las cualidades de los discípulos apropiados ni en los defectos de los inapropiados.

- ¿Entonces, Jetsun, de qué te ríes?

- Mi hijo, el maestro de Ü, ha llegado hoy a Dingri, y se ha echado a descansar en un banco. Tiene todo el cuerpo dolorido y se ha puesto a suplicarme: "¡Guru Jetsun, te lo ruego, apiádate de mí!". Y con gran devoción ha comenzado a derramar lágrimas. Compadeciéndome de él, le bendigo por medio de mi *samadhi*. Eso me hace muy feliz, y a continuación me río -así le contestó el Jetsun, y luego se le saltaron las lágrimas.

- ¿Cuándo llegará a presencia del Jetsun? -volvió a preguntar la mujer.

- Llegará pasado mañana por la tarde.

- ¿Y nosotros tendremos la buena fortuna kármica de conocer a ese hombre?

- La tendréis -replicó el Jetsun-. Cualquiera que prepare un asiento para cuando él llegue será sostenido por el *samadhi*. A cualquiera que lo encuentre por el camino y lo ayude a llegar, yo lo conduciré hasta el dominio de la liberación del gran gozo.

Gampopa y el kadampa de Jayul llegaron al centro de la plaza del mercado. Allí, había una joven benefactora que estaba tejiendo, sentada a la cabeza de su telar. Gampopa le preguntó:

- Dicen que Milarepa, el señor de los yoguis, se encuentra por la región. ¿Sabes en qué lugar concreto reside?

- ¿De dónde vienes? -le preguntó la joven benefactora.

- Soy de la región solar[79] de Ü -contestó-. Y he venido a ver al Jetsun.

- Entonces, os daré algunas provisiones. Pasad dentro, por favor.

Y, haciéndoles entrar, les preparó un asiento y les sirvió té dulce y otros alimentos. Luego, dijo:

- El Jetsun sabía con antelación que estabas por llegar, y también ha hecho una profecía sobre el futuro. Ayer te vio muy fatigado y te envió

---

[79] Se trata de un epíteto que se aplica a la región central del Tíbet (tib: *nyi ma dbus*).

sus bendiciones por medio de su *samadhi*. Yo le pedí salir a tu encuentro para llevarte hasta él.

Gampopa pensó: "Ciertamente, solo gracias a las bendiciones del guru no he muerto. Él sabía que estaba viniendo y que soy un discípulo destinado". Y a causa de este pensamiento un pequeño brote de orgullo surgió en su mente.

El Jetsun lo percibió y, con el fin de quebrar su orgullo, no le concedió una entrevista hasta pasado medio mes. El maestro Seben Repa le llevó a Gampopa una cazuela de barro y un poco de leña, y lo ayudó a instalarse en una pequeña cueva de un acantilado.

Dos semanas más tarde, la joven benefactora le condujo hasta el Jetsun. Cuando estuvo en presencia de Milarepa, el Jetsun bendijo a Rechungpa y a Shiwa Ö transformando la apariencia de ambos en la suya propia, y se sentaron. Dado que Gampopa era incapaz de distinguir cuál de los tres era el Jetsun verdadero, Rechungpa, señalándolo con el dedo, dijo:

- El Jetsun es el del centro.

Tras ello, Gampopa hizo un mandala de ofrendas con las dieciséis medidas de oro, y le ofreció un bloque de té al Jetsun del centro. Y después de relatar en detalle su viaje desde Ü, dijo:

- Jetsun, me gustaría, te lo ruego, que me contaras la historia de tu vida.

Entonces, el Jetsun se sentó por unos instantes y entrecerró los ojos. Luego, tomó una pequeña pieza de oro del centro del mandala que Gampopa había ofrecido y la lanzó al cielo, diciendo:

- ¡Una ofrenda para Marpa de Lhodrak!

Inmediatamente, surgió en el cielo un espectáculo de luz, sonido y otros fenómenos inconcebibles. El Jetsun tomó un cráneo ritual lleno de licor, dio un sorbo y, pasándoselo a Gampopa, le dijo:

- ¡Bébete el resto!

Gampopa, al ser un monje completamente ordenado y estar a la vista de todo el mundo, no podía aceptarlo.

- No te lo pienses mucho -insistió el Jetsun-. ¡Bebe!

Gampopa, temeroso de perder el auspicioso *tendrel*, se lo bebió todo de un trago, sin dejar ni una sola gota, entrando de esta forma plenamente en el linaje. Con esta certeza, y sabiendo que era un recipiente apto para todas las instrucciones esenciales sin excepción, Milarepa le preguntó:

- Cómo te llamas.

- Sönam Rinchen -contestó.

- Has acumulado grandes cantidades de mérito y eres un ser precioso entre todos los seres -dijo el Jetsun, y lo repitió tres veces[80].

Entonces, el Jetsun pensó: "Cualquiera que oiga el nombre de mi hijo quedará liberado del samsara. Pero no es momento para decir esto".

El Jetsun se dirigió al maestro de Ü[81] y le dijo:

- Que hayas venido hasta aquí movido por la fe en mí me parece verdaderamente maravilloso. No deseo tu oro ni tu té. La historia de mi vida es la siguiente.

Entonces, Rechungpa y Shiwa Ö lo acompañaron cantando esta canción de realización y bienvenida:

> En el cielo libre de elaboraciones del dharmakaya,
> las nubes de la compasión incesante se reúnen.
> Refugio destinado y protector de los seres,
> me postro a los pies de Marpa, el bondadoso.
>
> Sentado a mi derecha está mi hijo Rechungpa,
> sentado a mi izquierda, mi hijo Shiwa Ö.
> Ambos, a derecha e izquierda, me acompañan en mi canto.
> Lhajé, escucha nuestra canción.
>
> En el glorioso e inmaculado reino puro
> hay muchos que hablan grandilocuentemente de sí mismos.
> Pero hay dos, Naropa y Maitripa,

---

[80] En esta declaración, Milarepa hace un juego de palabras *con* el nombre de Gampopa: 'Sönam' significa 'mérito', y 'Rinchen' significa 'precioso'.

[81] Se refiere a Gampopa.

famosos en el país central de La India,
que la iluminan como el Sol y la Luna.
El hijo del corazón de estos dos padres *sidhas*,
encarnación de los budas de la esencia de los tres tiempos,
es el traductor Marpa Lotsawa.

Debido a que es el centro del mandala,
este afortunado que cautiva la mente
es renombrado entre los *dakas* y las *dakinis*.
Oír su nombre fue superior a mis fuerzas
y haciendo grandes esfuerzos me planté ante él.
En el instante en que nos encontramos, me invadieron el gozo y la
alegría.
Postrándome a sus pies de loto
le dije que necesitaba las profundas instrucciones esenciales
para alcanzar la budeidad en esta misma vida.
Mi padre buda me dijo:
"Hay una instrucción que es como la madre, la guía,
que en una sola vida corta el continuum del samsara.
Fue enseñada por Naropa, a causa de su compasión".
Como yo era pobre y carecía de riquezas materiales,
esforzándome con las tres puertas, completé mi *samaya*.
Por medio de la compasión del que conoce los tres tiempos,
dado que penetraba mi intención altruista,
con gran amor, pensó:
"Las instrucciones esenciales de las cuatro transmisiones del
linaje
se las enseñaré sin añadir ni quitar nada".
Y, haciendo este juramento, me las dio.
Y dijo: "En esta época de corrupción de las enseñanzas,
hay gran cantidad de condiciones adversas, no hay tranquilidad en
esta vida.
De modo que, sin extraviarte en el conocimiento conceptual,
dedícate a la práctica esencial.

Para retribuir la bondad de mi guru,
hice restallar el látigo del miedo a la muerte.
De manera que, por medio del poder de la meditación diligente,

converté los conceptos y los malos augurios en mis amigos.
Debido a que la naturaleza esencial de los tres venenos es la
claridad,
la presencia espontánea de los tres kayas resultó señalada.
Con la finalidad de transferir a los estudiantes aptos
toda la experiencia y la realización, las bendiciones del linaje,
las instrucciones esenciales que incluyen todo lo que es profundo,
maestro, te las transmito a ti.
Practícalas y haz que las enseñanzas florezcan.
Lhajé, guarda esto en tu corazón
y no seas rígido, te lo ruego: relájate y descansa.

La historia de este yogui se resume en esto.
Podríamos hablar más despacio y entrar en detalle.
El oro no le sirve para nada a un anciano como yo
y no tengo estufa para hervir tu té.
Si quieres ser el sostenedor de las enseñanzas Kagyu,
toma ejemplo de mi conducta y practica como yo.
La pregunta del maestro ha sido respondida en esta canción.

Así cantó.

- Esta es mi bienvenida para el maestro -dijo el Jetsun.

El maestro, entonces, preparó un poco de té y se lo ofreció al Jetsun,
que lo disfrutó inmensamente. Y, en respuesta, les dijo a Rechungpa y a
los demás:

- Deberíamos, a nuestra vez, ofrecerle té al maestro. Id a buscar.

Rechungpa salió a conseguir algo de té y lo preparó:

- Habría que añadirle algo al té para condimentarlo -dijo Rechungpa.

El Jetsun vertió en él un poco de agua fría, y el té adquirió un sabor
exquisito.

A continuación, el monje de Jayul le pidió al Jetsun su bendición, para
establecer una conexión kármica con él.

- Ofréceme algo a lo que estés apegado, a cambio de mi bendición.

- No tengo nada que ofrecerte -replicó el monje.

- Llevas oculto entre las ropas -le dijo el Jetsun- un montón de oro, ¿y dices que no tienes nada? Qué lástima. De qué sirve ser bendecido si no hay fe, o recibir las instrucciones esenciales si no hay confianza. Además, has viajado hasta aquí para comerciar con lana. Ve, pues, y que no encuentres obstáculos en tus negocios.

Gampopa pensó: "Cuando se está en presencia del Jetsun, no hay lugar para la doblez ni la hipocresía. Uno tiene que estar con la mente presente y centrada". Y, de esta forma, nunca se apartó de la percepción de Milarepa como un buda.

- Maestro de Ü -dijo el Jetsun-, ¿has recibido con anterioridad iniciaciones?

Gampopa contó que había recibido algunas iniciaciones e instrucciones esenciales de sus maestros previos, y contó el tipo de *samadhi* que había experimentado en su corriente mental.

- ¡Ja ja ja! -estalló el Jetsun en carcajadas-. Si exprimes arena, no conseguirás aceite. Solo exprimiendo semillas de mostaza se consigue aceite. Medita en mi *a-tung chandali*, y entonces verás la esencia de la mente. No quiero decir que, respecto a esa práctica, las iniciaciones que has recibido con anterioridad no sirvan; sin embargo, a causa de que el gran poder del *tendrel* está implicado en esto, debes tener las bendiciones de mi tradición.

Entonces, de acuerdo con la tradición del Linaje de la Escucha, usando un mandala de *sindhura*[82], Milarepa le dio la iniciación de Vajrayoguini. Recibió también las instrucciones esenciales, y tuvo excelentes experiencias en su meditación. Rememorando las instrucciones de sus gurus previos, Gampopa estuvo analizando la visión, la meditación y la conducta, con la intención de erradicar dudas e inseguridades respecto al Jetsun. Más adelante, solicitó del Jetsun directamente los puntos clave de la visión, la meditación y la conducta para acabar de clarificar sus dudas. Tras

---

[82] *Sindhura* significa, literalmente, "sedimento de las orillas del río Indo", y hace referencia a la tierra roja de un lugar que es sagrado para Vajrayoguini; aunque la palabra se usa en general para la tierra roja sagrada de cualquier lugar. El óxido de plomo (polvo de plomo rojo) es usado a menudo como sucedáneo. (Roberts, en RY)

ello, Milarepa cantó esta canción de realización sobre la grandeza del Mantra Secreto, en general, y, en particular, del Linaje de la Práctica:

> Con certeza en la visión, mira tu mente.
> Si buscas algo fuera de la mente,
> es como un hombre fornido tratando de hacerse rico a la fuerza.
> ¿No es así, mi querido maestro Médico?
>
> Con certeza en la meditación, no te deshagas de las faltas de la pereza y el sopor.
> Si te deshaces de las faltas de la pereza y el sopor,
> es como encender una lámpara al mediodía.
> ¿No es así, mi querido maestro Médico?
>
> Con certeza en la conducta, no planifiques qué elegir y qué rechazar.
> Si planificas qué elegir y qué rechazar,
> es como una abeja caída en una trampa.
> ¿No es así, mi querido maestro Médico?
>
> Con certeza en el *samaya*, relájate confiando en la visión.
> Si no te lo tomas así y buscas otro *samaya*,
> es como un río fluyendo a contracorriente.
> ¿No es así, mi querido maestro Médico?
>
> Con certeza en la realización, despierta la certeza en la mente.
> Si buscas alguna otra realización inalcanzable,
> es como una rana saltando hacia el cielo.
> ¿No es así, mi querido maestro Médico?
>
> Con certeza en el guru, pregúntale a tu propia mente.
> Si buscas otro guru aparte de esto,
> estás abandonando tu propia mente.
> ¿No es así, mi querido maestro Médico?
>
> Así, todas las apariencias están incluidas en la propia mente.
> ¿No es así, mi querido maestro Médico?

Así cantó. Y Gampopa pensó: "Ciertamente es así".

Se entregó a la meditación con perseverancia. La primera noche meditó desnudo fuera de la cueva, y el calor y el gozo ardieron en su interior.

Al romper el alba, se durmió erguido, con el cuerpo inmóvil como una piedra. Tras siete días en meditación, con el calor y el gozo ardiendo en su interior, tuvo una visión de las cinco familias de los Victoriosos.

Cuando le habló al guru de su experiencia, Milarepa dijo:

- Es como cuando te presionas un globo ocular mientras miras la Luna, y entonces ves dos lunas. Quiere decir que te has apoderado de los *pranas* de los cinco elementos. No es una falta, pero tampoco es una cualidad.

Aunque le había dicho que no se trataba de una buena cualidad especial, de todas formas él se sintió muy inspirado y continuó meditando. Al cabo de tres meses de estar meditando, varios días seguidos de madrugada, el reino universal de los mil mundos se puso a girar a su alrededor como una rueda. Entonces, tuvo muchas arcadas, se desmayó y quedó inconsciente durante un buen rato. Luego, se lo contó al guru.

- El *prana* de *lalana* y de *rasana* -dijo el Jetsun- ha entrado en *avadhuti*. No es una falta, pero tampoco es una cualidad. Continúa meditando.

Al cabo de un tiempo, otro día al amanecer, lleno de una gran compasión, vio la esfera de la Luna sobre su cabeza. Se lo contó a su guru, y el Jetsun le respondió:

- El *bindu* del *chakra* de la coronilla del gran gozo se está expandiendo. No es una falta, pero tampoco es una cualidad. Continúa meditando.

Más adelante, un día al anochecer, vio el Infierno de las Líneas Negras[83] y, a causa de ello, el *prana* del corazón llenó la parte superior de su pecho y se sintió abatido por un profundo sentimiento de depresión. Se lo contó a su guru, y el Jetsun le respondió:

- Tu cinturón de meditación es muy corto y comprime los *nadis*. Alarga el cinturón un poco. Te has apoderado del viento que se mueve en

---

[83] Tib: *myal ba thig nag*. Se trata de uno de los ocho infiernos calientes de los que se habla en la cosmología budista tibetana tradicional. Los habitantes de este reino infernal llevan dibujada una línea negra en medio del cuerpo, que los guardianes utilizan como guía para cortarlos por la mitad.

la parte alta; no es una falta, pero tampoco es una cualidad. Continúa meditando.

Un día, vio de manera vívida a todos los devas del deseo de los seis reinos, y una lluvia de *amrita* descendió a través de sus filas dispuestas de arriba a abajo. Los devas estaban todos contentos y satisfechos. Le contó a su guru que había visto a su madre morir de sed.

- La lluvia de néctar es la expansión del *bindu* en *lalana* y *rasana* a la altura del chakra de la felicidad de la garganta -le respondió el Jetsun-. La sed de tu madre se produjo a causa de que *avadhuti* estaba cerrado. Haz estos ejercicios de *trulkhor*.

Durante un mes, se dedicó a hacer los vigorosos ejercicios de *trulkhor* de 'golpear'[143]. Constantemente sentía el deseo de saltar, agitarse y sacudir su cuerpo, y tenía la necesidad incontrolable de llorar y gemir.

- ¿Se trata de algún tipo de demonio? -le preguntó a su guru.

- El *bindu* ha llenado el *dharmachakra* del corazón. No dejes de hacer los ejercicios de *trulkhor* y sigue con tus esfuerzos en la meditación. No es una falta, pero tampoco es una cualidad.

Continuando con su práctica, Gampopa necesitaba cada vez menos comida. Un día, vio en el cielo, enfrente de él, el Sol y la Luna eclipsados por Rahu. Sobre Rahu había dos líneas, delgadas como un pelo de cola de caballo. Se lo contó a su guru, y el Jetsun le contestó:

- Los pranas de *lalana* y *rasana* han entrado en *avadhuti*. No es una falta ni tampoco es una cualidad -y añadió-: ¡Qué hombre tan valiente eres! Y ahora… ahora… -y lo repitió hasta tres veces.

Entonces, Gampopa se dedicó a meditar fervientemente, y al cabo de un mes vio el mandala de Hevajra rojo. Pensó: "Cuando el guru dijo 'Y ahora… ahora…', debía de referirse a la aparición de la deidad *yidam*". Se lo contó a su guru, y el Jetsun le dijo:

- El *rakta*[84] que procede de tu madre se estabiliza en el *dharmachakra*. No es una falta, pero tampoco es una cualidad. Ahora debes entregarte a la meditación intensamente.

Y de nuevo se aplicó a la meditación. Un día vio el mandala del esqueleto de Luyipa Chakrasamvara[85]. Se lo contó a su guru, y el Jetsun le dijo:

- El *bindu* ha llenado el *nirmanachakra* de la emanación del ombligo. No es una falta, pero tampoco es una cualidad. Continúa meditando.

Continuó con sus esfuerzos en la meditación y, el día catorce, durante toda la noche, su cuerpo se volvió como el reino entero del espacio. Desde lo alto de la cabeza hasta la planta de los pies, su cuerpo estaba lleno de todos los seres vivos de los seis reinos, y la mayoría de ellos estaba bebiendo solo leche. Algunos otros bebían leche después de extraerla de las estrellas. Había un gran ruido incesante que procedía de una fuente indeterminada. Por la mañana, Gampopa se quitó el cinturón de meditar y la experiencia se disolvió. Se lo contó a su guru, y el Jetsun le dijo:

- Los *pranas* kármicos han tomado el *bindu* a través de los inconcebibles miles de canales de tu cuerpo; y esos *pranas* kármicos se han transformado en *pranas* de sabiduría.

Entonces, le dio la práctica suprema de *chandali*, y Gampopa siguió meditando.

Un día, el valle entero apareció cubierto de humo y, al llegar la noche, la oscuridad fue total. Incapaz de ver el camino, Gampopa lo recorrió como un ciego para ver a su guru. El guru le dijo:

- No hay ningún problema. Vuelve a sentarte y medita.

El Jetsun le dio la práctica de Disipar los Obstáculos de Arriba[144], y por medio de ella la experiencia de Gampopa se convirtió en una especie de sol al amanecer.

---

[84] *Rakta* significa 'sangre' en sánscrito, y aquí hace referencia al bindu rojo.

[85] Luyipa fue uno de los mahasidhas de La India que sostuvo el linaje de la práctica de Chakrasamvara.

Cierta noche, Gampopa sintió como si su cuerpo careciera completamente de carne y de sangre, era solo los huesos unidos por una retícula de canales. Se lo contó a su guru, y el Jetsun le dijo:

- Los *pranas* están muy forzados; practica de manera más suave.

A la noche siguiente, hizo la recitación y la meditación de su *yidam*. A medianoche, hizo guru yoga y muchas súplicas. Antes del amanecer, se dedicó a la práctica del control del *prana*. Y, cuando el sol comenzaba a asomar, se quedó dormido un rato. En un sueño que no tenía nada que ver con las tendencias latentes acumuladas, aparecieron veinticuatro signos diferentes. Al despertar, estuvo analizando el sueño, preguntándose: "¿Será un buen sueño o un mal sueño?". Y, luego, pensó: "El guru Jetsun es un verdadero buda omnisciente encarnado; le preguntaré a él". Y antes de que su desayuno estuviera preparado, se levantó y fue directo a ver a Milarepa.

El Jetsun estaba en Chuwar, acostado al amparo de una roca, con la cabeza apoyada sobre un paño grueso. Gampopa hizo postraciones y le habló:

- Jetsun, tengo algo muy importante que preguntarte. Por favor, despierta para que pueda hablarte.

- Ya sé que has estado dándole vueltas a algunas ideas -le dijo el Jetsun-, lo he visto esta mañana en mi meditación. ¿Qué es lo que te preocupa?

- Precioso guru, he tenido algunos signos en sueños, escúchame, por favor, y dime si son buenos o malos signos.

A continuación, Gampopa cantó esta canción de realización:

> Señor yogui que mantiene la disciplina yóguica,
> vestido con una sola túnica de algodón,
> joya que concede los deseos y adorna mi cabeza,
> el digno de respeto, como la corona de todo.
>
> Tu nombre, Mila, es conocido a lo largo y a lo ancho,
> su fama se extiende en todas las direcciones.
> Cuando lo oí, sentí un gran entusiasmo.
> Bajo las Pléyades del este seguí tu rastro

sin preocuparme del frío ni del calor.
Igual que en la historia de Sadaprarudita[86],
me preguntaba cuándo te encontraría, Señor Repa.
En el largo camino, pasé grandes dificultades,
y luego, en el lugar al que llegué después de dos días y medio de viaje,
cuando mi fuerza vital se desvaneció, casi muero.
Pero gracias al poder de la ferviente devoción,
como la visión directa de Dharmodgata
en la Ciudad de las Fragancias del este[87],
en la morada suprema de Tashi Gang
me encontré contigo, padre repa Jetsun.
Pensé: "Ahora mi viaje ha llegado a su fin".
Con una inmensa alegría, se me erizó todo el vello.
Y aunque no tenía riqueza ilusoria que ofrecer,
tenía la base, el hastío del samsara,
tenía el camino, el miedo al nacimiento y la muerte,
había abandonado por completo las percepciones mundanas,
estaba determinado a practicar, y eso brotaba de lo más hondo de mí mismo.
Maestro, me has rescatado con el gancho de tu compasión.
Yo nunca te olvidaré y tú siempre estarás conmigo.

Señor guru, tu súbdito tiene algo que decirte:
esta noche, hice las recitaciones del *yidam*;
a medianoche, hice súplicas a mi maestro;
tras ello, me estuve aplicando a las prácticas del control del *prana*;

---

[86] Arya Sadaprarudita (tib: *rtag ru ngu*), también conocido como 'el bodisatva que está siempre llorando'. Su historia se narra en ocho mil versos en el *Prajñaparamita Sutra*. Pasó por grandes dificultades antes de recibir las enseñanzas del bodhisatva Dharmodgata. (Patrul 1998, 154)

[87] El bodisatva Dharmodgata (tib: *chos 'phags*) vivió en la Ciudad de las Fragancias y fue famoso por sus enseñanzas de la Prajñaparamita. Sadaprarudita oyó hablar de ello y anheló recibir esas enseñanzas. Antes de conocerlo en persona, a causa de su profunda fe y devoción, Sadaprarudita tuvo una visión en la cual pudo ver a Dharmodgata dando enseñanzas. (Patrul 1998, 154)

al final de la noche, justo antes de amanecer,
cuando paré para tomar un corto descanso,
sin ser afectado por tendencias latentes previas,
tuve un sueño asombroso:

Había un sombrero de verano de ala aterciopelada
adornado con un velo de seda roja[145],
encima tenía una pluma de buitre.
Soñé que lo llevaba puesto en la cabeza.

Había botas de un color verde majestuoso
repujadas de metal alrededor de la parte alta de la caña
adornadas con hebillas de plata.
Soñé que llevaba puesto ese par de botas.

Sobre una prenda de seda blanca cosida con hilos de oro y joyas,
la parte superior estaba bordada con hilos dorados
formando un dibujo de puntos rojos en forma de medialuna.
Soñé que llevaba esa prenda sobre mi cuerpo.

Sobre un cinturón de tela de Mön
había adornos de una brillante variedad de flores
con borlas de seda adornadas con perlas.
Soñé que daba tres vueltas alrededor de mi cintura.

Sobre una pieza de fieltro hecha de pelo de cabra
que no había sido cortada para darle forma,
había un adorno de plata para abrocharla.[146]
Soñé que llevaba esa lujosa prenda sobre mis hombros.

Un bastón de madera de mango y sándalo
con incrustaciones de las siete sustancias preciosas
y la empuñadura revestida de un tejido dorado.
Soñé que lo llevaba en la mano derecha.

Un auténtico *kapala* vajra
lleno de un néctar de *amrita* dorada:
creyendo que era mi cuenco de beber,
soñé que lo llevaba en la mano izquierda.

Un par de alforjas[88] multicolor
llenas de arroz blanco de La India:
creyendo que eran mis provisiones para practicar el dharma,
soñé que las cargaba sobre mi hombro derecho.

Una piel de antílope moteado
con la cabeza y las cuatro patas intactas:
creyendo que era el cojín de mi asiento,
soñé que la cargaba sobre mi hombro izquierdo.

Tras esto, miré hacia mi derecha
y allí, sobre un hermoso prado dorado,
donde terneros y ovejas pastaban a sus anchas,
soñé que pensaba: "Soy su pastor".

Y después, miré hacia mi izquierda,
donde vi una pradera de color turquesa
llena de flores de distintos colores.
Soñé que muchas mujeres hacían postraciones.

En el centro de esta pradera
había flores doradas de innumerables pétalos.
Sobre un asiento hecho de flores de loto
soñé que me sentaba en la postura del bodisatva.
Soñé que enfrente brotaba con fuerza un manantial.
Soñé que la luz se arremolinaba a mi espalda.
Soñé que mi cuerpo ardía como una gran hoguera.
Soñé que el Sol y la Luna brillaban en mi corazón.

Este es el asombroso sueño que he tenido.
Pero no sé si se trata de un buen sueño o no.
Señor de los yoguis, conocedor de los tres tiempos,
te ruego que me desveles su significado.

---

[88] Tib: *sum gal khra bo dor gcig*. Este estilo de bolso es en realidad de una sola pieza, pero está diseñado para que cada lado se pueda llenar; cuando se cuelga sobre los hombros, hay el mismo peso en ambos lados.

Después de que Gampopa suplicara a Milarepa que escuchara los signos que aparecían en su sueño, el Jetsun dijo:

- Hijo, maestro Médico, no dejes que tu mente se inquiete. Calma tu mente, tranquilízate. No te dejes atrapar en los hilos de la tela de araña de los conceptos que te atan al 'yo'. Deja que el nudo de la duda se desate por sí mismo. Corta la cadena de la dualidad por su punto más débil. Rompe la maraña de tendencias latentes por su punto más débil. No dejes que la proliferación de pensamientos se haga fuerte; permanece sin elaboraciones, y descansa en lo que es natural. Yo soy un yogui adiestrado en el cuerpo ilusorio, de manera que sé interpretar los sueños. También sé cómo transformarlos. Tengo plena confianza en sellar los sueños con la talidad, y entiendo completamente la talidad de los sueños. De modo que, hijo, este anciano padre va a explicarte los augurios de los que hablas. Lo haré minuciosamente, para que queden claros y se entienda su significado simbólico. Escucha atento, sin distracción. Escucha intensa y tranquilamente.

A continuación, el Jetsun cantó esta canción de realización en respuesta al relato del sueño de Gampopa:

Lhajé, esta canción contiene la respuesta a tu pregunta:
escucha intensa y tranquilamente, con la mente atenta.

Hijo, conoces la tradición Chakrasamvara de Zangkar[89],
has estudiado la tradición Kadampa en el Alto Ü,
tienes la capacidad de permanecer en un excelente *samadhi*:
pienso que todo esto es maravilloso.

En las confusas tendencias latentes de tu sueño
has caído en la trampa de los augurios y te has quedado atrapado en ellos.
Hijo, ¿no has estudiado bastante? Esas cosas son falsas.
¿No has leído los sutras, los tantras y los tratados?
En el significado definitivo de los sutras de la *Prajñaparamita*

---

[89] Esta referencia es oscura, aunque podría referirse a una región (*bzang dkar*), la actual Ladakh, muy influida culturalmente a través de la historia por su relación con la meseta tibetana. (Powers 2012, 746)

se enseña que los sueños no son algo real.
Carecen de entidad, están huecos y no tienen sentido;
no tienen esencia, tal como dijo Buda.
De la misma manera, los ocho ejemplos de lo ilusorio[90],
es como lo ya dicho, pero en mayor detalle.
¿No ha llegado esto hasta tu mente?

No obstante, los augurios de tu sueño
son una maravillosa profecía de lo que está por venir.
Yo, un yogui adiestrado en los sueños,
Sé cómo explicar esas ilusiones.

El sombrero blanco que llevabas puesto en la cabeza
es un signo de que tu visión elevada recubre las más bajas.
El ala aterciopelada añadida por una doncella china
muestra el profundo y sutil *dharmata*.
El color y la vistosa cresta
significan la distinción clara y sin confusión de los principios de
la doctrina.
La pluma de buitre coronándolo
es la visión suprema del mahamudra,
signo de ver la esencia innata.

Llevar puesto ese par de botas
es signo de ascender a los más altos *yanas* desde abajo:
su color verde y sus adornos de metal repujado
son signo de alcanzar y realizar los cuatro kayas
y muestran la reunión de las dos acumulaciones.

Los broches brillantes con hebillas de plata,
debido a que has abandonado las trampas de la conducta
y no actúas con descuido, a pesar de tus deseos,

---

[90] Hay diferentes enumeraciones de estos ocho ejemplos; una de ellas los clasifica en: el sueño, el eco, la ciudad de los gandharvas, la ilusión óptica, el espejismo, la ilusión, la imagen reflejada y la ciudad producida por encantamiento mágico.

son signo de una conducta agradable y gentil,
la conducta propia del Joven Bodisatva[91].

Llevar puesta una prenda de seda blanca con adornos
es signo de tu corriente mental limpia de faltas.
Los hilos de oro puro repuntando los bordes
son signo de un inquebrantable corazón altruista.
El dibujo de la medialuna con puntos rojos
es signo de ayudar a los seres con amor.

El cinturón de tela de Mön
que daba tres vueltas alrededor de tu cintura
es signo de mantener los tres votos en tu corriente mental.

Los bellos adornos de flores blancas
así como las borlas de seda adornadas con perlas,
dado que tú estás adornado por los tres adiestramientos,
son signo de que tus discípulos tendrán en ti fe e inspiración.

El bastón de madera de mango y sándalo
es signo de encontrar al guru que se ajusta a tus deseos.
Las incrustaciones de las siete sustancias preciosas
son las buenas cualidades de ese maestro.
La empuñadura revestida de un tejido dorado
es signo de aceptar a los afortunados
que poseen los puntos vitales de las instrucciones esenciales del
Linaje de la Escucha.
Agarrar el bastón con la mano derecha
es signo de que irás a un reino búdico
tras recorrer el camino cada vez con mayor facilidad.
El *kapala* vajra auténtico que tenías
es un signo que simboliza la esencia vacía.
Que estuviera lleno de *amrita*
es un signo que simboliza la experiencia del gozo.
Creer que era tu cuenco de beber

---

[91] Literalmente: "El joven hijo de los Victoriosos" (tib: *rgyal sras gzhon nu*); que es un epíteto que se le aplica a Manjusri.

es un signo que simboliza la unidad de estas tres cosas.
Llevar el *kapala* en la mano izquierda
es signo de que nunca estarás apartado de la experiencia
meditativa.

Las hermosas alforjas multicolor
son un signo de llevar al camino todo lo que surja.
Cargar esta doble bolsa sobre tus hombros
es signo de recorrer el camino mahayana
mediante la unión de la sabiduría y los medios.
Los granos de arroz blanco indio que contiene
y creer que son tus provisiones para practicar el dharma
son un signo de que tu vida discurrirá sin obstáculos
y de que serás mantenido por el alimento del *samadhi*.

La piel de antílope moteado sobre tu hombro izquierdo
es un signo de atención consciente sin distracción.
La cabeza y las cuatro patas aún intactas
es signo de que disiparás el sufrimiento de los seis tipos de seres,
porque has sido adiestrado en los cuatro inconmensurables
y estás en contacto permanente con la *bodichita*.
Creer que se trata de un cojín
es un signo de que la realización de la inseparabilidad
de la vacuidad y la compasión seguirá desarrollándose en tu
corriente mental.

Por lo demás, cuando miras hacia la derecha,
al hermoso prado dorado que hay ahí,
esto es un signo de la expansión de las buenas cualidades internas
y externas.
Los terneros y ovejas que pastaban a sus anchas
son un signo de que has satisfecho los deseos de los seres
siendo un refugio para ellos, tanto a nivel material como
dhármico.
Pensar que eras su pastor,
es un signo de que, sin apartarte nunca de la compasión,
cuidarás de aquellos que carecen de un protector contra el
sufrimiento.

Y, después, miraste hacia la izquierda,
donde viste una pradera de color turquesa.
Esto es un signo de que verás la sabiduría del gozo y la felicidad
cultivando sin cesar un *samadhi* inmaculado.
El ornamento de la gran cantidad de flores que había
significa que los signos de la experiencia irán surgiendo
gradualmente sin parcialidad
y es un signo de que tendrás muchas experiencias.
Las gran cantidad de mujeres que hacían postraciones
son un signo de tener mando sobre las *dakinis*
que residen en los *nadis* y los *bindus*.
La pradera con flores doradas en su centro
es la sangha, como nubes que adornan el cielo,
con una disciplina pura y perfecta
y con la realización del *samadhi*.
Este será el distintivo del conjunto de tus seguidores.

El asiento hecho de montones de flores de loto
de innumerables pétalos de dorada tonalidad
indica que tu comprensión no está establecida en la existencia,
al igual que el cieno no mancilla el loto,
y es un signo de que tú no estarás mancillado por las faltas del
samsara.

En cuanto a que estés sentado en la postura del bodisatva:
a causa de tu compasión no te quedas en el nirvana,
igual que hace el Joven Bodisatva.
Esto es un signo de que eres un nirmanakaya que ha venido
para ayudar a todos los seres de los seis reinos que han sido tus
madres.

El manantial que brotaba frente a ti con fuerza
es un signo de que los dominios del dharma se expandirán.
La luz que se arremolinaba a tu espalda
es un signo de que la virtud se extenderá por todo El Tíbet.
Que tu cuerpo ardiera como una gran hoguera
es un signo de que derretirás el bloque de hielo de los conceptos
por medio de la sabiduría del calor gozoso de *chandali*.

La luna que brillaba en tu corazón
es un signo de que siempre permanecerás
en el estado luminoso libre de ir y venir.

Hijo, no es un mal sueño, por supuesto que se trata de un buen
sueño.
Una profecía sobre lo que ha de suceder en el futuro:
cuando este augurio se explica, se ve que es bueno, un signo del
dharma.

Respecto a cualquier sueño que se manifieste,
si uno se apega a sus características, se convierte en un obstáculo.
Si se reconoce que se trata de una ilusión más, se convierte en
parte del camino.
Si no comprendes qué son los sueños, no sabrás cómo explicarlos.
Los buenos sueños que parecen malos, dirás que son negativos.
Debes adiestrarte en los sueños, y una vez consigas adquirir nivel,
un mal sueño puede ser un buen augurio y ser explicado como
bueno.
En resumen, cualesquiera defectos o buenas cualidades que pueda
haber,
no las consideres importantes, oh hijo de noble familia.
¡Conserva esto en tu memoria, querido monje!

Así cantó.

Luego, Milarepa dijo:

- Oh hijo, maestro Médico, estos augurios que se te han presentado
son, sin duda, una profecía del futuro. Son signos de que el dharma se
desarrollará en tu corriente mental. Este anciano padre, sabiendo cómo
interpretarlos, los ha explicado en detalle. No olvides el significado de los
símbolos que te he indicado, y cuando pase el tiempo verás si mis explicaciones fueron verdaderas o falsas. Cuando hayas comprobado que eran
ciertas, en ese momento, sentirás una devoción especial hacia mí, incomparable con la que sientes ahora. Cuando esto suceda, hijo, experimenta-
rás una realización suprema de la naturaleza de la mente, libre de artificio.
En esta misma vida, llegarás a estar liberado tanto del nacimiento como
de la muerte -y continuó hablando-. Hijo, si deseas ser un meditador genuino, no debes tener un apego grande a los augurios de los sueños. Si lo

tienes, acabarás influido por los demonios. Sigue solamente las instrucciones de tu guru y tu propia determinación: no prestes atención a los consejos de los demás, porque esa es la causa de que la mente se llene de confusión. No te fijes en las faltas de los compañeros que te rodean. No des espacio a los pensamientos nocivos. No te involucres en corregir a los demás. No conocer las corrientes mentales de los demás es causa de caída. Nuestra apariencia confusa en este bardo del nacimiento y de la muerte es como un sueño que está en curso ahora mismo. Las tendencias latentes que creamos a través de nuestras actividades cotidianas nos visitan en los sueños nocturnos; se presentan ante nuestra consciencia, como ilusiones de la mente. En el bardo del sueño, esas ilusiones son engaños compuestos. Una vez que esas tendencias latentes quedan bien arraigadas, siguiendo nuestro karma virtuoso y nuestro karma negativo, experimentaremos los sentimientos de felicidad y sufrimiento en el bardo del devenir. Para purificar esto, si te dedicas a perfeccionar el adiestramiento en el yoga del sueño y en el yoga del cuerpo ilusorio, luego, en el bardo del devenir, alcanzarás el estado de sambhogakaya. Por tanto, debes practicar esos yogas con intensidad.

- Te ruego -dijo el maestro- que me aceptes y me des instrucciones que sean fáciles de poner en práctica sobre esos bardos.

A continuación, el Jetsun cantó esta canción de realización:

> Me postro ante mis maestros, los gurus.
> En particular, me refugio en el que es pura bondad.
> Hijo, en respuesta a tu petición,
> canto esta melodía sobre los bardos.
>
> En general, los seres de los tres reinos del samsara
> y los budas que permanecen en el estado del nirvana, todos ellos,
> en la verdadera naturaleza de las cosas, tienen la misma
> naturaleza esencial.
> Practica este bardo de la visión.
>
> El blanco y el rojo, que se presentan como diversos,
> y la propia mente inexpresable
> son uno en el estado primordial indivisible.
> Practica este bardo de la meditación.

Las apariencias confusas, que se muestran como diversidad,
y la propia mente innata de uno mismo
son uno en la coemergencia no dual.
Practica este bardo de la conducta.

Las tendencias latentes que aparecen en los sueños nocturnos
y el conocimiento de que son falsas al despertar
son uno con el estado de ilusión.
Practica este bardo del sueño.

Los cinco agregados impuros
y las cinco familias búdicas puras
son uno en la fase de culminación sin conceptos.
Practica este bardo de las fases de creación y culminación.

Los tantras padre que resultan de los medios
y los tantras madre que resultan de la sabiduría
son uno en la coemergente tercera iniciación.
Practica este bardo del punto vital.

El inmutable dharmakaya para el beneficio de uno mismo
y el incesante *rupakaya* para el beneficio de los demás
son uno en el indivisible estado innato.
Practica este bardo de los tres kayas.

La matriz del impuro cuerpo ilusorio
y la forma de la deidad pura
son uno en el estado del bardo luminoso.
Practica este bardo de la realización.

Así cantó.

Entonces, el Jetsun dijo:

- Maestro de Ü, Dorje Drakpa y Shiwa Ö: estad atentos a los sueños que tengáis esta noche y mañana por la mañana este anciano padre os los interpretará.

Todos estuvieron atentos a sus sueños; y, por la mañana, Shiwa Ö fue el primero en ir al Jetsun a contarle:

- Esta noche he tenido un sueño excelente. El cálido sol se levantaba por el este y soñé que se disolvía en el centro de mi corazón.

Luego, Rechungpa dijo:

- Yo soñé que iba a tres grandes valles y daba fuertes voces.

Finalmente, Gampopa, llorando, dijo:

- Yo tuve un sueño horrible.

- Tú no sabes si era bueno o malo -le dijo el Jetsun-. Cuéntame el sueño.

- Soñé que sacrificaba a muchas personas de diferentes razas y que su respiración se detenía. Debo de estar lleno de negatividad.

- Hijo maestro, no llores. Mírate las manos.

Entonces, el Jetsun tomó una de sus manos y le dijo:

- Hijo, mis esperanzas contigo están libres de toda duda. Sé que llegarás a ser alguien que liberará a los seres vivos del samsara, y esto es algo que sucederá con total certeza. Un hijo le ha nacido a este anciano padre. Ya puedo decir que he servido a la actividad de las enseñanzas de Buda. En cuanto al sueño de Shiwa Ö, se trata de un sueño mediocre; dado que tu motivación es estrecha de miras, no beneficiarás a un vasto número de personas; pero alcanzarás un reino puro. Rechungpa, a causa de tu arrogancia, desobedeciste tres veces mi mandato; por ello, renacerás tres veces en diferentes valles, en forma de tres afamados *gueshes*.

Luego, Gampopa, el médico de Nyal, estuvo un mes entero meditando con gran dedicación. Al principio, tuvo una visión de los siete budas de la medicina. Le era suficiente hacer una respiración al día; y cuando soltaba su *prana*, la visión desaparecía. Por la tarde, cuando retenía el *prana*, veía el reino puro del infinito sambhogakaya. Distraído por este fenómeno, soltó su *prana* y vio que se había hecho de noche. Pensando que esto perturbaría el *samadhi* de su guru, no fue en ese momento a contarle sus experiencias. En su meditación de la mañana, cuando volvió a retener su *prana*, vio al Buda Shakyamuni como figura principal en medio de un séquito de miles de budas.

Con el sol ya alto, fue a ver a su guru y se postró ante él. Sin que tuviera necesidad de contarle sus experiencias, el Jetsun le dijo:

- Ya has visto el rostro de la deidad *yidam*: has contemplado directamente a ambos, el sambhogakaya y el nirmanakaya. Ahora tienes que ver al dharmakaya. Me gustaría que te quedaras en compañía de tu anciano padre, pero debido a la conexión de aspiraciones previas, debes ir a Ü y meditar allí. Ya te he ayudado a disipar los obstáculos que has tenido en la meditación hasta el momento; ahora se presentará el obstáculo de las percepciones suprasensoriales. Cuando surjan, dado que existe el peligro de ser dominado por el *mara* del hijo divino[92], es muy importante mantener esas experiencias en estricto secreto. Generalmente, como el Mantra Secreto debe ser mantenido oculto, las realizaciones tienen que ser logradas en secreto. Los *maras* no dominan a aquellos que poseen las facultades más elevadas, y ellos son los capacitados para ayudar a los demás; así, pueden reunir discípulos y ocuparse de ellos.

- ¿Cuándo será el momento de empezar a enseñar a discípulos?

- Cuando veas la esencia de la mente y esa experiencia se estabilice, será el momento de empezar a ocuparte de los demás. Dentro de un tiempo, desarrollarás la realización de la clara visión[93] de la esencia de la mente de una forma muy superior a la que tienes en estos momentos. Para entonces, adquirirás una certeza precisa y estable, sabiendo de forma directa que tu anciano padre es un buda. En ese momento, debes empezar a reunir discípulos y cuidarlos. Si el *prana* llega hasta tus dedos, serás capaz de superar cualquier dificultad con el *prana*. Mira a ver si puedes hacerlo ya.

Entonces, sobre la superficie plana de una roca, Gampopa puso un montón de tierra, y enfocándose en sus dedos llevó el *prana* hasta la punta de ellos. A medianoche, el montón de tierra se había dispersado. A la mañana siguiente fue a contarle a su guru lo sucedido.

- No has alcanzado aún completa maestría sobre el *prana* -dijo Milarepa-, pero ya vas obteniendo resultados. Acabarás siendo capaz de realizar milagros del tipo emanaciones y transformaciones, y obtendrás los *sidhis* ordinarios y los supremos. Ya no necesitas mi ayuda; puedes irte y

---

[92] Esto simboliza nuestro anhelo de facilidades y placeres.

[93] Vipasana (tib: *lhag gis mthong*).

practicar por ti mismo. Ve hacia el este, a La Montaña de Gampo Dar, que es como un trono real; su cima se parece a un precioso sombrero adornado, como el que yo llevo. Allí hay una pradera arbolada, similar a un mandala dorado, y frente a ella hay siete montañas similares a montones de joyas que parecen siete ministros postrándose ante su rey. En el collado de esa montaña es donde encontrarás a tus discípulos. Ve allí, y beneficia a los seres.

Y, a continuación, cantó esta canción de realización:

> Hijo maestro, ¿vas a ir a Ü o no?
> Si el maestro va a Ü,
> a veces habrá comida en abundancia.
> Cuando se te presenten los alimentos,
> aliméntate de la comida pura del *samadhi*.
> Que sepas que todo lo que es dulce y delicioso es una ilusión.
> Cualquier cosa que aparezca, llévalo a tu experiencia como
> dharmakaya.
>
> A veces tendrás un vestuario sobrado.
> Cuando se te presenten los vestidos,
> vístete con las ropas del gozoso calor de *chandali*.
> Que sepas que todo lo que es suave y elegante es una ilusión.
> Cualquier cosa que aparezca, llévalo a tu experiencia como
> dharmakaya.
>
> A veces te sentirás en tu propia patria.
> Cuando surja la sensación de estar en tu propia patria,
> ocupa la patria del *dharmata*.
> Que sepas que todas las patrias son una ilusión.
> Cualquier cosa que aparezca, llévalo a tu experiencia como
> dharmakaya.
>
> A veces tendrás riquezas en abundancia.
> Cuando la riqueza se presente,
> toma posesión de las siete riquezas de los nobles.
> Que sepas que todas las clases de riqueza son una ilusión.
> Cualquier cosa que aparezca, llévalo a tu experiencia como
> dharmakaya.

A veces estarás rodeado de amigos.
Cuando estés rodeado de amigos,
confía en la amistad de la sabiduría autogenerada.
Que sepas que todos los amigos son una ilusión.
Cualquier cosa que aparezca, llévalo a tu experiencia como
dharmakaya.

A veces tendrás apariciones del guru.
Cuando surjan las apariciones del guru,
haz siempre plegarias con él sobre tu cabeza,
nunca olvides meditar con él en tu corazón.
El guru también es como una ilusión o un sueño.
Que sepas que todo es una ilusión.

La Montaña Oriental de Gampo Dar
es como un rey sentado en su trono.
La montaña que hay detrás es como una bandera blanca izada.
La montaña que hay al frente es como un montón de joyas.
Su cima es como una corona incrustada de joyas.
Las otras siete montañas son como los siete ministros postrándose
ante ella.
La pradera arbolada es como un mandala.
En el collado de la montaña esperan los que han de ser
adiestrados.
Debes ir allí y trabajar para el bien de todos los seres.
Hijo, llevarás a cabo el beneficio de los seres.

Así cantó.

A continuación, Milarepa dijo:

- Tu nombre será Guelong Dorje Dzinpa Dzamling Drakpa[94].

Luego, le dio el poder para transmitir iniciaciones y bendiciones. Otor-
gándole el dharma en su totalidad, Milarepa le dio un trozo de *arura* dorada con su propia saliva. También le dio una bolsa con yesca, y le dijo:

---

[94] Monje Sostenedor del Vajra Famoso en el Mundo Entero (tib: *dge slong rdo rje 'dzin
pa dzam gling grags pa*).

- Ahora, vete allí y ponte a meditar.

Entonces, Gampopa, de acuerdo con la profecía, se puso en camino hacia Ü, y el Jetsun le acompañó hasta Champoche. Al llegar a un puente de piedra, se pararon a la entrada.

- Maestro de Ü, abandona la arrogancia y el orgullo de tu familia paterna. Corta los vínculos con los parientes y los amigos íntimos. Libre de las ataduras de esta vida, conviértete en un hijo de las montañas. Practica unificando todos los dharmas en uno solo. Hazme súplicas a mí, tu anciano padre. Además, no es aconsejable que pases tu tiempo con gente muy implicada en los tres venenos; podrías caer bajo su influencia. ¿Cómo es esto? Hay personas que se toman todo lo que sucede como si fuera en su contra; y como siempre denigran a los demás y al dharma, permanecen estancados. La ira arde en ellos como un fuego. Por ejemplo, la serpiente carece de alas, de manos y de pies, no hay animal menos dotado que ella; sin embargo, cuando las personas la ven, huyen atemorizadas; esto es un signo de que la serpiente está cargada de gran agresividad, y a causa de ello hace que todo a su alrededor se convierta en su enemigo. También, algunas personas acumulan de todo, desde piedras superfluas hasta nudos de madera; argumentan que cuando sean viejos necesitarán provisiones y que cuando mueran necesitarán comida para ofrecer en su entierro. Dicen que sin riqueza no pueden dedicarse a la práctica del dharma, y que para acumular méritos deben poseer riquezas. Implicándose en las ideas de deuda e interés, acaban atrapados en modos de vida erróneos; y de ese modo se encierran en apegos que bullen como el agua. Otros dicen: "Ahora no es el momento apropiado de ponerse a meditar en la realidad genuina"; están los que no cultivan la compasión, que se desvían hacia el camino de los sravakas; y están también los que, despreciando los medios hábiles, adoptan un punto de vista nihilista. Toda esta gente está llena de ignorancia, como si estuviera envuelta en la oscuridad. Si tratas de aconsejar bien a este tipo de gente, no te escucharán. Si no te escuchan, primero te preguntarán quién es tu maestro y qué dharma practicas; luego, a partir de ahí, se mostrarán decepcionados. Escuchan con una estrechez de miras tan grande que nada bueno les llega, y negándose a adherirse a ningún refugio acaban hundidos en tormentos infernales. Y, a causa de tu relación con esa gente, de tu implicación con ella, otras personas resultarán afectadas negativamente en sus corrientes mentales. Por tanto, no es aconsejable gastar tiempo con quienes están rebosantes de los tres venenos:

> "Si pasas siete días entre los sravakas, tus acciones se volverán como las suyas. En general, tendrás que estar supervigilante, como un animal herido, o como un pájaro".

Sin estar muy cerca de los demás, permanece tranquilo y observante de la disciplina. Ten mucha paciencia. Estate en armonía con todo el mundo. Mantén una pureza impecable. Ten pocos pensamientos. Sin distraerte quedando a tomar el té o una cerveza o haciendo actividades dhármicas, haz retiros de montaña; no hables; permanece encerrado en cuevas. Ocupa tu tiempo en estas tres actividades. Aunque realices que tu propia mente es buda, no dejes de lado al guru, tu maestro vajra. Aunque la purificación y la acumulación de méritos sean perfectos en sí mismos, esfuérzate en seguir reuniendo incluso los méritos más sencillos. Aunque realices que el karma y sus resultados son como el espacio, evita cometer hasta el más insignificante de los actos negativos. Aunque no haya diferencia entre la meditación y la posmeditación, practica continuamente los cuatro yogas. Aunque comprendas que tú y los demás sois lo mismo, no denigres el dharma ni a ninguna persona. Así se nos ha enseñado. Hijo, quiero que vuelvas a verme el día catorce del mes del caballo del año del conejo.

Y, a continuación, cantó esta canción de realización:

> Hijo, cuando el estado libre de elaboraciones surja en la mente,
> no te preocupes por los términos convencionales.
> Existe el peligro de ser atrapado por las ocho preocupaciones
> mundanas.
> Hijo, permanece en el estado libre de orgullo:
> ¿me entiendes, maestro de Ü?
>
> Hijo, cuando la autoliberación surja de tu interior,
> no te plantees silogismos *pramana*.
> Existe el peligro de estar haciendo esfuerzos inútiles.
> Hijo, permanece en el estado libre de conceptos:
> ¿me entiendes, maestro de Ü?

Hijo, cuando realices que tu mente es vacuidad,
no hagas diferencias entre la unidad y la multiplicidad.
Existe el peligro de caer en la vacuidad nihilista.
Hijo, permanece en el estado libre de elaboraciones:
¿me entiendes, maestro de Ü?

Hijo, cuando estés meditando en el mahamudra,
no hagas esfuerzos por comportarte virtuosamente con el cuerpo
ni con el habla.
Existe el peligro de que la sabiduría no conceptual desaparezca.
Hijo, permanece en ese estado relajado y sin artificio:
¿me entiendes, maestro de Ü?

Hijo, cuando los augurios y los signos aparezcan,
no les des importancia con arrogante alegría.
Existe el peligro de que se conviertan en una profecía demoníaca.
Hijo, permanece en el estado libre de fijaciones:
¿me entiendes, maestro de Ü?

Hijo, cuando la certeza se haya instalado en tu mente,
no des lugar al apego y el aferramiento.
Existe el peligro de que el demonio de la alegría arrogante se
apodere de ti.
Hijo, permanece en el estado libre de expectativas:
¿me entiendes, maestro de Ü?

Así cantó.

Luego, el Jetsun puso su pie sobre la cabeza del maestro:

- Maestro de Ü, con este gesto te transmito las cuatro iniciaciones.
¡Ahora, alégrate!

Además, por la transmisión de la iniciación de la deidad sobre su
cuerpo, su cuerpo fue bendecido como el mandala de la deidad. Por la
transmisión del mantra de iniciación sobre su habla, su habla fue bende-
cida por el mantra. Por la transmisión del dharma de iniciación sobre su
mente, recibió la indicación de la mente innata, el dharmakaya. El gesto
del guru de colocarle el pie sobre la cabeza le empoderó sin restricciones
como maestro vajra de pleno derecho[147]. Y, concediéndole la iniciación
del habla del *samadhi*, le dijo:

- Todavía guardo una profunda instrucción esencial, pero es demasiado preciosa como para desperdiciarla. Es ya el momento de que te vayas.

El Jetsun permaneció donde estaba, y el maestro Médico cruzó el río y avanzó una buena distancia. Pero apenas oyó a Milarepa gritar, volvió corriendo junto a él. Cuando estuvo a su lado, el Jetsun le dijo:

- A pesar de que esta instrucción esencial sea tan preciosa[148], si no te la doy a ti, ¿a quién se la voy a dar?

Entonces, el maestro Médico, alegremente preguntó:

- ¿Te puedo ofrecer un mandala?

- No tienes que ofrecerme un mandala. No lo desperdicies. Esta es la *upadesha*.

Milarepa, entonces, se levantó la túnica, dejando al descubierto sus nalgas llenas de callosidades.

- No existe *upadesha* más profunda que practicar. Es por medio de la práctica que mi culo ha llegado a ponerse así y que las buenas cualidades han enraizado en mi corriente mental. Tú también debes desarrollar perseverancia y practicar.

De esta forma, la instrucción quedó bien impresa en la mente del maestro Médico.

Después, según la profecía del guru, se dirigió a la zona oriental de Daklha Gampo, donde desarrolló una labor muy beneficiosa para los seres y para las enseñanzas. El relato de estos hechos está documentado de forma clara y por extenso en la biografía del propio Gampopa.

A continuación, el Jetsun se dirigió a Chuwar, donde se encontraban reunidos sus hijos discípulos.

- El maestro Médico -les dijo-, beneficiará a muchos seres vivos. Esta noche, he soñado que un buitre solitario volaba desde donde yo estaba hasta Ü, y aterrizaba sobre la cima de una alta montaña. Estaba rodeado, en todas las direcciones, de muchos gansos. Después de un rato, los gansos alzaron el vuelo, cada uno acompañado por quinientos más de su propio cortejo, y el valle quedó completamente lleno de gansos. Esto es signo de que, aunque yo soy un yogui laico, en el futuro habrá muchos monjes pertenecientes a mi linaje. Ahora, ya he cumplido mi deber con las enseñanzas de Buda.

Y se mostró satisfecho.

Este es el ciclo del hijo del corazón principal del gran Jetsun, el noble Gampopa.

42. Lotön Gendun

Namo Guru

Cuando el Jetsun Milarepa se encontraba en el bosque de Omchung Pal[95], Lotön Gendun, un antiguo amigo de Darlo, el maestro que en el pasado había estado debatiendo con el Jetsun, se presentó para visitar a Milarepa, de la mano de Rechungpa y Seben Repa. Hizo ante él muchas postraciones y le dijo:

- Gran y precioso Jetsun, cuando te conocí sentí un fervoroso interés. Fui testigo de la forma en que mi amigo Darlo murió, y no fui capaz de decidir si las cosas de nuestra tradición que había que abandonar eran algo en lo que yo debía poner más énfasis o sencillamente soltar. Mi fe en ti se ha fortalecido y por eso me he presentado aquí para solicitar un dharma que yo pueda practicar. Te ruego que me des enseñanzas.

- Debes poner énfasis -le contestó el Jetsun- en abandonar cualquier clase de dharma que no preste una atención consciente a la muerte; y debes soltar todas las actividades que impliquen fines y objetivos.

Y, a continuación, cantó esta canción de realización:

En términos generales, el Victorioso, el Señor de los Seres Humanos,
enseñó el dharma de subyugar las ocho preocupaciones mundanas;
sin embargo, para todos esos eruditos arrogantes,
¿acaso las preocupaciones mundanas no hacen sino crecer?
El Victorioso enseñó que mantener la disciplina
es abandonar toda actividad mundana;
sin embargo, los monjes de hoy en día,
¿acaso no multiplican sus actividades?
El camino que los sabios de los tiempos antiguos
nos transmitieron fue cortar todos los vínculos;

---

[95] El glorioso bosquecillo de tamariscos (tib: *'om chung dpal gyi nags 'dabs*).

pero, el camino de los renunciantes actuales,
¿acaso no es aumentar sus intentos de complacer a los demás?
En resumen, cuando uno se adhiere a un dharma que no presta
atención consciente a la muerte,
haga lo que haga, será erróneo.

Así cantó.

Y, a continuación, Lotön comentó:

- Antes yo era como dices, y me arrepiento. Ahora, dado que soy consciente de la muerte, te ruego que me des un dharma que yo pueda poner en práctica.

El Jetsun pensó: "Trataré de ver si es capaz de dedicarse en exclusiva a la meditación o no". Y dijo:

- Si careces de deseos hacia esta vida, aunque es un camino un poco largo, también se puede alcanzar la iluminación por medio del camino de las características[96].

Y, a continuación, cantó esta canción de realización:

Me postro ante los padres gurus.

¡Oh maravilla!
Escuchad esto, vosotros grandes maestros:
la disciplina de *pratimoksa*, la raíz,
es el pilar de la gran casa de las enseñanzas.
¡Abrazadla de forma total, sin titubeos!

La lógica y el razonamiento del estudio y la exposición
es lo que da brillo a la joya de las enseñanzas de Buda.
¡Retirad la herrumbre del pensamiento incorrecto!

Los preceptos de los tres adiestramientos
son los amigos de la enseñanza de Buda.
¡No tengáis a tales amigos por adversarios!

---

[96] Se refiere al *sutrayana*, o el camino no-vajra.

La lógica y la discusión del mahayana
sirven para desmontar la ignorancia de los oponentes.
¡Transformad las percepciones de la gente ordinaria!

Así cantó.

Luego, Lotön le pidió fervorosamente:

- Actualmente, el dharma que yo practico es el de las meras palabras; te ruego que me enseñes la esencia del dharma.

Milarepa, conociendo que era el momento adecuado para adiestrar a esta persona que ya estaba preparada, y sabiendo que debía aceptarla, se sentó y se quedó en silencio. Entonces, el monje pidió a Rechungpa y a Seben Repa que intercedieran por él en su petición de recibir el dharma al completo; y ambos así lo hicieron.

El Jetsun se sintió complacido, y dijo:

- Estos dos repas han intercedido a favor de que recibas el dharma al completo. Dado que el maestro es capaz de meditar y el discípulo es apto, debo darte las instrucciones esenciales. ¡Pero tú te comprometes a meditar! Por mucho que conceptualmente entiendas el dharma, si no meditas, esto es lo que pasará.

Y, a continuación, cantó esta canción de realización:

Me postro ante los maestros gurus.

Maestro, los dos meditadores han intercedido por ti.
Su grandeza es bien conocida en los tres valles[149].
Este maestro, estudioso y especialista en retórica,
ha pedido entrar en el camino de las instrucciones esenciales.
El postulante y sus intercesores son dignos, ciertamente.

Yo, el yogui Milarepa,
soy el hijo más preciado del buda Marpa.
Mis palabras no son rumores ni se apartan de la verdad.
Carecen de ambición personal y de hostilidad.
Son palabras cuyo significado penetra hasta el fondo del corazón.
Fáciles de entender y de excelente significado.
Si las examinas con la lógica, las encontrarás consistentes.
Ahora, escucha atentamente lo que este anciano tiene que decir.

Si fusionas el dharma con tu corriente mental pero no meditas en
él,
seguirás siendo un ser ordinario, como un preta que revoletea por
el cielo:
conoce la extensión de las secciones del tantra
y la lógica de las conexiones y las contradicciones;
conoce la terminología, la gramática y el *pramana*
y tiene percepciones extrasensoriales y poderes mágicos;
posee recursos especiales y riqueza material
y su destreza intelectual es muy aguda.
Sin embargo, no practica el dharma verdadero
y no se interesa por la causa y el efecto sutiles.
Así que no se ha desprendido de su enorme arrogancia mundana.
Sus ideales de ambición no han sido eliminados,
y de ese modo la vacuidad y la compasión no pueden progresar.
Alguien así nunca podrá cruzar el río del samsara;
los brotes del sufrimiento nunca se marchitarán.
Es un intelectual experto, pero aún persigue las percepciones
extrasensoriales.
Los conceptos que establecen conexiones y contradicciones[97]
son la leña que abrasa su propia corriente mental.
Las faltas propias de uno mismo son las que traen la propia
negatividad.
De manera que debes practicar el dharma verdadero.

El néctar medicinal que lo revive a uno de la muerte:
si la persona enferma no lo toma ella misma,
aunque lo tenga, ¿de qué le servirá?
Si quieres recuperarte pronto de una enfermedad,
debes tomar la medicina que te rescata de la muerte.
El néctar de los dioses inmortales,
los asuras también lo poseen en cantidad,
pero como no pueden usarlo
la mayor parte de los asuras padecen una muerte prematura;

---

[97] Conexiones y contradicciones son los componentes básicos de la lógica tradicional budista (el pramana).

¿de qué les sirve a ellos el néctar de la inmortalidad?
Si quieres verte liberado de una muerte prematura,
tú mismo debes participar de ese néctar.

La comida de más calidad y sabores exquisitos,
aunque los almacenes de Yama estén abarrotados de ella,
él mismo no puede comerla.
Así que lo más probable es que Yama muera de hambre;
¿de qué le sirve a él toda esa excelente comida?
Si quieres verte libre de la enfermedad del hambre,
tú mismo debes participar de esa excelente comida.

Así cantó.

Lotön se quedó encantado con ello, y dijo:

- Me siento capaz de desarrollar certeza en todo lo que el Jetsun dice; esta explicación es realmente profunda. Enséñame, por favor, los puntos clave de las seis paramitas.

Entonces, Milarepa cantó esta canción de realización:

Yo no soy un especialista en lingüística
ni es lo mío la habilidad para hacer discursos.
Pero a pesar de ello, el postulante merece mi respeto.

Todo el dharma está resumido en las seis paramitas:
la generosidad es el dharma de los reyes.
Cuando los poseedores se desprenden de lo que tienen,
alcanzan el reino de los devas más elevados,
el cual es un estado que distrae de la práctica del dharma.

La disciplina es la escalera hacia la liberación para todos.
Las personas que se han iniciado en las enseñanzas de Buda,
ya sean monjes o laicos, no pueden prescindir de ella.
Aferraos a las enseñanzas, todos los que estáis aquí presentes.

La paciencia es la cualidad especial del sabio.
Si se sigue a Buda Shakyamuni
es el hábito ante las adversidades que se debe vestir.
Debes vestir de forma impecable la túnica de la paciencia.

La diligencia es el camino directo a la liberación,
y es necesaria para todo practicante auténtico.
La persona que no la tenga, no hay esperanza para ella.
Cabalga la montura de la diligencia, y llegarás lejos.

Estos cuatro dharmas son los relativos a la acumulación de
mérito,
y son la guía indispensable para todo el mundo.

Respecto al dharma conectado con la sabiduría:
la concentración meditativa es el umbral de las dos
acumulaciones.
Sobre este umbral uno debe sentarse de manera perfecta.
Es el método de protección cuando la distracción aparece.
Las dos acumulaciones tienen que ir a la par.

La sabiduría, el dharma del significado definitivo,
es el tesoro único de todos los budas.
Cuando uno se compromete con ella, es un tesoro inagotable de
riqueza.
Es la ofrenda sublime -la riqueza que se entrega
a todos los seres del mundo sin excepción-.
Liberándose de todos los estados en los que no hay libertad,
la tranquilidad suprema queda garantizada.
La acumulación de sabiduría es una joya preciosa.
De forma gradual uno es llevado hasta la excelencia suprema.

Esta es mi respuesta a la petición del maestro.
¡Reflexiona en ella con alegría y ponla en práctica!

Cuando hubo cantado esto, todos los hijos discípulos de Milarepa experimentaron una gran mejora en su práctica. Entonces, el Jetsun les dijo a Rechungpa y a Seben Repa:

- Le daré las iniciaciones al monje. Preparad las ofrendas.

Así lo hicieron. Milarepa le otorgó a Lotön las iniciaciones y las instrucciones esenciales y lo envió a meditar. Y una gran variedad de experiencias surgió en él.

En determinado momento, estando presentes muchos de los hijos discípulos de Milarepa, Lotön se presentó ante el Jetsun y le dijo:

- He experimentado una gran variedad de apariencias y, aunque no he dejado de meditar, mi mente no descansa y los pensamientos no dejan de proliferar. Si hay algo que esté haciendo mal, dame por favor un método para corregirlo. Si se trata de una buena cualidad, dame por favor una práctica de mejora y un método para conseguir la calma.

El Jetsun pensó: "En realidad, está meditando". Y le dijo:

- Maestro, aunque una gran diversidad de apariencias haya surgido y tus pensamientos proliferen, carecen de existencia separada de la cosa única. Cualquier falta o buena cualidad que pueda haber, esfuérzate en practicar de manera acorde con la visión.

Y, a continuación, cantó esta canción de realización:

> Me postro ante los gurus.
> Lotön y todos los demás que estáis presentes, escuchadme.
> ¿Comprendéis lo que son las apariencias?
> Si comprendéis lo que son las apariencias,
> las apariencias surgen bajo cualquier aspecto.
> Si no lo entendéis, entonces estáis en el samsara.
> Para aquellos que lo entienden, son manifestación del
> dharmakaya.
> Cuando las apariencias se presentan como dharmakaya,
> no hay necesidad de buscar ninguna otra visión.
>
> ¿Comprendéis el método para calmar la mente?
> Si no comprendéis el método para calmar la mente,
> no dejéis que la mente divague
> ni dejéis que se dedique a urdir ideas.
> Permaneced en vuestra propia naturaleza, como si fuerais un niño.
> Permaneced como un mar sin olas.
> Permaneced en la claridad, como la llama de una vela.
> Permaneced sin orgullo, como un cadáver.
> Permaneced quietos, como una montaña.
> La mente en sí misma carece de atributos.

¿Comprendéis el modo en que surgen las experiencias?
Si no comprendéis el modo en que surgen las experiencias,
los rayos del sol disipan toda oscuridad;
los conceptos no tienen que ser sustituidos por otra cosa.
Sin base, surgen como un sueño.
Sin permanencia, surgen como los reflejos de la luna en el agua.
Sin materia sustancial, surgen como los arcoíris.
Sin tendencias, surgen como el espacio.

¿Comprendéis cuál es el antídoto para las malas experiencias?
Si no comprendéis el antídoto para las malas experiencias,
aunque los vientos sean fuertes, su naturaleza es el espacio.
Aunque las olas sean grandes, su naturaleza es el océano.
Aunque las nubes meridionales sean densas, su naturaleza es el
cielo.
Aunque los pensamientos proliferen en la mente, su naturaleza es
innata.

Para lograr una consciencia equilibrada,
recuerda la instrucción esencial de la mente cabalgando el *prana*.
Cuando el ladrón que se dedica a urdir ideas se presente,
recuerda la instrucción esencial de reconocer al ladrón.
Cuando la mente se distraiga con objetos externos,
recuerda la instrucción esencial del cuervo volando desde la
nave[98].

¿Comprendéis el método para mantener la conducta?
Si no comprendéis el método para mantener la conducta,
debéis comportaros como un gran y majestuoso león sereno.
Comportaos como un loto que crece desde el fondo de las aguas
fangosas.
Comportaos como un elefante loco.
Comportaos como si estuvierais limpiando una bola de cristal.

---

[98] En el mar, los cuervos pueden echar a volar desde los barcos, pero siempre vuelven. De la misma forma, cuando se deja la mente a su aire, acabará volviendo a su estado natural de reposo.

¿Comprendéis el modo en que la realización surge?
Si no comprendéis el modo en que la realización surge,
del no-pensamiento aparece el dharmakaya.
Del gozo aparece el sambhogakaya.
De la claridad aparece el nirmanakaya.
El estado innato es el svabhavikakaya.

Yo soy un experto en los cuatro kayas
y no me muevo del dharmadatu.
Visión, meditación y experiencia, estos tres,
junto al antídoto, la conducta y la realización, hacen seis.
Un yogui los encarna cuando surgen las experiencias;
vosotros debéis también practicar de este modo.

Así cantó.

Lotön, de acuerdo con el mandato del guru, mantuvo una gran perseverancia y se consagró a meditar. Desarrolló unas experiencias y una realización extraordinarias, a las que el Jetsun dedicó esta canción de realización de indicaciones:

Me postro ante los padres gurus.
Esta mente luminosa en sí misma, libre del surgir y del cesar:
consciencia que cabalga el viento[99], y se extiende así en todas las
direcciones,
está libre de objeto y de esfuerzo, y así todo lo necesario está
presente en uno mismo;
está libre de forma y de color, y así está más allá de todos los
objetos de los sentidos;
está libre de palabras y de letras, y así está más allá de todo
discurso;
está libre de atributos y convenciones, y así está más allá del
intelecto.

Por medio de la práctica de las profundas instrucciones
esenciales,

---

[99] La palabra 'viento' puede referirse también al prana (los vientos sutiles internos); aquí
se usa metafóricamente en ambos sentidos.

cuando el maravilloso calor se desarrolla en el cuerpo,
una certeza íntima surge del interior
y los atributos de las apariencias externas quedan cortados.
Sin depender de los medios, el objetivo no llegará a ser cumplido.
¡Ciertamente las instrucciones esenciales del Linaje de la Escucha
son asombrosas!
La meditación en el camino profundo de los medios
es la cima de lo que este yogui ha realizado.
Esa es la misma forma en la que yo he practicado.

Así cantó.

Y, además, Milarepa le dio un consejo:

- Maestro, no ates tu mente a ningún terreno ni soporte. No cierres ninguna de las puertas de los sentidos. No caigas en prejuicios. No busques ninguna verdad última. Nada puede ejemplificarla. No puede ser expresada de ninguna forma. Alcanzarás una realización a la que le podrás dar cualquier nombre, y todos tendrán el mismo significado.

En consecuencia, Lotön se dedicó a practicar sin distracción en las montañas. Y, en cuanto a su realización, resolvió las dudas externas por medio del estudio y todas las internas por medio de la práctica de la meditación. Y de ese modo, como un maestro meditador similar a un león de las nieves, se convirtió en uno de los hijos íntimos de Milarepa.

Este es el ciclo de Lotön Gendun.

43. Dretön Repa

Namo Guru

Estando el Jetsun en La Roca Roja de Poto, en Drin, había por allí un maestro del clan Dre[100] que conocía al Jetsun de oídas pero nunca se había encontrado con él. Con fe, se acercó a ver al Jetsun en persona. En la cueva donde se alojaba Milarepa, excepto los objetos imprescindibles, no había nada. El maestro pensó: "Ni siquiera tiene textos o imágenes budistas ni instrumentos rituales, por no hablar de otras comodidades. ¿Qué será de él cuando muera?". El Jetsun percibió los pensamientos que habían surgido en su mente y le dijo:

- No hay necesidad de que te preocupes de esa forma, maestro; tengo todos los textos importantes y muchas imágenes sagradas, así que no tendré que lamentarme en el momento de la muerte, seré muy feliz.

Y, a continuación, cantó esta canción de realización:

Me postro ante los padres gurus.
En mi cuerpo, mandala de los Victoriosos,
reside la deidad -la esencia de los sugatas[101] de los tres tiempos-.
Con la bendición de carecer de apego a los placeres sensoriales[102],
hago ofrendas día y noche.
Estoy satisfecho con no tener ninguna sustancia externa que
ofrecer.

En el palacio espontáneo de los tres reinos
se encuentran las seis clases de seres que poseen la naturaleza de
buda.
Dado que se me ha mostrado la gran sabiduría,
cualquier lugar es para mí un palacio ilimitado,

---

[100] Dretön (tib: *'bre ston*) significa literalmente 'maestro de Dre'.

[101] "La esencia de los sugatas" podría ser traducido también como 'sugatagarbha' o 'naturaleza de buda'.

[102] Carecer de apego a los placeres sensoriales, como algo verdaderamente existente. (KTGR)

cualquier persona es la deidad yidam,
cualquier actividad es el dharmadatu.
Estoy satisfecho con no tener un soporte externo para mi ofrenda.

En el papel[103] blanco y rojo de las apariencias externas
escribo con la tinta de la gran sabiduría,
dibujo las letras de las cinco facultades sensoriales
y soy consciente de que todo lo que aparece es el dharmakaya.
Estoy satisfecho con no tener textos escritos en letra negra.

Todos los seres vivos de los tres reinos del samsara
tienen la naturaleza de buda sin saberlo.
Por medio de la conexión con las profundas instrucciones
esenciales,
yo poseo el samadhi supremo no separado de los tres kayas.
En el momento de la muerte, cuando llegue, ¡claro que seré feliz!

Así cantó.

Y el hombre pensó: "Lo que dicen sobre su percepción extrasensorial es cierto, de manera que las demás cosas que afirman también deben de ser verdad". De este modo sintió una fe inconmovible en él; y, ofreciéndose sinceramente, le dijo:

- Lama, te ruego que me aceptes como tu estudiante.

El Jetsun pensó: "Este es un discípulo que tiene conexión kármica conmigo". Le dio las iniciaciones y las instrucciones esenciales, y envió al maestro a meditar. Dretön tuvo excelentes experiencias de gozo y, en cierto momento en que había muchos hijos discípulos, se presentó ante Milarepa para darle cuenta de ellas. Le dijo al Jetsun:

- Nunca antes había experimentado una felicidad tan grande, y por eso tenía tanto apego a las posesiones materiales. Para el Jetsun se trata de una dicha que surge sin fijación a nada. Solicito permiso para ir reco-

---

[103] Rojo y blanco, en este contexto, no hace referencia a los bindus rojo y blanco. A veces se usa la metáfora del 'blanco' para referirse a las apariencias diurnas, cuando el sol brilla; mientras que las apariencias nocturnas son calificadas como de color 'rojo'. Es decir, apariencias blancas y rojas se refiere a todas las apariencias del perceptor y lo percibido, que son como el 'papel' en la comparación que establece aquí Milarepa.

rriendo retiros de montaña como lo hace el Jetsun y profundizar en esa experiencia de felicidad.

- Si uno va errante por retiros de montaña -le contestó el Jetsun complacido-, siempre está feliz y, más adelante, puede convertirse en un guía para que los demás alcancen la misma felicidad.

Y, a continuación, cantó esta canción de realización sobre las ocho clases maravillosas de felicidad:

> Señor, joya que concede todos los deseos, nirmanakaya,
> precioso y gran rey Chakravartin,
> lámpara suprema que disipa la oscuridad de la ignorancia,
> Marpa el Traductor, a tus pies me postro.
>
> La Fortaleza Celestial de la Roca Roja de Poto
> es un lugar donde se reúnen los cuatro rangos de *dakinis*.
> En el sitio donde este anciano siente un deleite tan especial
> y tiene tantas experiencias de gozo, canto esta canción.
> Tú que posees un intelecto tan agudo y eres un meditador tan pertinaz,
> siéntate a mi lado, hijo discípulo, y escucha.
>
> El retiro en las montañas sin sombra de preferencias
> es la guía que alimenta la experiencia meditativa.
> ¿Hay alguien que siga ese camino?
> Quien sabe que su cuerpo es un monasterio es feliz.
> La naturaleza de la mente es pura como el espacio: ¡E ma ho![104]
>
> La fe estable e inamovible
> es la guía para la renuncia al samsara.
> ¿Hay alguien que siga este camino?
> Quien se ha liberado del samsara y del nirvana en sí mismos es feliz.
> La perfección de los cuatro kayas en tu mente: ¡E ma ho!
>
> El encuentro de las seis conciencias con las apariencias
> es la guía para llevar las condiciones adversas al camino.

---

[104] *E ma ho* es una expresión de alegría.

¿Hay alguien que siga este camino?
Quien puede llevar su deseo hasta la extinción es feliz.
Cortar la atadura del perceptor y lo percibido: ¡E ma ho!

El noble guru perteneciente a un linaje
es el guía para disipar la oscuridad de la ignorancia.
¿Hay alguien que siga este camino?
Quien sigue al guru como un buda es feliz.
El reconocimiento de la naturaleza de la mente: ¡E ma ho!

La ropa que no da frío ni calor
es la guía para ir errante por retiros en la nieve.
¿Hay alguien que siga este camino?
Quien no le teme al frío ni al calor es feliz.
Dormir desnudo en la nieve: ¡E ma ho!

Las instrucciones esenciales que lo conectan a uno con la fusión y
la transferencia
son la guía para vencer el miedo al bardo.
¿Hay alguien que siga este camino?
Quien no tiene que renacer es feliz.
Llegar al espacio del *dharmata*: ¡E ma ho!

El profundo camino de los medios del Linaje de la Escucha
es la guía que separa el lodo de la transparencia de la mente.
¿Hay alguien que siga este camino?
Quien experimenta el gozo del cuerpo y de la mente agranda su
felicidad.
El control del *prana* penetrando en el canal central: ¡E ma ho!

El yogui adiestrado en la vacuidad y la compasión
es la guía que corta el artificio de los conceptos.
¿Hay alguien que siga este camino?
Quien tiene un séquito de personas realizadas es feliz.
La reunión de nirmanakayas como séquito: ¡E ma ho!

A partir de la alegría de este anciano
he cantado una melodía sobre la experiencia de las ocho clases de
felicidad.
Para dar brillo a la práctica de los que estáis aquí reunidos,

este yogui ha disfrutado de cantarla.
No la olvidéis, guardadla en el centro de vuestro corazón.

Así cantó.

Dretön y los demás de la reunión se sintieron extasiados. Y Dretön dijo:

- Ha sido verdaderamente maravillosa. Danos, por favor, alguna enseñanza más que sea fácil de comprender y de recordar sobre cómo evitar las desviaciones de la visión, la meditación, la conducta y la realización.

- Debéis practicar de esta forma -le contestó Milarepa, cantando la siguiente canción de realización.

Me postro ante los padres gurus.

Si adquieres certeza en la visión,
el estudio no supondrá una desviación para tu corriente mental.
Pero si no realizas la naturaleza de tu mente,
no hables de la visión de la vacuidad con meras palabras.

Cualquier cosa que aparezca o resuene
muestra el resultado del beneficio o el perjuicio de tus acciones.
De modo que nunca ignores la causa y el efecto.

Si no conoces las diferencias entre los distintos *yanas*
te apegarás a los nombres que se le da a la verdadera naturaleza
de la mente.
Esta visión no es más que otra forma de apego al 'yo',
de modo que no deberías desacreditar ninguno de los nombres
que recibe[150].

Si practicas meditación
pero la verdadera naturaleza no se te ha manifestado aún,
todavía no has cortado con los atributos en tu interior
y la experiencia de la claridad aún no ha surgido en tu mente.
Si este elixir de la experiencia aún no te ha impregnado,
no te apegues a la fortaleza de la vacuidad.

Los objetos cognoscibles son la unión de apariencia y vacuidad,
pero no te dejes encantar por los deseos ordinarios;

no te apegues al vacío de lo vacío
-no deseches ninguna característica de las características-.

En las olas del gozo impuro
aún permanecen las nociones burdas:
 el sabor del gozo verdadero nunca llega a disfrutarse[151].
La no-conceptualidad del *samatha* estable,
no la tomes por la realidad genuina.

Cuando te comprometas con la conducta de 'el sabor único',
si la experiencia no surge de lo más profundo de ti
y las apariencias aún no han sido bendecidas,
si los cinco objetos no se presentan como gozo,
entonces las elaboraciones aún no se han agotado.
No te comprometas en tal disciplina yóguica errónea
-no te llevará al camino de la liberación-.

Si la realización se hace manifiesta
no caerás en los extremos de la esperanza y el temor
donde se busca la budeidad en otra parte
sin ver la esencia de la propia mente.
El kaya de la forma que aparece a los que son dignos de
adiestramiento
no debes apegarte a él como si fuera la verdadera esencia de buda.
Cuando los conceptos se disuelvan en el dharmakaya
considerarás que la existencia está completamente negada.
Las buenas cualidades, la actividad iluminada y los reinos puros
son el despliegue espontáneo de la sabiduría.
No los conviertas en algo externo sólido.

Así cantó.

Dretön desarrolló una certeza estable y, tras mucho tiempo meditando en retiros de montaña, alcanzó el logro de las cualidades especiales de los signos de la experiencia en su mente. Llegó a ser conocido como Dretön Tashi Bar, uno de los maestros de meditación entre lo hijos íntimos de Milarepa.

Este es el ciclo de Dretön Repa.

44. Likor Charuwa

Namo Guru

Había un monasterio cuyos residentes mostraban una gran hostilidad hacia Milarepa, y se burlaban de él diciendo: "¡Ese al que llaman el Jetsun Milarepa es un nihilista!". Ignorando los ruegos de sus hijos discípulos de no ir allí, Milarepa enfiló hacia la entrada de la sala de reuniones del monasterio. Cuando los monjes lo vieron allí plantado, se le echaron todos encima y empezaron a darle golpes sin parar. A continuación, lo llevaron dentro y lo ataron a una columna, pero de repente Milarepa apareció fuera. Los monjes se volvieron a lanzar sobre él y volvieron a golpearlo y, entonces, Milarepa reapareció dentro del templo. Sin importar cuánto lo golpearan, Milarepa permanecía en silencio sin inmutarse. Cuando volvieron a intentar sacarlo fuera, no pudieron moverlo. Llamaron a más monjes, y les resultó imposible moverlo. Lo amarraron con cuerdas y comenzaron a estirar, unos hacia delante, otros hacia detrás, pero no conseguían moverlo ni un palmo. Los monjes siguieron intentándolo hasta quedar exhaustos. Él se quedó allí sentado como si fuera una roca. Maravillados por ello, algunos dijeron:

- Cuando te metemos dentro, acabas fuera: y cuando tratamos de sacarte al exterior, no te mueves del interior. ¿Cómo es posible que no seamos capaces de echarte?

- Como soy un nihilista -contestó el Jetsun-, si me matan, eso no existe; cuando se me apalea, eso no existe; cuando se me arrastra dentro, eso no existe; cuando se me empuja fuera, eso no existe. Todo esto sucede porque la fijación en el samsara y el nirvana como dos cosas distintas no tiene existencia real.

- Hay que reconocer -dijeron algunos de los monjes más honestos- que hemos estado hostigando a alguien que es un yogui *sidha* verdadero. Te rogamos, pues, que te vayas.

- No soy un *sidha* -dijo el Jetsun-, no tengo ese nivel. Vosotros no sabéis lo que es un *sidha* y de lo que son capaces los *sidhas*. Abandonad los puntos de vista erróneos sobre los demás y dejad de creeros tan importantes. Tener tales puntos de vista erróneos es ser más despreciable que las diez acciones no virtuosas. Creerse muy importante es apego al 'yo' y, por tanto, causa de caer en el samsara.

- Seguro que eres un *sidha* -replicaron los monjes-. Explícanos, por favor, para qué has venido y por qué nos estás diciendo estas cosas.

En respuesta, Milarepa cantó esta canción de realización:

> Como una bola de cristal, o un ser vivo en el bardo,
> nada puede ocultarme; estoy libre de obstáculos.
> No puedo ser capturado ni expulsado.
> La forma en que me he movido, como una estrella fugaz,
> ha sido para transformar vuestra visión falta de fe.
> Por eso Milarepa ha realizado estas acciones.
> Ya no haré nada más,
> porque estoy seguro de que vuestra actitud errónea se ha
> desvanecido.

Cuando Milarepa hubo cantado esta canción, algunos de ellos le dijeron:

- ¡Qué maravilla! ¿Por qué no haces unos cuantos milagros más? - Esta conducta solo tiene tres contextos en los que pueda ser llevada a cabo.

Y, a continuación, cantó esta canción de realización:

> Para transformar la visión de los que no tienen fe,
> para reforzar las experiencias que uno tenga
> y para indicar el camino de la realización, en estos tres.
> Esos son los momentos adecuados para realizar tal tipo de actos,
> fuera de esos momentos, uno debe abstenerse; así se ha enseñado.
> Eso es lo que dice nuestro ilustre guru.

Así cantó.

Y algunos monjes dijeron:

- Para saber tanto sobre estos temas debes de haber estudiado mucho.

- He estudiado -replicó el Jetsun-, pero no pienso mucho en ello. Aunque hice algunos estudios, acabé olvidándolos; ya no tiene importancia.

Y, a continuación, cantó esta canción de realización:

Cuando realizas la naturaleza de la igualdad,
es bueno olvidarte de tus íntimos.
Y también es bueno olvidar las cosas a las que estás apegado.

Cuando realizas la sabiduría más allá de la mente,
es bueno olvidar las cosas del perceptor y lo percibido.
Y también es bueno olvidar el placer y el dolor.

Cuando realizas el estado sin pensamientos ni sensaciones,
es bueno olvidarte de tus experiencias.
Y también es bueno olvidar la pérdida y la ganancia.

Cuando realizas que los tres kayas están intrínsecamente en ti,
es bueno olvidarte de la fase de creación de la deidad.
Y también es bueno olvidar el dharma conceptual.

Cuando realizas que el fruto está en ti,
es bueno olvidarte de los esfuerzos para lograr el fruto.
Y también es bueno olvidar los dharmas relativos.

Por medio de la meditación en las instrucciones del Linaje de la
Escucha,
es bueno olvidarte de los discursos convencionales.
Y también es bueno olvidar el dharma que te hace sentirte
orgulloso.

Cuando realizas que todas las apariencias son tus textos,
es bueno olvidarte de los textos escritos con letra negra.
Y también es bueno olvidar el dharma pesado de llevar a cuestas.

Así cantó.

Entonces, los monjes dijeron:

- Hasta que no se alcance la iluminación, como seguirán persistiendo las dudas y los defectos, no está bien olvidarse del dharma que uno ha estudiado.

En respuesta, Milarepa cantó esta canción de realización:

Cuando reconoces que la confusión es tu mente
y sabes que carece de base[105],
no es posible que surja ningún esfuerzo
y uno se deleita con la realidad inmutable.

Cuando realizas el significado único de la realidad,
no es posible a partir de entonces que haya cosas que adoptar o
rechazar.
Es una gran alegría despejar la ignorancia.

Cuando realizas que la realidad es incesante,
es imposible que surjan temores y esperanzas.
Te sientes inmensamente feliz de haber destruido la confusión.

A causa de la ignorancia, vamos errantes por los tres reinos.
Por medio de las *upadeshas* del guru sidha,
los placeres sensoriales, libres de apego, se convierten en
ornamento.

No soy docto en los términos académicos;
todos los sistemas doctrinales son dharma intelectual.
Son de poca ayuda para detener el sufrimiento.

Todos vosotros, grandes maestros, vigilad vuestro orgullo.
El conocimiento y la confusión, ambas,
en el momento de la realización poseen la misma esencia.
Vosotros que tenéis fe, no abandonéis el samsara.

Dejad que las apariencias descansen de manera espontánea en sí
mismas
y finalmente unidlas con el espacio.
Los budas le han dado a esto muchos nombres[106].

---

[105] "Estos dos versos significan que uno reconoce que las apariencias de los objetos externos son confusas proyecciones de la propia mente, de manera que no existen independientemente de la mente, de forma análoga a las apariencias de los objetos externos que surgen en los sueños. Sabiendo esto, uno comprende que dichas apariencias confusas carecen de base; que no existen en el exterior de manera auténtica. Esta realización es similar a las experiencias de los sueños lúcidos." (KTGR, *Stories and Songs*, 101)

[106] "Este último verso implica que la verdadera naturaleza de la realidad es inexpresable". (KTGR, *Stories and Songs*, 101) (tib: *sangs rgyas dag gi bla dgas lags*)

Cuando Milarepa hubo cantado esto, todos los monjes experimentaron una gran fe. Dejaron de acumular negatividad y puntos de vista erróneos y creció en ellos una visión pura.

Entre la sangha de los monjes, había uno cuyo potencial interno había despertado; su nombre era Likor Charuwa, y siguió al Jetsun en calidad de asistente. Recibió las iniciaciones y las instrucciones, fue enviado a meditar, y obtuvo excelentes experiencias.

Likor Charuwa pensaba: "El Jetsun tiene tal poder y compasión que, si fuera capaz de atenerse un poco más a las convenciones sociales, podría atraer a muchos *gueshes* de Ü y de Tsang a formar parte de su séquito. Y, a través de sus ingresos y de su fama, lograría un gran beneficio para los seres vivos y para las enseñanzas de Buda".

Fue a ver al Jetsun y compartió con él sus pensamientos. Y el Jetsun le respondió:

- No hay necesidad de que haga más que lo que mi guru me mandó. Quienes tengan una forma mundana de pensar pueden hacer lo que les parezca. Y, a continuación, cantó esta canción de realización:

Me postro a los pies de Marpa el Traductor.

Dado que he realizado que las apariencias del sonido son solo ecos[107],
no pienso dejar de comportarme a la manera yóguica.
Que no me hablen de organización ni de cortesías.
¿Riqueza y fama? ¡Tú puedes hacer lo que quieras!

Yo sé que la riqueza y la comida son ilusiones.
Y me desprendo con tranquilidad de la comida y de la riqueza que obtengo.
Y cuando no las consigo, no las ansío en absoluto.
¿Buenos méritos? ¡Tú puedes hacer lo que quieras!

Yo sé que mis seguidores son como apariciones.
Al erudito y al bienpensante que me llegan de donde sea

---

[107] "Las apariencias del sonido", aquí en particular, se refiere a lo que dicen los demás.

no trato de adularlos ni de complacerlos.
¡Monjes, podéis hacer lo que queráis!

En el estado natural, que es la igualdad,
he comprendido que el apego y el rechazo son causa de
sufrimiento.
He cortado todas esas ataduras y esos estados atormentados de la
mente.
¡Familiares, podéis hacer lo que queráis!

En el *dharmata* libre de elaboraciones,
los artificios del apego le crean sufrimiento a uno mismo.
Me he liberado de los grilletes del perceptor y lo percibido.
¡Deseos, podéis hacer lo que queráis!

En la naturaleza luminosa de la esencia de la mente,
no veo ni sombra de los conceptos.
Me deshago de todo tipo de análisis;
¡convenciones y retóricas, podéis hacer lo que queráis!

Así cantó Milarepa.

Y Likor Charuwa dijo:

- Por supuesto que para alguien como el Jetsun eso está bien, pero yo hablaba pensando en el beneficio de las enseñanzas del linaje Kagyu y de los seres inferiores.

- Así como mantuve plenamente mi voto cuando lo tomé por primera vez -replicó el Jetsun-, sigo haciéndolo de la misma forma, y seguiré haciéndolo en el futuro. Y no hay duda de que aporto un gran beneficio tanto a las enseñanzas como a los seres vivos.

- ¿Qué voto tomaste? -preguntó el monje.

- Mi voto fue el siguiente, y todos los que sois mis seguidores habréis de hacer lo mismo.

Y, a continuación, cantó esta canción de realización:

Debido a mi gran temor al samsara,
Marpa el Traductor me distinguió con su gran bondad.

> Hasta que sea capaz de saborear el sabor superior del dharma
> genuino,
> no dejaré que mi mente se distraiga con objetos externos[108].
> Hasta que domine el camino de los medios,
> no abandonaré mi conducta yóguica.
> Siguiendo las instrucciones de Naropa,
> mantendré siempre las enseñanzas Kagyu.
> Cultivando desde el principio la aspiración y el compromiso de la
> *bodichita*,
> no practicaré el dharma para mi exclusivo beneficio.
> La conducta espontánea y secreta de Marpa
> la difundiré por todo El Tíbet.
> Cualquier cosa que plazca al guru,
> a partir de este momento, eso me esforzaré en hacer.

Por medio de la compasión del Jetsun, la actitud de Likor Charuwa cambió:

- Practicaré siguiendo los mismos votos que el Jetsun.

Formuló esta aspiración e hizo el firme voto en su mente, y se dedicó a meditar sin descanso en retiros de montaña. De esa forma, las excelentes cualidades del camino se desarrollaron en su mente. Y así, Likor Charuwa llegó a ser uno de los hijos íntimos del Jetsun que fueron monjes meditadores.

Este es el ciclo de Likor Charuwa.

De esta forma se completa el segundo gran ciclo: el encuentro con los afortunados hijos e hijas del corazón dignos de ser adiestrados en la práctica.

---

[108] Literalmente dice: "No dejaré que mi mente se ocupe de objetos externos" (tib: *phyi rol yul la sems 'jug ri*).

TERCER CICLO:
Historias diversas

45. Respuestas a preguntas de los estudiantes

Namo Guru

Estando el Jetsun Milarepa en La Fortaleza del Cuco Solitario[109], Rechungpa le pidió un día que enseñara alguna práctica para 'las tres puertas'. En respuesta, el Jetsun cantó esta canción de realización:

> Con el cuerpo, mantened el *samaya* de la no conceptualización.
> Con el habla, sostened la conducta del búfalo[110].
> Con la mente, tened la vista fija en la naturaleza innata de la mente.

Así cantó.

Entonces, Rechungpa cantó a su vez:

> A causa de nuestra ignorancia, no te entendemos:
> ¿Cómo mantiene uno el *samaya* del cuerpo?
> ¿Cómo sostiene uno la conducta del habla?
> ¿Cómo tiene uno la vista fija en la naturaleza de la mente?

Y el Jetsun contestó:

> Los tres *samayas* no conceptuales del cuerpo
> son el cumplimiento de los votos de los tres adiestramientos.
> El *samaya* del habla es mantener la espontaneidad sincera.
> Y observad la naturaleza completamente liberada de la mente.

Entonces, Rechungpa comentó el discurso de su guru:

> En el dharmakaya -la unión coemergente-,
> se encuentran el sambhogakaya -la conceptualidad autoliberada-
> y el nirmanakaya, que realiza el beneficio ilimitado de los seres.
> La base es la renuncia expresada con *pratimoksa*[111].

---

[109] En tibetano: Khujuk Enpa Dzong (*khu byug dben pa rdzong*).

[110] Estar en silencio como un búfalo.

[111] Pratimoksa (tib: *so thar*) son los votos de liberación individual, conectados en primera instancia con abstenerse de hacer daño y con el propósito de la renuncia al samsara.

El camino es el punto clave del adiestramiento en la bodichita.
El fruto es mantener el *samaya* del Mantra Secreto.

Apartarse de las ocho preocupaciones mundanas en esta vida,
abandonar la acumulación y la persistencia del deseo;
mantener el *samaya* de abandonar la hipocresía y los medios de
vida incorrectos.
Con el cuerpo, como un loco que no razona.
Con el habla, como un mudo que no habla.
Con la mente, como una criatura sin hábitos.

Así cantó.

Luego, el Jetsun dijo:

- De no entender esos puntos vitales, esto es lo que sucede.

Y, a continuación, cantó esta canción de realización:

Buscar la libertad partiendo de la idea del 'yo', conduce al
fracaso.
Carecer de la liberación es como el nudo de un estandarte, que se
aprieta y se afloja.
Carecer de realización es como un ciego vagando por el campo.
Sin *pratimoksa*, no hay renuncia.
Sin bodichita, no se produce el beneficio de los demás.
Sin el Mantra Secreto, no hay reconocimiento.
Las ocho preocupaciones son la señal de llamada a esta vida.
El deseo es el granizo que destruye toda virtud.
La hipocresía es la cárcel del samsara.
Si surgen los conceptos, aparecen el perceptor y lo percibido.
Por medio del habla no se acaba con las huellas de los términos
convencionales.
Si hay pasión, ella es causa de las ataduras del samsara.
Si no hay linaje, las enseñanzas quedan interrumpidas.
Si no hay *samaya*, ahí está el Señor de la Muerte.
Los seres alternan entre la amistad y la enemistad irreconciliable.
Si se establece una base fija, se plantan los cimientos de adoptar y
rechazar.
Si hay nacimiento, se produce la fijación en las cosas como

reales.
Si no hay realización, solo existe el deseo.
Si la realidad no puede ser mostrada, todo carece de sentido.

Así cantó.

En cierta ocasión, el Jetsun estaba sentado con la cabeza cubierta. Entonces, uno de los repas más jóvenes preguntó:

- ¿Por qué el Jetsun está durmiendo?

Y el Jetsun cantó esta canción de realización:

Aunque me cubra la cabeza, mis ojos ven lejos.
Los ojos mundanos, aun sin obstáculos por el medio, están ciegos.
Durmiendo desnudo me quedo absorto en la conducta dhármica.
Las ocho preocupaciones mundanas son causa de distracción.
Todo lo que uno hace procede de la mente.
La experiencia continua, sin interrupción, es verdaderamente
maravillosa.
Yo, un yogui capaz de hacer cosas diferentes,
cualesquiera que sean, las realizo en el espacio del gozo.

Así cantó.

En otra ocasión, estando el Jetsun en La Fortaleza de Tsikpa Kangthil[112], Rechungpa le preguntó:

- Si un yogui desarrolla experiencia, realización y poderes, ¿es aceptable hacer demostración de ello o no?

Entonces, Milarepa cantó esta canción de realización:

El león que habita en las nieves,
el tigre que habita en los bosques
y el pez que habita en el océano, estos tres:
cuando permanecen escondidos, es maravilloso.
Cuando permanecen escondidos, tienen pocos enemigos.
Estos tres son ejemplos externos.

---

[112] La Fortaleza de la Suela del Pie del Muro (tib: *rtsig pa rkang mthil rdzong*).

Si los emparejamos con su sentido interno:
el cuerpo del yogui corresponde al primero;
el camino del Mantra Secreto de los medios corresponde al
segundo;
y la experiencia de la realización corresponde al tercero.
Si escondes los tres, es maravilloso.
Si escondes los tres, tendrás pocos enemigos.
Hay muy pocas personas que puedan esconder los tres.
Por tanto, hay pocos sidhas en El Tíbet.

Así cantó.

En otra oportunidad, Shengom Repa estaba atravesando muchas dudas y consultó al Jetsun sobre ellas. Tras darle una pormenorizada y detallada explicación, Milarepa lo resumió en esta canción de realización:

Si no realizas la multiplicidad como 'el sabor único',
tu meditación sobre la claridad se queda anclada en la visión de lo
permanente.
Si no realizas la unión del gran gozo,
tu meditación sobre la vacuidad se queda anclada en la visión
nihilista.
Si no realizas cómo llevar a la meditación todo lo que aparece,
entonces la meditación no conceptual se convierte en conceptual.
Si no realizas el encuentro con tu mente ordinaria[152],
entonces tu meditación no dual es artificiosa.
Si no realizas que tu mente es innata,
entonces tu meditación sin referente se vuelve esforzada.
Si no revocas tu apego,
tu conducta espontánea estará llena de atracción y rechazo.
Si no comprendes qué significa "libre de atracción y rechazo",
entonces tus actos virtuosos perderán su virtud.
Si no comprendes qué significa "libre del nacimiento y de la
muerte",
entonces hacer esfuerzos es la causa del samsara.

Cuando Milarepa hubo cantado esto, todas las dudas de Shengom Repa quedaron abolidas.

En otra ocasión, el Jetsun se hallaba en La Fortaleza de Madera y Agua de la Cueva Cristalina, en las orillas del río Chuwo Sang[113], junto a La Montaña de Tseringma[114]. Hacía bastante tiempo que no llovía y algunos de los benefactores de Drin comenzaron a disputar por los derechos del agua. Cuando acudieron al Jetsun, este les dijo:

- Yo no sé nada sobre asuntos mundanos. Dentro de poco lloverá, dejad de pelearos.

Entonces, Rechungpa le rogó que los ayudara a reconciliarse, a lo que el Jetsun replicó:

- Para un yogui, carece de sentido verse atrapado en medio de disputas.

Y, a continuación, cantó esta canción de realización:

Gloriosa montaña colmada de cualidades,
lugar que mana todo lo que pueda necesitarse y desearse,
te alabo respetuosamente con mis tres puertas
y me postro a tus pies, gran Marpa Lotsawa.

Las partes, el mediador y la sentencia, estos tres,
son las causas que hacen surgir el conflicto de intereses.
Si deseas estar en tu sitio sin tomar partido,
¿sabes cómo mantener un silencio imparcial?

Tierras, riquezas y parientes, estos tres,
son las causas de las ataduras de los tres reinos del samsara.
Si deseas liberarte de la corriente del sufrimiento,
¿sabes cómo cortar de raíz los enredos?

El egoísmo, la hipocresía y el engaño, estos tres,
son las causas de caer en los tres reinos inferiores.
Si deseas ver la libertad de los reinos superiores,
¿sabes cómo tener una mente franca?

Explicaciones, guías espirituales y debates, estos tres,
son las causas del orgullo y los celos.

---

[113] En tibetano: Shelpuk Chushing Dzong (*shel phug chu shing rdzong*).
[114] Literalmente: "En el cuello de Tseringma" (tib: *tshe ring ma'i mgul*).

Si deseas practicar el dharma genuino,
¿sabes cómo mantener una postura humilde?

 La cocina, el trabajo doméstico e intentar complacer a los demás, estos tres,
son las causas que destruyen la concentración meditativa del yogui.
Si deseas mantener la sabiduría innata,
¿sabes cómo vivir con pocos deseos y sin sentirte avergonzado[153]?

El maestro, los criados y los compromisos de estudio,
estas son las causas de las preocupaciones y la distracción.
Si deseas practicar en soledad,
¿sabes estar sin maestros ni criados?

Magia, poder y conducta inapropiada, estos tres,
son las causas de que el yogui malgaste su fuerza vital.
Si deseas ver el resultado completo del dharma,
¿sabes estar como la alondra del cuento[115]?

Esta melodía sobre las siete causas que están en desacuerdo con el dharma,
junto a los siete antídotos correspondientes,
es el resultado de mi experiencia convertida en canción.
Que, por medio de la virtud, podáis alcanzar la iluminación.

Tras cantar esta canción y hacer súplicas a las Tres Joyas, cayó una buena lluvia y todas las disputas se aplacaron.

Cierta vez, los hijos discípulos monjes le pidieron al Jetsun que los bendijera y que les diera enseñanzas sobre los puntos esenciales de los seis yogas y del mahamudra. El Jetsun les contestó que, si querían practicar en serio, esos puntos esenciales eran lo más importante, y que debían tenerlos siempre presentes. Y, a continuación, cantó esta canción de realización:

---

[115] Se refiere a una historia del folklore tibetano, sobre la cual no hemos encontrado referencias concretas (tib: *'jol mo'i rnam thar mkhyen lags sam*).

Padre, aunque has demostrado que pasaste al nirvana,
desde el reino puro del perfecto sambhogakaya
sigues actuando para el beneficio de los seres de los tres reinos.
Marpa el Traductor, a tus pies me postro.

Hijos Dewakyong[116] y Shiwa Ö,
Ngendzong Tönpa y los demás,
amados hijos protegidos por vuestro padre,
discípulos afortunados que estáis sentados aquí,
escuchad esta canción sobre los diez puntos esenciales,
el significado condensado de los puntos clave de la práctica.

Sobre la forma de la deidad similar a un arcoíris,
su unión con su naturaleza vacía es lo importante.

Sobre los espíritus y los demonios, emanaciones mágicas de la mente,
la comprensión de que son ilusorios, apariencias sin entidad, es lo importante.

Sobre el Jetsun guru que es pura bondad,
la incesante devoción es lo importante.

Sobre el trabajo y las actividades que no tienen fin,
cortar por completo sus ataduras es lo importante[117].

Sobre la práctica con los nadis, los pranas, el gozoso calor y los chakras,
el esfuerzo mantenido es lo importante.

Sobre la incorporación a las prácticas de los sueños y del cuerpo ilusorio,
la fuerte motivación para unirse a ellas es lo importante.

---

[116] Dewakyong es otra forma de llamar a Ngendzong Tönpa. El motivo de que se repita aquí su nombre no está claro.

[117] Si uno entiende que no existen 'el trabajador' y 'el trabajo', si uno realiza que ambos están vacíos de esencia verdadera, uno 'corta sus ataduras'; hay que adquirir confianza en 'cortar las ataduras' sin abandonar el trabajo. (KTGR)

> Sobre la esencia de la mente, desnuda y luminosa,
> practicar libre de conceptos es lo importante.
>
> Sobre la diversidad de las apariencias cuya naturaleza es
> vacuidad,
> la instrucción esencial que corta su base y sus raíces es lo
> importante.
>
> Sobre los seres vivos carentes de realización,
> tener hacia ellos un amor y una compasión sin desmayo es lo
> importante.
>
> Sobre la propia mente, el dharmakaya innato,
> una confianza libre de miedos y expectativas es lo importante.
>
> Los hijos de este padre deben valorar estos puntos.

Así cantó.

Los hijos discípulos experimentaron una fuerte motivación. A continuación, Rechungpa le pidió al Jetsun que les diera la indicación de la sabiduría de los cuatro gozos. Y, tras una explicación pormenorizada, el Jetsun cantó esta canción de realización:

> En algún lugar solitario, como por ejemplo un bosque,
> practicad las cuatro actividades en igualdad.
> Armonizad por completo los cuatro elementos internos
> y de esa forma los cuatro gozos de la sabiduría aparecerán en la
> mente.

Así cantó.

Un día, el Jetsun Milarepa fue a mendigar hasta Phu Yak Za, en Drin. Los benefactores que se encontró le dijeron:

- Hay un lugar llamado el Monasterio de Lasé donde encontrarás una cueva muy agradable. Si te instalas allí tú solo, cuenta con nuestra ayuda. Sin embargo, hay una diablesa que tratará de atacarte[154].

- Decidme -preguntó el Jetsun-, ¿cómo son la cueva y la diablesa?

- La cueva, ya te lo hemos dicho, es muy agradable; pero la diablesa se come a cualquiera que se quede allí. Te rogamos que, si pudiera ser domesticada, trates de hacerlo.

De modo que el Jetsun decidió ir allí y quedarse en la cueva. A medianoche, apareció una mujer:

- ¿Quién está en mi casa? -preguntó de forma amenazadora.

Ante ello, Milarepa se puso a meditar en la bondad amorosa y la compasión.

- Se trata de un demonio, un profanador[155] -dijo ella, yéndose.

Y convocó a un gran ejército de demonios, que se pusieron en marcha derrocando montañas, lanzando rayos y desplegando una miríada de actos mágicos. Como el Jetsun estaba sentado en estado de profundo *samadhi*, los demonios fueron incapaces de dañarle.

- ¡Necesitamos este lugar para dormir! -dijeron los demonios-. ¡Sea la que sea la razón por la que estás aquí, lárgate a tu casa! Si no lo haces, llamaremos a más demonios y quien logre echar mano de tu carne y de tu sangre se te comerá.

Entonces, el Jetsun, con gran compasión, cantó esta canción de realización:

> Vosotros, asamblea de pretas, escuchadme bien:
> malvada y cruel diablesa
> y todos los espíritus preta que estáis presentes,
> vuestro karma ha madurado.
> Tenéis mentes malévolas y sufrís lo indecible.
> Despertáis malas intenciones y agotáis vuestro mérito.
> Estáis hambrientos de lo que sea, pero raramente coméis algo.
> Con un hambre tan feroz, sois desafortunados.
> Habéis acumulado mal karma y no habéis logrado ningún
> beneficio.
> Los alardes y las fanfarronadas no van a subyugar a vuestros
> enemigos.
> Vuestra magia, malévolos demonios,
> solo provoca risa en este yogui.
> Yo, que soy un yogui, tengo toda la razón
> en ver vuestra magia como sucia y falsa.
> Si queréis este lecho, tomad posiciones.

Sigamos con nuestro debate:
habéis expulsado a muchos meditadores de este lugar
pero yo he venido para acabar con ese problema.
Vosotros sois los dueños del lugar,
pero yo he encontrado lo que nadie había encontrado hasta ahora.
Todos los que estáis aquí, podéis quedaros,
y podéis llamar a todos los que queráis.

Así cantó.

Entonces, la líder de los espíritus dijo:

- Tú vistes la armadura de la vacuidad y la compasión, y no podemos nada contra ti.

Y, a continuación, todos se postraron ante el Jetsun y le ofrecieron su esencia vital; y de este modo fueron sometidos. Luego, Milarepa les dio las enseñanzas del karma, la ley de causa y efecto, y se volvió con sus benefactores.

- ¿Conseguiste domarlos? -le preguntaron los benefactores.

- Sí, ya lo están -contestó.

Y, a continuación, cantó esta canción de realización:

En el Monasterio de Lasé, en Drin,
con este cuerpo ilusorio en postura de loto,
me mantuve en equilibrio no dual.
Concentrado en el objeto innato,
dejé mi mente en calma sin distracción.
Las mentes malévolas de los demonios se transformaron en
mentes del despertar
y se convirtieron en discípulos liberados de la malicia.
Ahora, cualquiera que vaya allí podrá hacerlo sin temor.
Cualquiera que se siente allí, verá florecer su práctica.
Ese lugar es ahora La Auspiciosa Cueva de la Diosa[118],
y quien habita allí es una insuperable protectora *upasaka*.

---

[118] Tashi Lhamo Puk (tib: *bkra shis lha mo phug*).

Todos somos ahora buenos amigos de ella.
Estad convencidos de ello, cualquiera que lo desee puede ir.
Lograréis el *sidhi* de la larga vida, libre de enfermedades.

Así cantó.

Todos los benefactores se pusieron contentos, sintieron fe y le ofrecieron sus respetos y sus servicios. El Jetsun se quedó allí durante varios días más.

Un pastor que había sentido una gran fe hacia Milarepa, le dijo:

- Te ruego que me des alguna enseñanza que sea beneficiosa para mi mente.

- Aunque se den enseñanzas -le respondió el Jetsun-, pocos son los que las practican.

Y, a continuación, cantó esta canción de realización:

En el océano del sufrimiento del samsara,
aunque se enseñe el dharma que anima a la desilusión,
los que sienten hastío son muy pocos.

Con lo que resta de nuestras vidas que han ido pasando,
apenas queda tiempo libre para estar ocioso.
Sin embargo, los que se acuerdan de la muerte son muy pocos.

En esta vida en la que hemos logrado un nacimiento humano con
sus libertades y ventajas,
es raro encontrar a alguien que tenga una disciplina perfecta.
Incluso quienes toman los votos de un solo día[119] son pocos.

Aunque los beneficios de las libertades de los reinos superiores
y las faltas del samsara sean enseñados,
los que entran por la puerta del dharma son pocos.

Aunque las profundas instrucciones esenciales del Linaje de la
Escucha

---

[119] Nyen né (tib: *bsnyen gnas*).

sean enseñadas con total generosidad,
los que las practican son pocos.

Aunque las explicaciones y las indicaciones
del dharma genuino del mahamudra sean dadas,
los que reconocen su mente son pocos.

Aunque hacer retiros de montaña -que es la intención de los gurus-
sea siempre deleitable,
los que logran la realización son pocos.

El profundo Camino de los Medios de Naropa,
aunque se enseña sin guardar ningún secreto,
los que manifiestan signos de realización son pocos.

Tu vida humana, con sus libertades y ventajas,
si quieres que tenga sentido, sígueme.

Así cantó.

El pastor experimentó una fe inquebrantable y se convirtió en seguidor del Jetsun. Recibió las iniciaciones y las instrucciones; y, tras meditar, obtuvo una excelente realización.

En otra ocasión, cuando el Jetsun Milarepa iba mendigando para beneficio de los seres, llegó a un pueblo grande. En el centro, había mucha gente jugando a todo tipo de juegos: a los dados, a los escaques[120], a lanzamiento de piedras y de flechas. El Jetsun se dirigió a las mujeres que andaban por allí en medio tejiendo prendas de lana y les dijo:

- Necesito provisiones.

- Guru -le contestó una joven-, ¿no tienes casa ni padres ni parientes?

- Sí que tengo, y son mejores que los del resto de la gente.

- Si los tienes -replicó la joven-, ellos deberían ser capaces de proveerte comida para tu práctica del dharma. Háblanos de tu familia.

---

[120] Literalmente: "reyes y ministros" (*rgyal blon*). Se trata, al parecer, de antiguos juegos tradicionales tibetanos, que hoy en día no se sabe cómo se jugaban.

En respuesta, Milarepa cantó esta canción de realización:

> Mi país es el supremo gran gozo.
> Mis tierras son la excelente motivación.
> Mi casa es la gran compasión.
> Mi línea paterna es la gran familia de los Tathagatas.
> Mis familiares paternos practican el dharma en las diez direcciones.
> Mis ancestros paternos son Tilopa y Naropa.
> Mi padre es el rey de los medios.
> Mi madre es la excelente *prajña*.
> Mi hermano mayor es el puro samaya.
> Mi hermano pequeño es la firme diligencia.
> Mi hermana mayor es la clara y resplandeciente fe.
> Y yo mismo he nacido de manera espontánea.
> Me dedico a meditar en la naturaleza esencial.
> Mis elementos son los elementos de las buenas cualidades.
> Yo soy quien se encuentra de forma espontánea con la deidad.
> Todo lo que surge, aparece como el dharmakaya.

Así cantó.

Toda la gente que estaba por allí jugando se había reunido alrededor, y la chica dijo:

- Guru, todo ello es maravilloso. Como no tienes obligaciones, podías quedarte con nosotros y darnos la oportunidad de prestarte servicio; sé nuestro objeto de reverencia y ayúdanos a deshacernos de las condiciones adversas en esta vida y en la próxima. Estoy segura de que tu bendición es grande.

- Yogui -añadieron otros jóvenes-, nuestros juegos y los trabajos de nuestras mujeres son expresión de nuestra felicidad. ¿La felicidad de los dioses se parece a la nuestra? Tienes una voz preciosa, cántanos una canción sobre este tema.

- Respondiendo a lo que me preguntáis, vuestras actividades y las de vuestras mujeres no se parecen a los placeres de los dioses. Los suyos son distintos.

Y, a continuación, cantó esta canción de realización:

Las imágenes de los dioses que todos vosotros, gente laica, tenéis
en vuestras casas
son como la raíz de la acumulación de los resultados kármicos.
Esta lámpara de mantequilla encadenada a la avaricia
es como el fuego frente al cual se paran los ministros para
calentarse las barrigas[121].
Los poseedores de rebaños de cabras y ovejas
son como los afilados dientes de los *rakshasas*.
Los padres que tienen muchas criaturas
son como el corral del matadero de una mano negligente.
El barrido y la limpieza de vuestras decrépitas casas
es como el granero vacío de los gandharvas.
El propietario que se comporta de maneras diversas
es como un tesorero de opiniones erróneas.
Vuestros dados, piedras, flechas y demás
son como los juegos de los asuras que se pelean.
Vuestros juegos de escaques, de *go* y los otros por el estilo
son como el motivo de las disputas en una malvada familia real.
Disponer el terreno de juego y de los deportes
es como los espíritus *bhuta* riñendo por las *tormas*[156].
Vuestros hilados y vuestros tejidos
son como telarañas sobre la hierba y en las copas de los árboles.
Vuestras diversiones con toda clase de música, canciones y bailes
son como el engaño de un mensajero del demonio.
Los espectadores de esos espectáculos
son como animales que pastan a la espera de un espejismo.
La gente que comenta todos esos juegos
es como la cabeza y las manos de alguien que arde en una
hoguera[157].
Y los que se distraen consumidos por el deseo de todo ello
es como si fueran en manada hacia el vientre de un gandharva.

Así cantó.

---

[121] En El Tíbet, era costumbre de la gente rica y de los ministros construir estufas para calentarse; lo cual implica, además, en este ejemplo, que los ministros solían tener abultados vientres procedentes de la gran cantidad de buena comida. (DPR)

Todos sintieron una gran fe, se postraron ante él y le sirvieron y le mostraron respeto. En particular, la joven, que lo invitó a ir a su casa y le hizo todo tipo de ofrendas y servicios. Recibió enseñanzas de él y las practicó, y en el momento de la muerte quedó bien encauzada en el camino.

Otra vez, saliendo el Jetsun Milarepa a mendigar en la práctica de 'el sabor único', llegó al centro de un pueblo grande donde había mucha gente que estaba construyendo una casa, y allí mismo se tumbó para echar un sueño. Una benefactora se acercó a él:

- Yogui, te traeré algo de comer si me remiendas esta bolsa -le dijo, dejándole la bolsa y los materiales necesarios para arreglarla.

Al cabo de un rato, volvió para recoger su bolsa y le dijo:

- Cuánta razón hay cuando se dice que hay que espantar a los yoguis. Estás ahí, sin hacer nada, y ni siquiera eres capaz de poner un parche. ¡Qué vergüenza!

Luego, a la hora en que los trabajadores estaban comiendo, se acercó a ellos:

- Dadme algo de comer.

Y la mujer de antes dijo:

- No necesitamos a nadie que no echa una mano cuando su cuerpo está libre y que se acerca a ayudar con la comida cuando su boca está libre.

- Estaba ocupado haciendo algo más importante que lo que me pediste -replicó Milarepa-, así que no estaba libre.

- ¿Y qué era eso tan importante en lo que estabas ocupado? -le contestó la mujer.

- Estoy libre, pero con una libertad ocupada en hacer mis prácticas -replicó.

Y, a continuación, cantó esta canción de realización:

Me postro ante los gurus.
En particular, a aquel que es pura bondad le ruego que me proteja.

Cuando la gente como tú me mira, parece que estoy libre.
Pero cuando yo me miro, veo que estoy ocupado.

En la parcela de tierra no nacida y libre de extremos,
yo construyo la casa de la concentración meditativa;
por tanto, no estoy libre para construir una casa de barro.

En la meseta norte de la vacuidad del *dharmata*,
preparo el terreno agreste de las aflicciones;
por tanto, no estoy libre para arar los campos de mi padre.

En la frontera de la inefable no-dualidad,
mantengo a raya al enemigo, el demonio del apego al 'yo';
por tanto, no estoy libre para pelear con enemigos hostiles.

Al mismo palacio de la mente no dual,
invito a la novia de la práctica del dharma:
por tanto, no estoy libre para tomar una esposa ordinaria.

En mi propio cuerpo, el mandala de los Victoriosos,
cuido de la criatura de la consciencia;
por tanto, no estoy libre para cuidar a un mocoso.

En el patio gozoso de mi pecho,
acumulo la riqueza del estudio y la contemplación;
por tanto, no estoy libre para acumular riquezas materiales.

En la montaña del inmutable dharmakaya,
cuido del caballo salvaje de la autoconsciencia;
por tanto, no estoy libre para cuidar del ganado y los corderos.

Con el barro de la carne y los huesos,
construyo la estupa de la presencia espontánea;
por tanto, no estoy libre pata hacer pastelillos.

En el centro de mi corazón, un vaso de tres caras,
enciendo la lámpara de aceite de la claridad;
por tanto, no estoy libre para hacer ofrendas al oráculo de los
trances[158].

En la capilla del gozo y la vacuidad inseparables,
ante la *thangka*[122] de la mente en equilibrio,
hago la ofrenda del banquete inmutable;
por tanto, no estoy libre para hacer ofrendas materiales.

Sobre el papel de la mente completamente pura,
escribo las letras del no apego;
por tanto, no estoy libre para tomar notas.

En el *kapala* de la vacuidad,
vierto los venenos en grupos de tres y de cinco;
por tanto, no estoy libre para hacer rituales de magia negra.

En el umbral donde la angustia del amor asalta mi mente,
cuido de mis seres queridos, los seres de los seis reinos;
por tanto, no estoy libre para cuidar de mi propia familia.

Las instrucciones esenciales que he recibido de mis padres los
gurus,
esa es la carga que llevo en mi corriente mental;
por tanto, no estoy libre para llevar a cabo actividades ordinarias.

En los retiros solitarios de montaña,
practico en busca de lo esencial, la iluminación;
por tanto, no estoy libre para dejarme caer en el sueño de la
ignorancia.

Con la boca, la abertura de la concha de tres lados,
canto esta canción de instrucciones esenciales;
por tanto, no estoy libre para la cháchara ociosa.

Así cantó.

Oyendo esto, la opinión de todo el mundo cambió. Y le preguntaron:

- ¿Eres el Jetsun Milarepa?

- Sí, soy el que no puede trabajar -contestó.

---

[122] Las thangkas (tib: *thang sku*) son pinturas tradicionales, hechas sobre tela, que representan imágenes sagradas.

- ¡Oh, qué afortunados somos!

Tras decir esto, todos hicieron muchas postraciones y circunvalaciones ante él, y le ofrecieron su respeto y sus servicios. Las mujeres, por su parte, se confesaron ante él.

Entre ellos, había algunos jóvenes que dijeron:

- Nosotros también queremos practicar el dharma en presencia del guru. ¿Cuál es tu monasterio? ¿Quiénes son tus patrocinadores?

En respuesta, Milarepa cantó esta canción de realización:

Me postro ante los padres gurus.
Los retiros de montaña sin dirección fija
son el monasterio de este yogui.
Hombres y mujeres de esta tierra
espero que vosotros seáis los benefactores de este yogui.
Os preguntaréis por qué este yogui va errante
por el monasterio de los retiros de montaña, donde no hay nadie:
esas fueron las instrucciones esenciales que me dio mi guru.
Cuando viajo con ellas, son más ligeras que las plumas de un
pájaro.
Llevarlas escondidas es más fácil que guardar el oro precioso.
Y cuando paso por lugares peligrosos, son más poderosas que una
fortaleza.

Yo soy un yogui, un león entre los seres humanos.
Durante los tres meses de invierno, soy feliz en los bosques.
Durante los tres meses de verano, soy feliz en las laderas de las
montañas nevadas.
Durante los tres meses de primavera, soy feliz donde las rocas se
juntan con las llanuras.
Durante los tres meses de otoño, soy feliz mendigando en la
práctica de 'el sabor único'.
Con la felicidad de las instrucciones esenciales del guru en mi
mente,
ir cantando melodías de la experiencia me hace feliz.
Sobre mi cuerpo, esta túnica de algodón me hace feliz. La

felicidad es mi modo de vida.

¡Que también todos vosotros podáis encontrar esta felicidad!

Así cantó.

Uno de los presentes siguió a Milarepa como asistente y alcanzó una excelente realización. Los demás, hicieron votos de practicar siempre la virtud.

En otra ocasión, yendo el Jetsun en su práctica de mendicidad de 'el sabor único', se vio en medio de una boda entre un hombre y una mujer, practicantes ambos de los sutras y de los tantras, para la que se había reunido la mayor parte del pueblo.

- Voy en busca de provisiones -dijo el Jetsun.

Pero los practicantes que estaban en las primeras filas no le hicieron caso y se echaron a reír. El oficiante, entonces, se dirigió a él:

- Yogui, ¿de dónde vienes y adónde te diriges?

- Soy alguien que nunca se mezcla con las multitudes mundanas y que pasa su vida en las montañas en completa soledad.

- ¿No serás el que llaman Milarepa?

- En efecto, ese soy yo. Y, como no tengo absolutamente ningún interés en las ocho preocupaciones mundanas, no me junto con grupos de practicantes del dharma.

- Si es cierto que eres Milarepa, tienes los nadis de tu garganta abiertos y eres capaz de cantar sobre cualquier enseñanza dhármica sin dificultad. Canta aquí, en esta reunión, sobre el tipo de motivación que debemos tener.

En respuesta, Milarepa cantó esta canción de realización sobre el océano del samsara:

Que el inigualable guru esté siempre sentado sobre mi cabeza.

¿Es el samsara un gran océano?
Por mucho que intentarais vaciarlo, nunca lo conseguiríais.

¿Son las Tres Joyas como el Monte Meru, la reina de las montañas?
No hay nadie que pueda llevárselas.

¿Es el samaya algo más que charla hueca?
En verdad no hay nadie que pueda guardarlo.

¿Es el dharma genuino del vinaya como el cadáver de un leproso en la carretera?
Nadie intenta apoderarse de él.

¿Están llenos de pinchos los cojines forrados de piel?
Todos los grandes maestros se encuentran incómodos sentados en ellos.

¿Es el esfuerzo en la disciplina del vinaya algo carente de sentido?
Los monjes ordenados no cumplen con su disciplina.

¿Están los bandidos mongoles en retiros de montaña?
Los meditadores no hacen más que bajar a las ciudades.

¿Hay puertas inferiores al nacimiento en el estado del bardo?
Los estudiantes simplemente se esfuerzan en la limpieza[123].

¿Son las ropas de lana valiosas para la próxima vida?
Todas las monjas se dedican a trabajar la lana en sus telares.

¿Existe algún temor de que el samsara se quede vacío?
Los monjes y las monjas abandonan sus votos para tener hijos.

¿No habrá nada que comer ni beber en la próxima vida?
Los benefactores hombres y mujeres no regalan nada.

¿Hay sufrimiento en el reino divino de Akanishta?
Hay muy poca gente que vaya allí.

¿Hay felicidad en los infiernos?
Toda la gente con bocas estridentes está intentando llegar allí.

---

[123] En vez de estudiar, los estudiantes se dedican a las tareas mundanas, como la limpieza.

El sufrimiento y los reinos inferiores son el resultado de la
negatividad.
Abandonad la no virtud y esforzaos en las acciones virtuosas;
no tendréis que arrepentiros a la hora de la muerte, y vuestra
mente se encontrará feliz.

Así cantó.

- ¡Es verdaderamente el Jetsun Milarepa! -dijeron todos.

Y sintieron una gran fe y respeto por él. Le mostraron un respeto auténtico y le prestaron sus servicios; y él, a cambio, les enseñó el dharma. Por medio de la práctica, varios de ellos entraron en el camino en el momento de la muerte.

Si todas estas anécdotas se hubieran contado por separado, habrían constituido varios ciclos.

Este es el ciclo de las respuestas del Jetsun a las preguntas de sus estudiantes y de sus hijos discípulos, en el que las interacciones del Jetsun con sus hijos del corazón y con los estudiantes en general han sido relatadas sin ningún orden concreto.

46. La Montaña Bönpo

Namo Guru

Tras permanecer en El Palacio Nirmanakaya, en Chuwar, el Jetsun Milarepa resolvió las dudas del excelso Gampopa sobre las instrucciones esenciales. Luego, viajó hacia el este, donde les llovió sin parar día y noche, y varios de los hijos discípulos acabaron agotados. Finalmente, cuando despejó y el cálido sol comenzó a brillar, el maestro junto a siete de sus discípulos, ocho con él, se acercaron hasta la cima de La Montaña Bönpo, para recuperar las energías. Allí, todos tuvieron felices experiencias.

A la vista de La Montaña Nevada de Tseringma, los inigualables repas preguntaron:

- ¿Cuál es aquella montaña nevada que se ve allí?

En respuesta, el Jetsun cantó esta canción de realización sobre la grandeza de La Montaña Nevada de la Reina Azul:

> ¡Aquello es el cuello de la Reina Diosa Azul Lhamen!
> En la cima de La Montaña Rocosa Bönpo
> se han reunido ocho personas que han abandonado la actividad
> mundana.
> ¿No os sentís felices, hijos discípulos míos?
>
> Este padre está contento, mi mente es feliz.
> En esta feliz reunión de maestro y discípulos,
> este anciano cantará una canción sobre los signos de la felicidad.
> Esta vieja canción cantada por este viejo
> contiene trece viejos signos auspiciosos.
> Dewakyong y Shiwa Ö, hijos,
> poneos a mi lado y cantad conmigo.
> El resto, escuchad nuestra canción.
>
> Repas sentados aquí en vuestros lugares,
> ¿sabéis cuál es esta montaña nevada o no?
> Si no sabéis qué montaña nevada es esta,

se trata de Tseringma Tashi Lhamen.
Desde sus caderas hasta lo más alto
tiene la altura[159] de una concha de tres caras.
Antes que nada, el sol brilla
sobre la redecilla de plata que adorna su cuello.
En lo alto de su cabeza, su corona de cristal,
está ornamentada con flotantes nubes blancas.
En la base, por debajo de sus caderas,
está siempre velada de nieblas y vapores,
una fina lluvia cae suavemente
y los arcoíris brillan continuamente como nubes de ofrendas
-en señal de las riquezas del valle del río Mayang-.
Multitud de animales pastan por doquier.
Las flores -adorno de los campos- despliegan su brillante
colorido.
Las hierbas medicinales de gran poder crecen alrededor:
todo ello ensalza la grandeza de La Montaña Nevada de Lhamen.
Este fue mi lugar de práctica principal.
Para todos vosotros, repas, que habéis preguntado,
he compuesto con gusto esta melodía.

Así cantó.

Todos los repas quedaron encantados con la canción, y le preguntaron:

- ¿Y esa deidad que habita sobre la montaña nevada, cómo es de poderosa? ¿Practica el buen dharma o el mal dharma?

En respuesta, Milarepa cantó esta canción:

Las hermosas diosas, las cinco hermanas Tseringma,
destacan entre las doce diosas Tenma.
Estas dakinis mundanas
traducen las lenguas del Tíbet y Nepal.
Son las señoras soberanas de Chuwar Drin.
Cuando se les hace ofrendas a estas deidades, lo protegen a uno.
En general, son defensoras de toda actividad dhármica.
En particular, son las guardianas del mandato de este yogui.
Siempre estarán de vuestra parte, hijos míos discípulos.

Este ser humano y estas deidades tienen una profunda conexión.
En general, El Tíbet se ha establecido en el camino de la virtud;
en particular, los *sidhis* han surgido de este Linaje de la Práctica.

Así cantó.

Y los repas dijeron:

- ¡Qué maravilla! Parece que estas deidades se convirtieron en estudiantes del Jetsun. Si es así, cuéntanos qué dharma les enseñaste y qué servicios te han prestado.

En respuesta, él cantó esta canción de realización:

En el collado de esta montaña nevada, he enseñado el dharma.
¿Es Milarepa un ser humano?
Al séquito Lhamen y a las deidades locales que practican,
les he enseñado el dharma que distingue el buen karma del mal karma
-el sentido provisional de los sutras de la causa y el efecto-.
Las clases de animales malevolentes y agresivos
y también las cuatro clases de nagas escucharon ese dharma genuino.
Estas cinco hermanas *nyen* me invitaron a dar enseñanzas;
estas emanaciones *tsen*, las cinco hermanas, fueron mis benefactoras.
Muchas diosas menmo se reunieron alrededor
y todos los devas y los espíritus trajeron provisiones.
Yo establecí esta región en el dharma virtuoso.
Yo no soy alguien que tenga gran poder,
pero por medio de la meditación en el amor y la compasión
y con una forma de hablar tranquila, les enseñé el dharma.
Pacifiqué a estos devas y espíritus incorpóreos con los métodos.
Y dado que no estoy arrepentido de mis acciones del pasado,
ahora que soy viejo, ¿de qué habría de arrepentirme?
No tengo miedo a la muerte, la encararé con placidez.
Todos vosotros, repas aquí sentados que habéis abandonado la actividad mundana,
¡perseverad en la meditación y encontrad contento en la muerte!

Así cantó.

Entonces, los repas dijeron:

- Entre los seres humanos y los espíritus, ¿quiénes están más capacitados para la práctica del dharma? ¿Quiénes son más capaces de hacer el bien a los seres?

- Los seres humanos son más capaces de beneficiarse a sí mismos y a los demás por medio del dharma. Pero Tseringma puede ser considerada como un ser humano; ella, en especial, es una devota seguidora de mis enseñanzas. Yo he abandonado las aglomeraciones de gente y me he dedicado a meditar más allá de las ocho preocupaciones mundanas; de este modo he llegado a ser señor de todas las deidades. Vosotros también debéis abandonar las ocho preocupaciones mundanas y meditar sin distracción.

Y, a continuación, cantó esta canción de realización:

Las bendiciones de nuestros señores los gurus surgieron del
espacio
y yo corté las cadenas del apego a mis familiares.
Yendo errante por el mundo sin ideas preconcebidas,
retribuyo su bondad con mis acciones.

Renuncié a las actividades del mundo.
Por el poder de practicar la meditación siguiendo su mandato,
en la posmeditación llevo al camino las condiciones adversas.
Adoptando una posición humilde, medité en soledad.
Los pensamientos de la vejez y de la muerte acompañaban mi
práctica
y el gozo de le experiencia surgía de ella.
Soy un yogui sin deseos de los méritos del mundo,
que ha lanzado la felicidad mundana lo más lejos posible de sí
mismo.
Mantuve en mi mente el sufrimiento de los reinos inferiores
y, sin dedicarme a complacer a los benefactores,
anduve errante por las montañas e hice mi práctica.

A través de la bendición de quien es pura bondad
mis estudiantes fueron llevados en alas del viento y son iguales al

espacio[160].

Sentado a la orilla, he llegado al centro.

Haciéndome súbdito, me he convertido en señor.

Adoptando una posición humilde, he llegado a ser rey.

Apartándome de los seres humanos, he encontrado a la deidad.

Sobrellevando los sufrimientos, he alcanzado la felicidad.

Por medio de la perseverancia, he desarrollado la compasión.

Estando solo, he conseguido un séquito numeroso de discípulos.

A través de la práctica del Linaje de la Escucha, el dharma se ha expandido.

Marpa el Traductor, que es la bondad en persona,
se sienta como ornamento sobre mi cabeza.
Aunque soy viejo, soy un viejo tigre.
Esta es mi canción de gozo frente a las puertas de la muerte, libre de temores.
Vosotros, discípulos repa sentados aquí,
no os distraigáis con las preocupaciones de esta vida,
¡esforzaos en la práctica con perseverancia!

El Jetsun y sus discípulos permanecieron allí durante unos cuantos días y, el décimo día del mes lunar, hicieron un ritual de ofrendas. Tras ello, algunos repas expresaron su intención de adentrarse en las montañas, otros de ir a áreas habitadas para mendigar en la práctica de 'el sabor único' y un tercer grupo pidió quedarse con el Jetsun. Todo ello le fue transmitido a Milarepa por Rechungpa. Desde las filas de la práctica festiva del décimo día lunar, Rechungpa solicitó también del Jetsun que les diera algún consejo a los repas. Entonces, el Jetsun, por medio de una canción de realización, enseñó los seis consejos urgentes[124] al excelso Gampopa, a Rechungpa y a sus demás hijos discípulos:

Mi hijo, el maestro que ha escuchado[125] mucho,
y Rechungpa, el de gran perseverancia,

---

[124] Tib: *ang drug*. Literalmente: "Los seis angs". La palabra tibetana *ang* no tiene significado por sí misma; se usa como interjección al final de frase para indicar la extrema urgencia de algo. En nuestro texto la hemos traducido por 'oh'.

[125] 'Escuchar', aquí, es sinónimo de 'estudiar'.

todos vosotros repas que llenáis estas filas
con el maestro y meditador a la cabeza,
me habéis pedido que diga unas palabras.
Y a este propósito, esto es lo que tengo que decir:

Si escucháis a este anciano, sería prudente.
Si miráis a los pájaros, aprenderéis cuál es el instante preciso.
Si estáis satisfechos de vuestra riqueza, seréis ricos.
Si perfeccionáis vuestra habilidad, podréis manteneros a salvo.
Esta canción basada en ejemplos poéticos,
ahora la conectaré con los puntos clave de su sentido:

A partir de esta ofrenda del décimo día,
algunos habéis manifestado vuestra voluntad de ir a los pueblos,
otros queréis vivir en soledad
y, finalmente, algunos deseáis quedaros a mi lado.
Los meditadores que desean honores y riqueza
desean ser apresados rápidamente por los demonios.
Sería prudente que vuestro padre cuidara de vosotros.
Tomar en cuenta sus palabras es excelente[161].
No escuchéis solo con los oídos
estas instrucciones esenciales que yo poseo,
ponedlas en el centro de vuestro corazón y no las olvidéis.
Quien está completamente adiestrado en la práctica del bindu,
aunque esté adiestrado en la cognición por medio del mensajero,
aparte de una consorte de sabiduría genuina,
¡Oh, que no confíe en ninguna otra karmamudra!
Sería tan peligroso como trepar a un árbol de navajas[126][162].

Alcanzar la maestría en la recitación de mantras
hace crecer la motivación de la gran compasión.
Y luego, por medio del claro *samadhi* del yidam,
¡Oh, no practiquéis la magia ni los mantras negros!

---

[126] En las enseñanzas budistas tradicionales, se habla de un tipo de árbol llamado *shalmali* que se encuentra en los reinos infernales y que tiene hojas afiladas como navajas.

Ese no es el espíritu global de las enseñanzas.
Existe el peligro de renacer con el karma de un *rakshasa*.

Con dominio del prana y de la mente,
uno es capaz de emanar formas, por ejemplo, de animales.
Con los poderes milagrosos del cuerpo físico,
pero sin ser capaz de activar la mirada yóguica,
¡Oh, no poseáis cadáveres humanos sacados del cementerio!
Existe el peligro de molestar a las dakinis comedoras de carne.

Dejando aparte al guru poseedor de las tres bondades y demás
y a los propios hermanos y hermanas vajra,
con los defensores de puntos de vista incompatibles,
sin importar cuán elevada sea su visión dhármica,
¡Oh, no habléis de vuestra experiencia meditativa ni de vuestra
realización!
Existe el peligro de que se desvanezca la bendición del Linaje de
la Práctica.

A la gente cuyo samaya desconocéis
y que carecen de los signos de las dakinis,
debido a su preocupación por los bienes mundanos,
o a los estudiantes que simplemente preguntan,
¡Oh, no les deis las enseñanzas del Linaje de la Escucha!
Existe el peligro de que vuestra propia experiencia se vea
obstaculizada.

En medio de los pueblos de gente ordinaria,
alejados de los retiros solitarios de montaña,
¡Oh, no mostréis la conducta de la disciplina yóguica
ni hagáis el profundo *ganachakra*,
incapaz de transformar la percepción de los carentes de fe.
Existe el peligro de que la gente hable mal de vosotros.

Esta cancioncilla de prácticas que suman seis,
en general, es el ornamento de la corona de la práctica del
dharma.
En particular, vosotros, discípulos, debéis tenerla siempre
presente.

Así cantó.

Los hijos del corazón adquirieron una gran confianza en lo cantado por el Jetsun. Algunos de los repas más jóvenes que habían manifestado su deseo de seguir junto al Jetsun dijeron:

- Dado que nos encontramos en una era corrupta, te rogamos que nos des a los que tenemos menos facultades un consejo que se ajuste a nuestras capacidades.

En respuesta, el Jetsun cantó esta canción de realización:

> Escuchad de nuevo, hijos discípulos míos:
> en esta era corrupta de las enseñanzas de Buda,
> debéis escribir la palabra 'perseverancia' en piedra.
>
> Si vuestro samatha llegara a estancarse a causa del sueño,
> recuperad la claridad de las tres puertas.
>
> Cuando la chispa de la sabiduría comience a debilitarse,
> avivadla con el fuego de la atención consciente una y otra vez.
>
> Si queréis liberaros de la prisión del samsara,
> esforzaos en meditar sin distracción.
>
> Si sentís una gran aspiración hacia el nirvana,
> abandonad todas las actividades del samsara.
>
> Si pensáis de corazón "¡Quiero practicar el dharma",
> escuchad mis palabras y seguidme.
>
> Si queréis que vuestra práctica dé todos sus frutos,
> pensad en la ley de causa y efecto, pensad en la incertidumbre del
> momento de la muerte.
>
> Si practicáis durante muchos años,
> los budas de los tres tiempos se sentirán profundamente
> complacidos.
>
> Si vuestra actitud hacia el dharma no es hipócrita,
> entonces retribuid la bondad del guru.

Si no malinterpretáis el significado de estas palabras,
entonces os suscitarán interés[163],
y a causa de ello, más tarde, obtendréis una dicha verdadera.

Cuando Milarepa hubo cantado esto, todos sintieron una gran alegría. Luego, apartándose de esta vida, se esforzaron en la práctica.

Este es el ciclo de La Montaña Bönpo.

47. El otorgamiento de la iniciación y la consagración

Namo Guru

Estando el Jetsun Milarepa en La Cueva del Vientre de Nyanang, tuvo una visión directa de Vajrayoguini. A modo de predicción, ella abrió el sello de las instrucciones esenciales del linaje único de las dakinis del Linaje de la Escucha y le dio permiso para transmitirlas a unos pocos discípulos elegidos.

Cuando el Jetsun se disponía a otorgar 'la iniciación de la bumpa'[127], que se concede en el Linaje de la Escucha a los selectos hijos del corazón, como lo eran Rechungpa y Ngendzong Tönpa, dijo:

- Ya soy un hombre muy mayor. *Bumpa*, ve y derrama la iniciación sobre mis discípulos.

La *bumpa* se elevó por sí sola en el aire y dispensó la iniciación sobre cada uno de los discípulos. A la vez, diversos sonidos de música y címbalos llegaron desde el cielo, una fragancia inédita para todos ellos impregnó la atmósfera y los cielos descargaron flores divinas. Muchos otros signos similares tuvieron lugar; y todos los discípulos presentes realizaron la sabiduría de la iniciación y se quedaron maravillados. A continuación, el Jetsun cantó esta canción de realización:

> En el mandala inmaculado del Linaje de la Escucha,
> se dispusieron, sin apego, las ofrendas.
> Cuando la iniciación de la preciosa *bumpa* fue otorgada,
> tuvo lugar la revelación de la sabiduría de Buda.
> Con las ofrendas de las deidades del mandala
> y sonando a la vez gran variedad de músicas,
> la *bumpa* otorgó por sí misma la iniciación.

---

[127] *Bumpa* (tib.) es el nombre del recipiente, similar a una jarrita, con el que se dispensa la unción del líquido que confiere la iniciación.

Y una sabiduría extraordinaria se manifestó. ¡Qué maravilla!
¡Esta es la compasión de los gurus Kagyu!

Así cantó.

A continuación, todos los discípulos adquirieron el compromiso de mantener esto en secreto durante un tiempo.

Rechungpa, al acabar una pintura de Vajrayoguini, se la llevó a Milarepa para que la consagrara. El ya anciano Milarepa dijo:

- Yo no sé nada de rituales, así que invitaré a los *jñanasatvas*[128] para que desciendan aquí al *samayasatva*[129]. ¡Que esta flor que lanzo sea un banquete de ofrendas!

Cuando el Jetsun lanzó la flor, muchas formas corporales, verbales y mentales, hechas de luz arcoíris, surgieron y se disolvieron en la pintura, mientras esta vibraba y se movía. Luego, cayó una gran cantidad de flores celestiales, y cuando tocaban la cabeza de Milarepa, él las cogía y las flores impregnaban por completo su cuerpo. Todo el mundo quedó maravillado. Entonces, el Jetsun cantó esta canción de realización:

> La asamblea de los *jñanasatvas* del dharmakaya
> se presentó bajo la forma del samayasatva.
> Formas corporales, verbales y mentales hechas de luz surgieron
> y se disolvieron, dando 'indicación' de la consagración.
> Milarepa, ya anciano, no se puso en pie,
> pero la asamblea de las dakinis de sabiduría
> del reino puro del dharmakaya de los Victoriosos
> fue invitada mediante las flores *rupakaya*
> y se disolvió directamente en la deidad *yidam*.
> Para cumplir con esta consagración,
> tomé esas maravillosas flores
> y me las puse como adorno en la cabeza y por el cuerpo.
> A continuación, el *yidam* se disolvió en mí.

---

[128] Literalmente: 'seres de sabiduría'. En la fase de creación de las prácticas vajrayana, los jñanasatvas representan la esencia de la deidad *yidam*.

[129] Literalmente: 'seres del samaya o compromiso'. En la fase de creación de las prácticas vajrayana, el practicante se convierte en la deidad.

Y todo el mundo quedó maravillado.

Esto es signo de la gran fortuna de los aquí presentes.

Entonces, Rechungpa y todos los presentes vieron al Jetsun y a Vajrayoguini fundidos en uno.

Este es el ciclo del otorgamiento de la iniciación y la consagración.

48. Shendormo y Leksé Bum

Namo Guru

La pareja Shendormo y Leksé Bum, benefactores que le habían profesado una gran fe desde el principio, invitaron a Milarepa a Tsarma. Nada más encontrarse con él, Shendormo tomó la mano de Milarepa:

- Ahora que he llegado a la vejez, tengo miedo de la muerte cercana. Y lamento no haber tenido la oportunidad de practicar el dharma en la presencia del Jetsun -dijo, mientras lloraba sin disimulo.

- Benefactor, aparte de los verdaderos practicantes del noble dharma, el sufrimiento del nacimiento, la enfermedad, la vejez y la muerte es algo que todos los seres vivos deben experimentar. Si temes la muerte, sería bueno para ti practicar el dharma en el momento de morir.

Y, a continuación, cantó esta canción de realización:

> Para nosotros, los seres mundanos,
> no hay nadie que se libre de atravesar
> los cuatro ríos del nacimiento, la enfermedad, la vejez, y la muerte.
> Una y otra vez, damos vueltas en el océano del samsara
> y vivimos de forma inconsciente distraídos por las olas del sufrimiento.
> Sin experimentar un solo momento de felicidad,
> temiendo el sufrimiento, acabamos creándolo.
> Con la esperanza de lograr felicidad, nos enredamos en la negatividad.
> Si deseas liberarte de este sufrimiento,
> es bueno estar libre de mala conducta y de negatividad.
> Y lo mejor es practicar el sublime dharma en el momento de la muerte.

Entonces, Shendormo dijo:

- Como no recuerdo el sufrimiento del momento de nacer, háblanos de ello, por favor.

Y, en respuesta, Milarepa cantó esta canción de realización:

Pues bien, querido benefactor,
para explicarte el sufrimiento del nacer:
la conciencia básica va errante por el bardo
y, a causa del deseo y el rechazo, acaba entrando en un vientre.
Cuando uno entra en el vientre de una madre,
se siente como un pez atrapado en una red.
Mientras uno descansa en medio de los fluidos y la sangre,
toma toda esa suciedad por su lecho natural.
A través del poder del mal karma, se adquiere un cuerpo inferior
y se experimenta el sufrimiento de los lugares negativos.
Aunque se recuerdan las vidas anteriores, no se puede hablar de
ello[130].
Se experimenta todo tipo de situaciones frías y calientes.
Durante nueve o diez meses, se tiene el cuerpo de un ser infernal.
Cuando llega el momento de ser dado a luz,
es como ser arrojado a través de un estrecho troquel compresor[131].
Cuando uno es expulsado a través del canal vaginal,
es como dejar atrás un pasadizo de espinos.
Cuando uno es arrebatado del regazo de la madre,
es como si un halcón se llevara a un pajarillo.
Cuando uno es limpiado de los fluidos del útero,
es como ser despellejado vivo.
Cuando se corta el cordón umbilical,
es como si a uno le cortaran la vida de un tajo.
Cuando a uno lo meten en la cuna,
es como ser esposado y arrojado a un calabozo.

Si no realizas la verdad de la ausencia de nacimiento,
el sufrimiento de nacer es imposible de desentrañar.
El sublime dharma que se necesita en el momento de morir,

---

[130] Se dice que, mientras se está en el vientre de la madre, uno es aún capaz de recordar su vida anterior, pero a causa de permanecer encerrado en el vientre no se puede hablar de ello. (DPR)

[131] Tib: *'jur mig.* Un troquel compresor es una máquina para hacer alambre que reduce el diámetro de la sección del metal.

si lo desprecias, estás desperdiciando tu buena fortuna.
Lo mejor es aplicarse en practicar el sublime dharma.

Así cantó.

Entonces, Shendormo dijo:

- Por favor, dinos algo también sobre el sufrimiento de envejecer.

Y, en respuesta, Milarepa cantó esta canción de realización:

Pues bien, honorables benefactores,
para explicar el sufrimiento de envejecer:
los cuatro elementos que componen el cuerpo degeneran;
el sufrimiento de la vejez trae consigo una gran desesperación.
Mientras estaba bien recto al nacer, el cuerpo comienza a
doblarse.
Antes plantabas los pies con firmeza, ahora te tambaleas y
vacilas.
Al nacer tenías el pelo negro, ahora se ha vuelto blanco.
La clara facultad de la vista se oscurece.
La cabeza, la parte más importante, se vuelve confusa.
El oído que percibe los sonidos comienza a quedarse sordo.
El color de las mejillas se desvanece[164].
La nariz en medio del rostro se arruga[165].
Esos huesos fuertes y brillantes que son los dientes se caen.
La reina del habla, la lengua, se queda atada.
Matas los piojos, pero te salen más.
Las reservas de comida y los familiares se van de tu lado.
Las preocupaciones y el sufrimiento se abandonan solo para
volver enseguida[166].
Aunque cuentas la verdad, nadie te escucha.
Los hijos a los que criaste con amor te tratan de malos modos.
Das todo lo que has ido ahorrando sin que nadie te dé las gracias.
Muchos te maldicen por tardar tanto en morirte.

Si no realizas la verdad que está más allá de la vejez,
el sufrimiento de envejecer es inconcebible.
Si no recuerdas el sublime dharma cuando envejeces,
tu karma previo madura por completo.

> En este mismo instante, mientras aún respiras,
> ¡practicar el genuino sublime dharma es lo mejor!

Así cantó.

Entonces, Shendormo dijo:

- Hemos guardado en nuestro corazón tus palabras. Ahora, por favor, háblanos de los sufrimientos de la enfermedad.

Y, a continuación, Milarepa cantó esta canción de realización:

> Pues bien, benefactores que sentís hastío del samsara,
> para explicar los sufrimientos de la enfermedad:
> la enfermedad ataca el cuerpo de manera súbita
> y el dolor aparece de improviso.
> Los demonios de los pranas, la bilis y las flemas se te echan encima.
> Cuando la sangre y el pus comienzan a hervir y a producir dolor,
> la enfermedad y las molestias hacen que los sentidos se desmayen.
> Aunque estés acostado en una cama confortable, das vueltas y te agitas sin parar.
> Por el poder del karma previo de la avaricia,
> aunque te den buena comida, no la puedes tragar.
> Aunque estés en un lugar fresco, el elemento fuego te hace arder.
> Aunque estés tapado con ropas calientes, el elemento agua te hace temblar.
> Aunque familiares y amigos estén a tu alrededor,
> no hay forma de que puedan aliviarte del sufrimiento de la enfermedad.
> Aunque los médicos bön sean expertos en sanación,
> es difícil eliminar la enfermedad del karma previo.
>
> Si no realizas la verdad que está más allá de la enfermedad,
> el sufrimiento de la enfermedad es inconcebible.
> Dado que no sabes cuándo te atacará la enfermedad,
> por miedo al sufrimiento, lo mejor es practicar el sublime dharma.

Así cantó.

Entonces, Shendormo dijo:

- Cuando muera, veré si soy capaz de practicar el dharma. Danos alguna enseñanza sobre el sufrimiento del momento de la muerte.

Y, en respuesta, Milarepa cantó esta canción:

Pues bien, benefactores con capacidad de renuncia,
el sufrimiento de la muerte es aterrador.
Cuando ese instante único de la muerte se presenta
y el mensajero del Señor de la Muerte viene para llevarte,
no puede ser sobornado con dinero ni riquezas
y ya no hay espacio para que el guerrero saque su espada y pelee.
No puede ser engañado por sabios ni eruditos
y los estudiosos no pueden esgrimir sus historias frente a él.
De nada sirve que los pobres rueguen y supliquen.
Los malos tampoco pueden engañarle.
Los cobardes como zorros no tienen oportunidad de huir.
Los canales de los *nadis* se repliegan hacia dentro desde las extremidades,
como si fueran presionados entre dos montañas.
Los objetos de las facultades sensoriales se borran.
Los médicos que nos iban a ayudar se quedan atrás.
Los bönpos adivinos que esperaban protegernos salen corriendo.
Las deidades y protectores superiores a quienes hemos dedicado prácticas y plegarias
dejan nuestros hechos y palabras sin respuesta.
Aunque la inspiración y la espiración aún no han cesado,
el cuerpo empieza ya a exhalar el hedor de la muerte;
la última chispa de calor se apaga dentro.

En esos momentos, algunos aún consultan los planetas y las estrellas;
otros expresan a gritos su sufrimiento.
Algunos contemplan sus ahorros y su riqueza,
y piensan que otros disfrutarán lo que ellos han acumulado.
Aunque tengas mucha gente que te quiera, te irás solo.
Aunque tengas buenos amigos, se sentirán enfermos al verte.

Tu precioso cuerpo será doblado en tres partes[132].
Llevarán tu cuerpo lejos y lo harán desaparecer.
Ya sea que lo incineren, lo arrojen al agua o lo entierren en un
hoyo,
cuando ya no estés, esto es lo que va a pasar.
¿Podréis soportarlo, fieles míos?

La mañana en que tu respiración se detenga
ninguna riqueza en el mundo
podrá ayudarte.
Entonces, ¿qué pensarán los avaros?

Aunque tus seres queridos estén a tu alrededor,
no podrán serte de ninguna ayuda.
Cuando veas que estás a punto de partir de su lado,
¡ay!, ¿qué podrán hacer tus seres queridos por ti?

Cuando llegue ese momento,
nada que no esté conectado con el sublime dharma
podrá ser de ninguna ayuda.
En el momento de la muerte, no deberías tener nada de lo que
arrepentirte.
¡No temas nada en el momento de la muerte!

De esta forma, Shendormo, habiendo entrado por la puerta del dharma, recibió las explicaciones guía y se puso a meditar en ellas para que en el momento de la muerte pudiera mantenerse en el camino.

Después, Leksé Bum dijo:

- Como el Jetsun y sus discípulos no van a quedarse aquí de forma permanente, les rogamos que al menos pasen unas cuantas noches.

Al hacer esta petición de manera tan fervorosa, Milarepa y sus discípulos se quedaron siete días. Durante ese tiempo, se hizo una reunión de todos los habitantes de Nyanang para elaborar *tsa-tsas*.

---

[132] Doblar el cuerpo en tres partes se refiere a la forma en que se preparan los cadáveres en El Tíbet.

Al finalizar, Leksé Bum preguntó:

- ¿Querrían el Jetsun y sus discípulos ir a divertirse un rato?

- Conmigo no cuentes -respondió Milarepa.

- Muy bien. Puesto que hoy es una fecha señalada, os ruego que me ayudéis a hacer las ofrendas para el altar y a hacer las *tsa-tsas*. Y, como es para el bien de los seres, os pido que cuidéis de mi hijo y de mis cabras y mis rebaños. Y, si podéis, echadme también una mano con la limpieza de los cacharros y de la casa.

Y, a continuación, se arregló, se puso sus joyas y se fue.

El Jetsun y los discípulos estaban absortos en su práctica, de manera que no se preocuparon para nada de lo que la señora les había pedido. Los rebaños se desperdigaron por los campos comiéndose las cosechas y el bebé estaba llorando cuando ella regresó.

Viendo que no habían movido un dedo, le dijo al Jetsun:

- Entiendo que no hayáis hecho las otras cosas que os pedí, pero ser un practicante del dharma exige que uno tenga compasión. Molestaros un poco en atender a mi niño, a las cabras y los rebaños es una actividad virtuosa. No creo que fuera una falta[167].

Entonces, el Jetsun cantó esta canción de realización:

> En mi morada, el vasto campo del gran gozo,
> cuidando de las cabras y los rebaños de la base inmutable,
> no me preocupé de los de carne y hueso.
> Los de carne y hueso son responsabilidad de Leksé Bum.
>
> La madre de la compasión y el amor bondadoso
> cuida del hijo de la consciencia,
> de modo que yo no estaba disponible para cuidar al mocoso que
> se hace caca.
> El niño lleno de mocos y caca es responsabilidad de Leksé Bum.
>
> En la montaña firme de la meditación inmutable,
> yo hacía las *tsa-tsas* de la atención consciente sin distracción,
> de modo que no estaba disponible para hacer *tsa-tsas* de barro.
> Las figuras redondas de barro son cosa de Leksé Bum.

> Sobre el altar de las ofrendas de la parte alta del torso,
> yo ofrecía candelas de luminosa meditación,
> de modo que no estaba disponible para colocar las de blanca
> mecha de algodón.
> Las de blanca mecha de algodón son las ofrendas de Leksé Bum.
>
> En la casa en ruinas de este cuerpo ilusorio,
> yo restregaba y limpiaba las tendencias latentes,
> de modo que no me dediqué a restregar y limpiar tu casa.
> Restregar y limpiar esta casa es tarea de Leksé Bum.
>
> Entre la gran variedad de asuntos mundanos de la existencia,
> yo practicaba sin descanso la destreza con lo ilusorio,
> de modo que no estaba disponible para lavar tus vasos y tus
> platos.
> El trabajo de lavar y enjuagar es tarea de Leksé Bum.

Así cantó.

Y Leksé Bum le contestó:

- Te ruego, Jetsun, que no desestimes las virtudes de la gente mundana.
Además de a ti, debo atender a otros lamas residentes.

En respuesta, Milarepa cantó esta canción:

> Los lamas residentes que carecen de compasión
> es como venerar a las deidades Te'u-rang[133].
> ¡Qué terrible es la ruina de uno mismo y de los demás!
>
> La actividad dhármica desprovista de buena intención
> es como un loco atrapado en la red del autoengaño.
> ¡Qué terribles son las llamas del deseo!
>
> La generosidad de la gente con prejuicios
> es como tener que pagar la cuenta del banquete.
> ¡Qué terrible es la afrenta de que no se cumplan las expectativas!

---

[133] Una *deidad Te'u-rang* "es una clase de espíritu malévolo que se asocia a los espíritus hambrientos; de estas deidades se dice que tienen poder sobre los fenómenos meteorológicos y que envían el pedrisco". (Harding 2003, 337)

Hacer ofrendas a los objetos inapropiados
es como confiar tu riqueza a un charlatán.
¡Qué terrible es poner esos cimientos para acabar engañado!

Dar sin compasión
es como amarrarse a sí mismo a un poste de castigo[168].
¡Qué terrible es atarse a uno mismo de esa forma!

Alardear de altos ideales sin haber adiestrado tu corriente mental
es como ser un fanfarrón que duda cuando habla[169].
¡Qué terrible es no prestar atención a la causa y al efecto!

El meditador que no se centra en el punto vital
es como el mentiroso que le pone el tejado a su casa fraudulenta.
¡Qué terrible es pensar que está haciendo algo con sentido[170]!

La conducta que no da lugar al *tendrel*
es como el loco que bebe agua salada.
¡Qué terrible es el aumento del deseo y la codicia!

El samaya que está involucrado con las ocho preocupaciones mundanas
es como mierda envuelta en seda.
¡Qué terrible es estar podrido por dentro!

Los logros espirituales en los que no se han abandonado los deseos
son como figuras humanas hechas de barro.
¡Qué terrible es desmoronarse bajo las condiciones adversas!

Así cantó.

Leksé Bum, arrepentida, le ofreció como regalo a Milarepa la mejor pieza de turquesa que tenía entre sus joyas, y luego le pidió permiso para irse con él. El Jetsun, entonces, cantó esta canción de realización, titulada "La poesía vajra", dedicada a Leksé Bum":

Escucha bien, adinerada Leksé Bum,
persona de inteligencia tan clara y brillante.
Cuando te observes a ti misma y contemples tu cuerpo,
medita sin buscar la comodidad.
Cuando te observes a ti misma y contemples tu habla,

medita en silencio.
Cuando te observes a ti misma y contemples tu mente,
medita sin ponerte a pensar.
Sin distraerte con los asuntos del cuerpo, el habla y la mente,
medita libre de meditar.

Así cantó.

Ella se dedicó a meditar y tuvo muchas experiencias. Luego, le ofreció 'las siete ramas al guru':

Maravilloso señor vestido con la túnica de algodón,
tú que ostentas una dignidad libre de puntos de referencia,
y que, libre de cualquier temor o preocupación[171],
tienes una confianza completamente libre de apegos;
ante el repa de disciplina yóguica, me postro a tus pies.
Gran repa, te hago ofrendas.
Ante el repa de disciplina yóguica, confieso mis negatividades.
Guru, me regocijo en tu presencia.
Te suplico que gires la rueda del dharma.
Te suplico que no pases al nirvana.
Y dedico toda esta virtud al bien de todos los seres.

Cuando me observo a mí misma y contemplo mi cuerpo,
aunque trate de meditar libre del deseo de confort,
aún mi deseo de confort continúa.

Cuando me observo a mí misma y contemplo mi habla,
aunque trate de meditar en silencio,
aún mi deseo de hablar continúa.

Cuando me observo a mí misma y contemplo mi mente,
aunque trate de meditar sin pensamientos,
aún el discurso interno continúa.

Aunque, sin distraerme con los asuntos del cuerpo, el habla y la mente,
trate de hacer una meditación libre de meditar,
aún la meditación continúa.
Te ruego que me des instrucciones esenciales y de refuerzo para apartar los obstáculos.

En respuesta, el Jetsun cantó esta canción de realización sobre cómo apartar los obstáculos y reforzar la práctica:

¡Escucha, escucha bien, Leksé Bum!
Respecto al cuerpo, cuando sientas deseos de confort,
apártate de familiares y amigos
y deshazte de toda la riqueza que has amasado.
Mantente en el estado libre de apegos.

Respecto al habla, cuando sientas deseos de decir algo,
aléjate de las ocho preocupaciones mundanas,
entrega tu importancia y tu orgullo al viento.
Mantente en el estado libre de orgullo.

Respecto a la mente, cuando los pensamientos no te dejen,
sujétala con el gancho del *mindfulness*.
Sin obsesionarte con el samsara y el nirvana como dos cosas distintas,
mantente en el estado de igualdad.

Mantén el estado desapegado de seguir las cosas que surgen.
Si continúa habiendo cierto tipo de meditación,
medita sobre la compasión en los seres vivos.
Medita en tu cuerpo como si fuera el Gran Ser Compasivo[134].
Medita con el guru sobre la coronilla de tu cabeza.
Alarga la meditación en la vacuidad,
y, al acabar, séllalo todo con la dedicación.
Comprende bien esto y practica el sublime dharma.

Así cantó.

Ella practicó siguiendo las indicaciones del Jetsun y llegó a ser una yoguini en posesión del camino.

Este es el ciclo de Shendormo y Leksé Bum.

---

[134] Avalokiteshvara.

49. Prepararse para estar alegre en el momento de la muerte

Namo Guru

Estando el Jetsun Milarepa en La Cueva del Vientre de Nyanang, las ocho preocupaciones mundanas se manifestaron sutilmente en su hijo del corazón Rechungpa. El Jetsun le había estado avisando una y otra vez de que las abandonara, pero Rechungpa pensaba: "He renunciado a mi tierra natal y creo que estoy libre de las faltas de las ocho preocupaciones mundanas; pero el Jetsun opina que renunciar a la propia tierra es solo practicar el dharma a medias. ¿Será esto cierto?".

El Jetsun dijo: "Eso es lo que suele afirmarse, en términos generales, en el lenguaje dhármico; sin embargo, eso solo no es suficiente[172]". Y, a continuación, cantó esta canción de realización:

> Señor, esencia de la familia,
> que estás sentado en el palacio del gran gozo sobre la coronilla de mi cabeza;
> Guru limpio de cualquier falta,
> adornado de una multitud de buenas cualidades.
> Nunca me canso de mirar hacia él, alabado sea a mi Señor.
>
> Aunque hayas abandonado tu tierra a cambio de un país extranjero,
> aun así, debes ajustarte de forma apropiada a sus costumbres.
> Si optas por buscar la fama y el prestigio,
> en ese punto, te has dejado atrapar por las ocho preocupaciones mundanas.
>
> Aunque hayas abandonado ser servido y la buena comida a cambio de pequeños bocados,
> aun así, debes almacenarlos en dosis apropiadas.
> Si optas por una barriga llena de sabrosa comida,
> en ese punto, te has dejado atrapar por las ocho preocupaciones mundanas.

Aunque hayas abandonado la fina ropa de lana a cambio de bastas prendas,
aun así, debes cortarlas y coserlas de forma apropiada.
Si optas por hacerlas suaves y calientes,
en ese punto, te has dejado atrapar por las ocho preocupaciones mundanas.

Aunque hayas abandonado hogar y techo a cambio de cuevas de roca,
aun así, debes acondicionarlas de forma apropiada.
Si optas por fortificarlas,
en ese punto, te has dejado atrapar por las ocho preocupaciones mundanas.

Aunque hayas abandonado grandes campos a cambio de una pequeña parcela,
aun así, debes cultivarla de forma apropiada.
Si optas por las grandes cosechas de productos excelentes en vez de las pequeñas,
en ese punto, te has dejado atrapar por las ocho preocupaciones mundanas.

La verdadera realidad del samsara que carece de base,
si la analizas, no hay nada que identificar.
Cuando se realiza eso, esto es el nirvana.
Yogui, permanece siempre libre de cualquier fijación
respecto al *dharmata*, la naturaleza vacía de todo.

Así cantó.

Y Rechungpa le preguntó:

- Dado que mi práctica del Mantra Secreto de los medios ha llegado a ser estable, ¿está bien si conservo unos pocos placeres sensoriales?

- Está bien -le contestó el Jetsun- usar los placeres sensoriales como respaldo de tu práctica, pero no está bien usar tu práctica para justificar los placeres sensoriales. Cuando yo me separé del lado de Marpa de Lhodrak, había abandonado las ocho preocupaciones mundanas. Él me dijo que debía practicar dependiendo solo de unos cuantos placeres sensoriales. Así lo hago, y a causa de ello algunas buenas cualidades se han manifestado en mi corriente mental. Tú también debes abandonar las ocho preocupaciones mundanas; y, sin pensar que tienes derecho a relajarte por haber practicado, ¡sigue practicando ahora mismo!

Y, a continuación, cantó esta canción de realización:

La historia de la vida del guru nuestro señor está impresa en mi mente
y nunca olvido su consejo, que es *amrita* para mí.
Si piensas que tienes derecho a descansos en la práctica del dharma, perderás tu oportunidad.
Funde tu corriente mental con el dharma y aplícate a la meditación.

Si estás apegado a esta vida, la próxima será más difícil.
Entretenerse en los placeres temporales es un gran obstáculo.
Si piensas que tienes derecho a descansos en la práctica del dharma, es una locura.
Si le temes a la muerte, aplícate a la meditación.

Si te enredas en acciones negativas, caerás en los reinos inferiores.
Si te entregas al engaño y las intrigas, te echarás a perder.
Si desarrollas malas intenciones, agotarás tu mérito.
Si quieres purificar las consecuencias kármicas, aplícate a la meditación.

Si deseas vestir ropas elegantes, tu actitud es equivocada.
Si deseas tomar comida exquisita, te comportarás de forma negativa.
Si anhelas que te alaben, la fama te arruinará.
Abandona las ocho preocupaciones mundanas y aplícate a la meditación.

Si deseas tener un mecenas rico, te llenarás de enemigos.
Si deseas estar rodeado de tu propio cortejo, acabarás lamentándolo.
Si deseas reunir grandes posesiones, tendrás un montón de opiniones erróneas.
Armoniza tu mente con el dharma y aplícate a la meditación.

> Si te aplicas a meditar, la realización surgirá en tu mente.
> Si no lo haces, solo tendrás hueca palabrería y mentiras.
> Dado que no te queda mucho tiempo para meditar,
> esfuérzate en meditar sin distracción.
>
> Si fundes tu mente con el dharma, todo será gozoso para ti.
> Estar solo es algo excelente.
> Rechungpa, hijo mío, ¡deja que tu mente descanse
> en el precioso *samadhi* de la meditación que es claridad-
> vacuidad!

Así cantó.

Luego, Milarepa pensó: "Rechungpa no ha hecho más que disminuir su implicación con las ocho preocupaciones mundanas, pero sus defectos ocultos aún no han acabado de manifestarse. Debo hacer lo que estoy pensando para incitarlo a la renuncia".

La vez siguiente que fueron a Nyanang, donde había muchos carniceros, el maestro y su discípulo se dedicaron a pedir limosna. Había montones de carne, pilas de cabezas de animales, pieles desolladas expuestas y charcos de sangre por todas partes. Había muchos seres vivos amarrados a la espera de ser sacrificados, y en medio de todos ellos estaba un viejo de Mön con un brazo lisiado. Un gran cordero negro consiguió escapar de la sujeción del hombre, y mientras huía los intestinos se le iban saliendo a través de un tajo en su vientre. Aterrorizado, el cordero iba lanzando grandes balidos, cojeando y renqueando hacia el Jetsun y su hijo en busca de protección. Cuando el cordero espiró, el Jetsun prorrumpió en un gran llanto y realizó la transferencia de su consciencia hacia el camino del bodisatva. A continuación, cantó esta canción de realización con una inmensa e insufrible compasión:

> ¡E ma! Seres vivos del samsara,
> buscad el camino de la liberación.
> ¡Ay! Toda la gente que está aquí llena de negatividad, ¡qué
> vergüenza!
> Ignorantes del karma en su ociosa encarnación humana,
> ¡qué devastadora es esta matanza de seres!
> ¡Qué lamentable tanto autoengaño!
> ¡Qué vergonzoso[173] matar a los propios padres!

¿Qué hay que hacer con este amontonamiento de carne
sacrificada?
¿Qué hacer con estos charcos de sangre?
Comer carne, a pesar de que uno esté hambriento,
esa equivocada percepción, justificada de cualquier modo[174],
tanta negatividad sin compasión,
falaz ignorancia que lo oscurece todo;
¿qué se puede hacer con este cultivo de la negatividad?
Dando tormento como les plazca,
cuánta maldad hay en los que así actúan;
¡qué vergüenza!, ¡oh, cuánto dolor y cuánta tristeza!
Tan ocupados negativamente en todo lo que hacen,
más tarde, no se acordarán ni un solo instante.
Cuando veo a esta gente, temo por ellos.
Pienso en todos los que se comportan de esta forma tan negativa y
me perturba.

Rechungpa, ¿no te hace esto pensar en el sublime dharma?
Si lo haces, abre la puerta a la tristeza y la desilusión.
Si meditas, ve de retiro a las montañas.
Si contemplas, contempla la bondad del guru.
Si huyes de algo, huye de la raíz de la no-virtud.
Si abandonas algo, abandona las acciones mundanas.
Si te quedas con algo, quédate con la promesa de la práctica.
Si has comprendido, lleva tu vida al dharma.

Así cantó.

A continuación, la desilusión y la renuncia surgieron hondamente en
Rechungpa, y derramó muchas lágrimas.

- Lama, haré lo que dice el guru, y abandonaré las ocho preocupaciones mundanas y la comida obtenida por medios negativos. Me dedicaré a
meditar. ¿A qué lugar apartado en las montañas iremos, maestro y discípulo, a meditar?

En respuesta, el Jetsun cantó esta canción de realización:

¡E ma! Los seres vivos del samsara
están en la oscuridad, cegados por el karma negativo.

El ladrón del pensamiento conceptual crea mucha agitación,
y la joya de la meditación es fácil de extraviar.
Es tiempo de poner en su sitio al vigía de la no-distracción.
Las personas llenas de negatividad nunca piensan que la muerte
ha de llegar.
Rechungpa y yo iremos a La Montaña Nevada de Lachi.

El continuum del samsara es un largo y traicionero camino.
Los bandidos de los cinco venenos se agitan y revuelven
y es fácil que acaben secuestrando al hijo de la consciencia.
Es tiempo de salir en busca del guía de la sabiduría primordial.
Las personas llenas de negatividad nunca piensan que la muerte
ha de llegar.
Rechungpa y yo iremos a La Montaña Nevada de Lachi.

La montaña de las faltas es altísima.
Los sufrimientos son como el cazador y su perro
y es fácil que acaben matando al ciervo del *samadhi*.
Es tiempo de escapar a la verdadera naturaleza última.
Las personas llenas de negatividad nunca piensan que la muerte
ha de llegar.
Rechungpa y yo iremos a La Montaña Nevada de Lachi.

En la casa en ruinas del cuerpo ilusorio,
los días y las horas caen como la lluvia.
Las gotas de los años y los meses nos golpean.
La casa en ruinas del cuerpo ilusorio pronto se vendrá abajo.
Es tiempo de hacer los preparativos para estar alegre en el
momento de la muerte.
Las personas llenas de negatividad nunca piensan que la muerte
ha de llegar.
Rechungpa y yo iremos a La Montaña Nevada de Lachi.

El océano del samsara es profundo.
Es tiempo de nadar con el hijo de la consciencia.
Es fácil distraerse con las olas de la confusión.
Es tiempo de escapar a la tierra de la no-dualidad.
Las personas llenas de negatividad nunca piensan que la muerte

ha de llegar.
Rechungpa y yo iremos a La Montaña Nevada de Lachi.

La ciénaga del deseo es vasta
y las arenas movedizas de la vida hogareña son profundas.
Es fácil que el elefante de la renuncia se quede atascado en ellas.
Es tiempo de proteger el lugar para meditar en la liberación.
Las personas llenas de negatividad nunca piensan que la muerte
ha de llegar.
Rechungpa y yo iremos a La Montaña Nevada de Lachi.

La visión y la meditación del vehículo inferior es un abrupto
precipicio.
Los inmaduros, de mente inferior, tienen gran actividad.
Es fácil que se precipiten por el acantilado de los seis reinos.
Las personas llenas de negatividad nunca piensan que la muerte
ha de llegar.
Rechungpa y yo iremos a La Montaña Nevada de Lachi.

Así cantó.

El maestro y su discípulo partieron juntos, y la mayoría de la gente
que estaba en el mercado sintió una fe desbordante. De esta forma, mostraron su respeto por el Jetsun y su hijo. Y, aunque les ofrecieron muchas
provisiones materiales, Milarepa y Rechungpa dijeron que se trataba de
comida producida a base de negatividad y de las ocho preocupaciones
mundanas. Y, sin aceptar tales provisiones, se dirigieron a La Montaña
Nevada de Lachi.

Este es el ciclo de la preparación para estar alegre en el momento de
la muerte.

50. Tomarse un descanso y La canción de la cerveza

Namo Guru

Mientras Milarepa y su hijo estaban en La Gran Cueva de los Demonios Apaciguados[135], en Lachi, fueron atacados por la magia iracunda de algunos espíritus. Rechungpa se fue al fondo de la cueva y se quedó allí escondido, permaneciendo en estado de *samadhi*. Los devas y los espíritus desplegaron ante el Jetsun una gran variedad de formas atemorizadoras y arrojaron sobre él muchas armas. Le gritaban cosas amenazadoras a Milarepa, como por ejemplo: "¡El primero de nosotros que consiga ponerte la mano encima se comerá tu carne y se beberá tu sangre!". Ante lo cual, Milarepa cantó esta canción de realización:

> ¡Suplico a todos los gurus!
> Conceded vuestra bendición para que el severo veneno de las aflicciones sea pacificado.
>
> ¡Oh patéticos pretas,
> ejército de demonios que debido al karma estáis tan engañados!
> Estáis tan habituados a vuestra mentalidad malévola
> que solo deseáis hacer daño a todos los seres vivos.
> Con el deseo de comer carne y beber sangre
> encontráis un gran placer en matar, descuartizar y arrebatar el aliento.
> Habéis tomado una mala encarnación como demonios preta,
> y ahora os dedicáis a cometer actos negativos y renaceréis en los infiernos.
> Sin pensar en absoluto en la semilla de la liberación,
> no hay forma de que alcancéis la libertad. ¡Qué patético!
> Yo estoy sentado sobre el trono vajra de la vacuidad;
> este mágico cuerpo que veis aquí,
> si sois capaces de tomarlo, estaré contento con ello.

---

[135] En tibetano: Düdül Pukmo Che (*bdud 'dul phug mo che*).

Por la compasión de la bodichita,
me siento feliz cuando las hordas de los demonios se juntan.

Cuando hubo cantado esto, el Jetsun permaneció en equilibrio en
'el *samadhi* de la totalidad del agua'. Al cabo de un rato, más
demonios aún acudieron a la reunión. Entre ellos, había una
terrible diablesa que preguntó:
- ¿Dónde se ha ido?
- Esta sentado al otro lado del río -contestó uno de los demonios-,
allí.
El demonio lanzó una piedra, y el Jetsun apareció en persona:
- ¡Estoy aquí! -dijo.
Los demonios se asustaron y echaron a correr. No tardaron mucho
en regresar, y de nuevo trataron de lanzarle todo tipo de
sortilegios; pero no podían ni tocarle.
- Lo mejor será que nos hagamos todos amigos -dijeron los devas
y los espíritus.
A continuación, en un estado de gran compasión, el Jetsun cantó
esta canción de realización:

¡Ahora escuchadme bien todos vosotros, espíritus!
Vosotros, ejército de espíritus de karma negativo,
con vuestro mal karma negativo atraéis el sufrimiento sobre
vosotros mismos.
Toda la existencia fenoménica se presenta como dharmakaya ante
mis ojos,
de modo que vosotros, pandilla de demonios, sois un gran
ornamento.

¡Ahora, devas y espíritus, escuchad con atención!
Si tomáis refugio en las Tres Preciosas Joyas,
hallaréis sin duda excelentes moradas.
Si dejáis de comer carne y beber sangre,
alcanzaréis la libertad de los reinos superiores.
Si dejáis de dañar a los seres,
tomaréis posesión rápidamente del camino de la iluminación.
Si sois capaces de renunciar a las acciones no virtuosas,
os iniciaréis en las enseñanzas de Buda.

Si sois capaces de practicar las diez acciones virtuosas,
habréis entendido las instrucciones esenciales del guru.
Si sois capaces de pacificar la confusión de las tres puertas,
entraréis en las filas de los *vidyadharas*.
Si sois capaces de tomar el compromiso de mantener los votos,
todos los que estamos aquí podremos ser amigos.
Si sois capaces de mantener los votos del samaya,
yo os aceptaré como mis estudiantes.

Así cantó.

Luego, con fe, los devas y los espíritus confesaron sus actos dañinos:

- A partir de ahora, estaremos sujetos a tus órdenes; te rogamos que nos enseñes el dharma.

El Jetsun les transmitió el refugio y los votos de bodichita, y les explicó el dharma del karma, la ley de causa y efecto. Entonces, todos los espíritus le ofrecieron a Milarepa su fuerza vital, prometieron mantener sus compromisos y se fueron.

Luego, el Jetsun le preguntó a Rechungpa:

- ¿Qué te pasó esta noche?

- Mientras estaba descansando en un estado de claridad, tuve una gran visión. El Jetsun estaba en su lecho y alguien le lanzaba una piedra. ¿Llegó a golpearle?

- Esta noche, en un estado de gran gozo, mi cuerpo se transformó en agua. Tal vez una piedra me golpeara, porque tengo una molestia en el pecho. Mírame a ver.

El Jetsun volvió a transformar su cuerpo en agua y Rechungpa le sacó la piedra. Tras ello, el Jetsun se sintió mucho mejor.

Más tarde, cuando llegaron muchos otros discípulos a ver al Jetsun, este les dijo:

- Subamos hasta esa alta montaña que hay ahí enfrente de Lachi para tomarnos un pequeño descanso.

- Tu cuerpo ya no está para esos trotes -dijeron los discípulos-, no podrás llegar hasta arriba. Por favor, ni lo intentes.

- Tampoco es tan difícil -replicó el Jetsun-, estaré bien.

Y, a continuación, cantó esta canción de realización:

> Me postro ante los gurus.
> Yo, Milarepa, deseo subir a la cima de la montaña.
> Pero Milarepa se ha hecho viejo,
> sus cuatro elementos se han debilitado y no puede ir.
> ¡Montaña inanimada, baja tú!

Tan pronto como acabó de cantar, la cima de la montaña se dobló hacia abajo. El Jetsun se apoyó bien y subió hasta arriba. Allí, se sentó un rato en el punto más alto, en medio de la densa luz de un arcoíris. Luego, dio un salto, voló hacia los estudiantes, y les dijo:

- Que alguien me lleve un vaso de cerveza hasta allá arriba.

- Dinos cómo podemos subir hasta allí. Cómo podemos llevarte la cerveza -le preguntaron.

- Para alcanzar la cima de la montaña, debéis meditar siguiendo estas instrucciones.

Y, a continuación, cantó esta canción de realización:

> Queridos discípulos, si queréis tener la visión que hay desde la montaña,
> para captarla, captad la claridad de vuestra propia mente.
> Para tenerla, tenedla como con una red.
> Para atarla, atadla con un nudo corredizo.
> Para mantenerla, mantenedla como cogida con un gancho.
> Meditad de esta forma para acceder a la cima
> de la libertad; y, a continuación, disfrutad de las vistas
> y bebed la cerveza de la experiencia.
> ¡Hombres y mujeres genuinos, subid conmigo!
> Mirad y quedad satisfechos con la visión.
> Los que no estáis preparados y os habéis quedado fuera,
> si no sois capaces de beber esta cerveza pura,

¿podéis al menos beber la cerveza más floja[136]?
Si no sois capaces de practicar hacia la perfecta iluminación,
¿podéis al menos alcanzar los reinos superiores?

Entonces, Rechungpa dijo:

- Yo puedo practicar para alcanzar la perfecta iluminación. Te ruego que me permitas beber cerveza contigo.

- Pues bien, bebe la cerveza como hacía Marpa, que era la bondad en persona.

Y, a continuación, cantó esta canción de realización:

Ante aquel que ha realizado la verdad esencial,
para quien la realidad primordial carece de fisuras,
a los pies de Marpa el Traductor me postro.

Las características de mi padre son estas:
es puro y transparente como el cielo,
lo penetra todo como el Sol y la Luna,
inseparable de mí, está siempre sentado sobre mi cabeza.

Los seres humanos ocupan una posición suprema entre las seis
clases de seres.
Cada primavera y cada otoño
recogen la cosecha que carece de sustancia,
y con ella preparan su dorada cerveza.

Ahora, ¡preparemos una ronda de cerveza y bebamos!
¿Y cómo destilamos esta cerveza?
En el hogar del cuerpo, el habla y la mente,
coloquemos el alambique de cobre de la vacuidad.
En él echamos la cebada de la excelente fe pura
y le añadimos el agua de la atención consciente y la compasión.
Avivamos el fuego de la gran sabiduría

---

[136] Ardussi dice sobre el procedimiento tibetano de elaboración de la cerveza: "Cuando se filtra la primera fermentación del *glum* (cebada fermentada; esta palabra se pronuncia 'loom'), se obtiene la cerveza más fuerte. Se vuelve a añadir agua y se mezcla bien para hacer una segunda fermentación, más débil. La tercera fermentación produce una cerveza de muy baja graduación alcohólica". (Ardussi, 120)

y lo hacemos hervir todo hasta que se mezcla y no se distingue
centro ni bordes.

En medio del piso de la igualdad,

sobre la tela del gran gozo,

se le añade el fermento de las instrucciones genuinas[137].

Luego, se deja reposar en el lecho de los cuatro
inconmensurables.

Al cabo, fermenta en una masa 'múltiple con el sabor único'.

Se vierte en el depósito de barro de la fuerza formativa

y se destila con los medios y la sabiduría inseparables.

Y va tomando la fuerza de la cerveza de las cinco sabidurías.

A través del grifo de la fuente de todos los deseos,

se filtra el néctar puro de la cerveza.

La materia prima, la causa, es el Heruka de la Pureza Perfecta.

Los demás ingredientes, las condiciones, son el Heruka del
dharmadatu.

El color es el Heruka Padma.

El sabor es el Heruka Vajra.

El aroma es el Heruka de la Variedad.

La sensación es el Heruka de la Embriaguez.

Ahora, cuando se bebe esta bebida yóguica,

la primera destilación[138] es el dharmakaya, claro y puro.

La segunda es el sambhogakaya, el buda perfecto.

La tercera es el nirmanakaya, que se manifiesta de infinitas
formas.

---

[137] Ardussi afirma: "La cebada hervida se extiende sobre una alfombra grande (a menudo
llamada *brdal phyar*) o una malla, para que se enfríe, antes de agregar el fermentador. El
fermento tibetano de la cerveza, igual que el del sake, contiene no solo levadura sino además esporas de moho (*Aspergillus orzae*), químicamente esenciales para la fermentación
[…] El *phabs* (pronunciado 'pop', que es la palabra tibetana para 'fermento') se mezcla
con la cebada ya enfriada, que luego se mantiene caliente durante varios días mientras
fermenta como una especie de masa húmeda (*glum*). Luego se mezcla en una olla grande
con agua (*bsings*), que absorbe el alcohol, alcanzando la graduación necesaria hasta convertirse en cerveza (*chang du ngar*)". (Ardussi, 119)

[138] Esto se refiere a las tres destilaciones sucesivas mencionadas en la nota anterior, que
reciben los nombres de *chang dangpo* (primera destilación), *chang nyipa* (segunda destilación) y *chang sumpa* (tercera destilación).

La cerveza más floja del continuo fluir
puede ser bebida a grandes tragos por los cualificados.
Aunque no hay problema con que lo no cualificados la prueben.

He aquí otro ejemplo de cómo beber:
la primera destilación de la cerveza, la de la experiencia pura,
producida en el estado de *dharmata*,
se ofrece a los budas y al guru poseedor de las tres bondades.
La destilación intermedia, la de la sabiduría y los medios,
es disfrutada por la asamblea del mandala de las deidades,
convocada a través del estado del samaya.
La cerveza más floja, la de los *sidhis* comunes y supremos,
una vez se ha conseguido estabilizar la experiencia,
cumple los deseos de uno mismo y de los demás.
En la cacilla de servir, que posee seis características excelentes,
está la cerveza del Linaje Puro de la Escucha.
Si bebéis esta cerveza, arderéis en gozo.
Si la saboreáis, alcanzaréis el nirvana.

Esta es la forma de beber la cerveza yóguica.
Tiene unas cualidades que no pueden ser halladas en ninguna otra
cosa.
Esta maravillosa conducta es asombrosa.
¡E ma! ¿No os parece increíble?

Con ello, todos los discípulos desarrollaron una gran confianza.

Este es el ciclo de tomarse un descanso y La canción de la cerveza, en
La Gran Cueva de los Demonios Apaciguados.

51. La Cueva Celestial de Ramding

Namo Guru

Estando el Jetsun Milarepa, junto a Rechungpa, Drigom Repa y otros pocos discípulos, en La Cueva Celestial de Ramding, Rechungpa y Drigom Repa se enzarzaron en un debate sobre la visión de la meditación de Naropa y de Maitripa. El Jetsun les dijo:

- Escuchad mi canción y luego seguís discutiendo.

Y, a continuación, cantó esta canción de realización:

¡Qué delicia! Estar libre de los términos convencionales es un verdadero placer.
El bondadoso guru está siempre sentado sobre mi cabeza.
La realización es inseparable de su continua presencia en mi mente.

Vosotros dos, maestros meditadores enzarzados en el análisis,
si vuestras palabras no proceden de la comprensión interior,
no estáis haciendo más que ruido e inflando vuestro orgullo.

Cortar los atributos desde dentro,
¿no es esto a lo que se llama la visión libre de extremos?
Usar las escrituras y el razonamiento es un gran ornamento para ello.

Disolver los conceptos en el dharmakaya,
¿no es esto a lo que se llama la meditación autogenerada?
Conectarla con la experiencia es un gran ornamento para ello.

Purificar las seis conciencias en sí mismas,
¿no es esto a lo que se llama la conducta de 'el sabor único'?
Conectar esto con el momento adecuado es un gran ornamento para ello.

El brote de la experiencia del gozo-vacuidad,
¿no es esta la clave de las instrucciones del Linaje de la Escucha?
Conectar esto con las cuatro iniciaciones es un gran ornamento para ello.

> Diferenciar las claras apariencias de la vacuidad,
> ¿no es esto a lo que se llama las fases del camino?
> Conectar esto con los signos del camino es un gran ornamento
> para ello.
>
> Llevar la propia mente hasta el punto de su extinción,
> ¿no es esto a lo que se llama lograr la budeidad en una sola vida?
> Conectar esto con los cuatro kayas es un gran ornamento para
> ello.
>
> Alguien que tiene estudios de retórica, de lógica y de las
> *upadeshas,*
> ¿no es esto a lo que se llama el guru que sostiene un linaje?
> Estar conectado con la compasión es el gran ornamento del guru.
>
> Las personas de fe que tienen gran compasión,
> ¿no son ellos a los que se llama los estudiantes que son
> recipientes apropiados?
> Conectarse con la devoción es un gran ornamento para ello.
>
> Uno adquiere convicción sobre la mente a través de la visión;
> después, la meditación convierte esa convicción en experiencia;
> y por medio de la conducta, se lleva todo el proceso a su
> culminación.
> Su perfeccionamiento es los cuatro kayas;
> el resultado se reafirma en términos de la mente.
> La realización es darse cuenta de que todo conduce a una sola
> cosa.

Cuando hubo cantado esto, las dudas de todo el mundo quedaron resueltas.

Entonces, el Jetsun le dijo a Rechungpa:

- Si quieres alcanzar la verdadera esencia del dharma, esto es lo que necesitas.

Y, a continuación, cantó esta canción de realización:

> Hijo discípulo, ostentador de la claridad, escucha atentamente:
> si quieres practicar el dharma, esto es lo que necesitas.

Encarnación de los budas de los tres tiempos,
el guru que desarrolla todas las cualidades,
debes confiar en que es el dharmakaya.
¿Tienes esto claro, Rechungpa?

Las instrucciones salidas de la boca del guru
son la suprema medicina para vencer los cinco venenos.
Debes confiar en que son *amrita*.
¿Tienes esto claro, Rechungpa?

Con la iluminada actividad airada y liberadora
que forma parte de la conducta del guru,
debes confiar en que el guru es el nirmanakaya.
¿Tienes esto claro, Rechungpa?

Los pensamientos y los recuerdos que se mueven en la mente,
aunque surgen y toman apariencia, son espontáneos y carecen de
base y de raíz.
Debes confiar en el *mindfulness* sin distracción.
¿Tienes esto claro, Rechungpa?

Las olas marinas de los venenos y la ignorancia
son como una cuerda atada a una madera que está siendo
consumida por el fuego.
Debes confiar en que no hay nada que te ate.
¿Tienes esto claro, Rechungpa?

El gozo de los devas del reino del deseo
es como el cambio de las cuatro estaciones.
Debes confiar en que no hay seguridad en el samsara.
¿Tienes esto claro, Rechungpa?

Todos los fenómenos compuestos
son tan impermanentes como un relámpago en el cielo,
como una cascada o como un incienso encendido.
Debes confiar en que no existe un momento de tranquilidad en
esta vida.
¿Tienes esto claro, Rechungpa?

Es cierto que todo el mundo ha de morir.
Dado que nadie queda y todos pasan,

debes confiar en alcanzar el estado sin muerte.
¿Tienes esto claro, Rechungpa?

Entonces, todos los discípulos desarrollaron una gran certeza.

Al cabo de un tiempo, los estudiantes de Nyanang invitaron a Rechungpa a que fuera para entregarle algunas ofrendas, y el Jetsun le dio medio mes de permiso para ir allí. Los demás repas se acercaron también al pueblo para pedir limosna.

En esos días, Dzesé, Khujuk y otros benefactores y estudiantes de Drin llegaron para visitar a Milarepa. Cuando vieron al Jetsun allí sentado, escasamente vestido y completamente expuesto, los estudiantes no se atrevieron a acercarse a él. Dzesé le echó algo de ropa encima y, entonces, los estudiantes se reunieron alrededor.

- La gente que vive en sociedad -le dijeron- se siente sorprendida y avergonzada de ver al Jetsun completamente expuesto de esta forma. Te pedimos que te compadezcas de nosotros y que cubras tus partes íntimas.

El Jetsun, arrancándose las ropas, se quedó completamente desnudo. Se puso en pie y cantó esta canción de realización:

> Viajando siempre por tierras ajenas,
> he acabado olvidando mi propia tierra natal.
> Pasando mucho tiempo con mi noble maestro,
> he acabado olvidando a mis familiares y amigos.
> Esforzándome en practicar el dharma genuino,
> he acabado olvidando el dharma de la gente ordinaria.
> Yendo errante por retiros de montaña,
> he acabado olvidando las distracciones mundanas.
> Observando los juegos de los monos y los langures,
> he acabado olvidándolo todo sobre ovejas y terneros.
> Usando el pedernal y el acero afilados,
> he acabado olvidando las costumbres domésticas.
> Estando sin maestro y sin asistentes,
> he acabado olvidando las costumbres educadas y el habla
> simpática.
> Viviendo en soledad y completamente relajado,
> he acabado olvidando qué es la vergüenza.

Acostumbrado a tratar con todo lo que surge en mi mente,
he acabado olvidando qué es el decoro.
Con el *chandali* ardiendo en mi cuerpo,
he acabado olvidando usar ropa.
Meditando en la sabiduría no conceptual,
he acabado olvidando todos los conceptos.
Meditando en la unión de la claridad[139],
he acabado olvidando las elaboraciones.
Estas doce cosas que he acabado olvidando
son la forma de vida de este yogui que veis aquí.
Estudiantes, todos vosotros deberíais imitarme.
He desatado el nudo del perceptor y lo percibido.
¿Por qué motivo tendría que sentir la necesidad de seguir vuestras
costumbres?
La iluminación no se alcanza por medio de lo artificial;
vuestro dharma es arduo de practicar.
Seguiré quedándome solo y relajado.
No os mentiré ni simularé sentirme avergonzado.
No sirvo para comportarme de manera forzada.

Así cantó.

Los estudiantes le mostraron su respeto y reverencia, y luego se fueron.

Mientras tanto, aunque Rechungpa solo había estado un día en cada casa del pueblo, había pasado fuera ya demasiado tiempo. Cuando regresó y fue a ver al Jetsun, la entrada de la cueva estaba tapiada. Rechungpa pensó: "¿Se habrá enfadado conmigo por haber estado fuera tanto tiempo?". Entonces, le ofreció al guru esta canción:

En el auténtico dharma innato no hay punto de referencia;
si hubiera punto de referencia, no sería innato.
En la Gran Perfección no hay prejuicios;
si hubiera prejuicios, no sería la Gran Perfección.
Mahamudra no crea ni bloquea nada;

---

[139] Se refiere a la unión de la claridad con la vacuidad.

si hubiera creación o bloqueo, no sería Mahamudra.
En la experiencia del gran gozo, la claridad no es oscura;
si la claridad estuviera oscurecida, no sería el gran gozo.
En la Gran Vía del Medio, nada puede ser identificado;
si hubiera identificación, no sería la Vía del Medio.
Yo, Rechungpa, he estado viajando por la región;
¿se encuentra bien y feliz mi padre Jetsun?

Entonces, el Jetsun cantó esta canción de realización desde arriba de la entrada de la cueva:

Aparte de la mente, no hay otro buda.
No hay camino más rápido que los *nadis* y los *pranas*.
No hay más amigo que los Tres Preciosos Refugios.
No hay experiencia superior al gozo y la vacuidad.
No hay nadie más bondadoso que el señor genuino.
Los seres deberían llevarlo sobre su cabeza
y poner en práctica las infalibles instrucciones.
Esa es la forma de asentar en ti la certeza.
Si logras la realización en ti mismo,
las instrucciones del linaje han sido recibidas.
Cuando haya resolución en tu mente,
los signos de la confianza y la experiencia se manifestarán
enseguida.
Cuando la bondad amorosa haya surgido en tu mente,
todos los seres vivos serán aceptados con compasión.
Cuando uno ve al guru como buda,
las bendiciones llegan a él de forma natural.
He puesto aquí estos versos juntos;
si entiendes su significado, contienen el dharma.
Si no lo entiendes, solo es una cancioncilla[175].
Rechungpa, hijo, ¿tú estás bien?
¡Este anciano padre que ves aquí se siente de maravilla!

Al acabar, abrió la cueva y ambos se metieron dentro. - Solo estaba bromeando -dijo el Jetsun-. Pero percibo que todavía sientes gran apego por las ocho preocupaciones mundanas. Debes abandonarlas e irte a meditar a las montañas. Y, a continuación, cantó esta canción de realización:

Las bendiciones del guru mi señor están en las montañas,
concédeme tu bendición para que pueda seguir de retiro en las montañas.
¡Oh Rechungpa, tú que eres afortunado,
concentra tus sentidos y escucha mi canción!

Cuando estés de retiro aislado en las montañas,
no pienses en las cosas mundanas que digan tus familiares.
Si lo haces, los viejos enemigos revivirán.

Cuando estés meditando en la proximidad del guru,
no pienses en la recompensa de tus méritos acumulados.
Si lo haces, un ejército de mala conducta vendrá a continuación.

Cuando ofrezcas *tormas* a los espíritus *bhuta*,
no pienses en acaparar esas bolas de *torma*.
Si lo haces, te convertirás en un espíritu como ellos.

Cuando medites con una concentración sin distracción,
no reserves tiempo para reunirte con los amigos.
Si lo haces, esos amigos matarán tu práctica espiritual.

Cuando estés lidiando con las dificultades,
no pienses en comida rica ni en comer carne o beber cerveza.
Si lo haces, renacerás como un espíritu hambriento.

Cuando estés meditando en el camino de los medios del Linaje de la Escucha,
no pienses como los estudiantes deseosos de conocimiento intelectual.
Si lo haces, tomarás un camino erróneo.

Cuando te quedes en montañas deshabitadas,
no pienses en salir para distraerte haciendo cosas.
Si lo haces, los estados negativos de la mente surgirán enseguida.

Hijo, sé perseverante y acaba el trabajo con el dharma.
Resiste y abandona los sufrimientos del samsara.
Hijo, tú y yo tenemos una conexión de aspiración;
que la realización del padre se manifieste también en ti.
Que esta realización de ver todas las apariencias como el

dharmakaya
llegue a la perfección en la experiencia de mi hijo.

Esta canción tocó a Rechungpa profundamente y se postró ante el Jetsun. Y, a su vez, él le ofreció esta otra canción:

A causa de la bondad de mi padre guru, he practicado el dharma.
He dejado atrás a mis buenos y amados padres
y he renunciado a mi tierra, tan difícil de olvidar.
Y todavía echo de menos a mis amigos.

He dejado de acumular comida, riquezas y ropa.
No soy avaricioso ni falto de virtud.
Con esfuerzo y *rasayana*, me he dedicado a meditar en cuevas.
Pero el deseo de ganar y reunir aún continúa en mí.

Como compañía, he encontrado a un verdadero *sidha*.
Como ganancia, he obtenido las instrucciones del Linaje de la Escucha.
Como meditación, medito con diligencia sin distracción.
Y aún deseo conseguir y escuchar más enseñanzas.

Como actos, me dedico al servicio de mi padre.
Como práctica, practico buscando la iluminación en una sola vida.
Como residencia, tengo los retiros de montaña.
Y aún mi mente está inmersa en el hacedor y lo hecho.
Señor Vajradhara, con tu esencia inmutable,
concédeme tu bendición para que estos pensamientos se transformen.

Cuando Rechungpa hubo cantado esto, el Jetsun le dio muchos consejos, y su realización creció en gran manera. Luego, el Jetsun y su hijo fueron invitados por la gente de Nyanang a La Cueva del Vientre.

Esta es la historia de La Cueva Celestial de Ramding.

52. La marcha de Rechungpa al Tíbet Central

Namo Guru

Los benefactores de Nyanang le prestaron amplio servicio al Jetsun y le mostraron gran respeto, y se quedó allí en La Cueva del Vientre. Mientras Rechungpa permanecía en la cueva de arriba, el guru, el *yidam* y las dakinis se presentaron ante él en un sueño y le exhortaron a pedir a Milarepa que contara su vida. En consecuencia, y en respuesta a sus ruegos, Milarepa contó la historia de su vida.

Al poco, Rechungpa sintió un fuerte deseo de viajar al Tíbet Central. Algunos estudiantes habían estado comparando al maestro y al discípulo. Decían:

- El hijo es mejor que el padre, puesto que él ha estado en La India.

Los estudiantes jóvenes se decantaron por estar con Rechungpa, mientras que los antiguos iban con Milarepa.

En cierto momento, los estudiantes se presentaron ante el padre y el hijo para mostrar sus respetos y prestarles servicio. A Rechungpa le hicieron excelentes regalos, pero a Milarepa solo una pequeña cantidad.

Entonces, Rechungpa pensó: "Si yo he recibido tantas cosas, el Jetsun debe de haber recibido muchísimo más". Fue a ver al Jetsun y le dijo:

- Jetsun, ¿te han hecho hoy muchas ofrendas? Con las ofrendas que ambos, maestro y discípulo, hemos recibido estaría bien que preparáramos un *ganachakra* para todos los repas.

- Muy bien -contestó Milarepa-. Lo mío está sobre aquella losa de la roca; ve y dispón de ello.

Rechungpa se levantó, fue hacia allí, y vio que solo había una pieza de carne en no muy buen estado, un pequeño jarro de cerveza agria y una sencilla ración de tsampa. Y volvió a su cueva pensando: "¿Así es como se comportan estos estudiantes, con este guru que es como un buda, y al que yo apenas le llego a la suela de zapato? Antes, yo iba a todas partes con el guru y me sentía completamente satisfecho con las instrucciones esenciales que me transmitía en su totalidad y con servirle. Ahora, si me quedo junto a él, no solo no le serviré de ayuda, sino que solo seré un estorbo. Le pediré permiso al Jetsun para irme".

Entonces, levantándose temprano por la mañana, fue a ver a Milarepa. Encontró al Jetsun en su cueva acostado, rascándose la cabeza. Mégom Repa también estaba allí, en su propio lecho. Rechungpa pensó: "Mi guru, aquí presente, que ha autorrealizado el dharmakaya, a veces se comporta de forma que la gente no entiende".

Dándose cuenta de lo que Rechungpa estaba pensando, el Jetsun cantó esta canción de realización sobre las cuatro clases de conducta:

> Hijo, Rechungpa, escucha.
> Yo, tu anciano padre Milarepa,
> a veces duermo, y mientras duermo, medito.
> Cuando medito mientras estoy acostado,
> lo hago con la instrucción de convertir la ignorancia en claridad.
> Es una instrucción que yo poseo y nadie más tiene.
> Si todo el mundo la tuviera, me haría muy feliz.
>
> Yo, tu anciano padre Milarepa,
> a veces como, y mientras como, medito.
> Cuando medito mientras como,
> lo hago con la instrucción de ver la comida y la bebida como un *ganachakra*.
> Es una instrucción que yo poseo y nadie más tiene.
> Si todo el mundo la tuviera, me haría muy feliz.
>
> Yo, tu anciano padre Milarepa,
> a veces camino, y mientras camino, medito.
> Cuando medito mientras camino,
> lo hago con la instrucción de ver el caminar como una circunvalación.
> Es una instrucción que yo poseo y nadie más tiene.
> Si todo el mundo la tuviera, me haría muy feliz.
>
> Yo, el anciano padre Milarepa,
> a veces actúo, y mientras actúo, medito.
> Cuando medito mientras hago una acción,
> lo hago con la instrucción de liberar la acción en el *dharmata*.

Es una instrucción que yo poseo y nadie más tiene.
Si todo el mundo la tuviera, me haría muy feliz.

Hijo, Rechungpa, tú también debes practicar de este modo.
Mégom, levántate y prepáranos unas gachas.

A continuación, dándole muchas razones, Rechungpa le pidió permiso a Milarepa para marcharse a Ü. Y, luego, le ofreció esta canción de realización:

Quiero ir errante por el campo sin dirección fija,
llegar hasta la sagrada Lhasa y circunvalarla,
ver en persona las dos estatuas del Jowo,
llegar hasta el glorioso monasterio de Samye,
circunvalar el Templo de Yoru Tradruk[140],
acercarme a ver la gran sede de Mar-Ngok[141],
acercarme hasta Loro y Nyal
y pedir limosna en la práctica de 'el sabor único'.
Te lo ruego, tengo que ir a Ü.

Habiendo escuchado su petición en estos términos, el Jetsun replicó:

- Hijo, aunque haya seres que te puedan guiar en Ü, no ha llegado todavía el momento de que vayas allí. No vayas en contra de la opinión de tu guru; escucha mi canción.

Y, a continuación, cantó esta canción de realización:

Nacido en la familia del Mantra Secreto con sus métodos
supremos,
señor de los cuatro kayas puros y de los cuatro gozos,
buda oculto con cuerpo humano,
supremo entre los seres, ante Marpa me postro.

---

[140] El templo de Tradruk, en el valle de Yarlung, se dice que fue construido por el rey Songtsen Gampo, famoso por ser el primer rey budista del Tíbet. Yoru es uno de los dos territorios originales de Ü (El Tíbet Central), donde está ubicado dicho templo.

[141] Sede de Marpa y del lama Ngoktön Chödor (tib: *rngog ston chos rdor*). Milarepa conoció al lama Ngok, que era uno de los estudiantes antiguos de Marpa, mientras estaba con su guru raíz (ver La vida de Milarepa).

En este día auspicioso de luna creciente,
este especial octavo día del mes lunar,
yo, con mi percepción yóguica, me siento muy feliz.
Los rayos de luz del sol me calientan como un cristal de fuego.

Tú, portador de la lanza y el estandarte entre un ejército de
centenares,
mi atractivo hijo llamado Rechungpa,
haz el favor de no repetir las palabras que acabas de decir.
¿Las has dicho, o solo las tenías en mente?
No dejes que tus oídos se distraigan,
limpia el óxido del espejo de tu mente
y escucha con claridad la canción de este anciano.

Si ya tienes los retiros solitarios de montaña,
¿de qué te servirá ir errante por el campo?
Si ya meditas en el guru como buda,
¿de qué te servirá ir a circunvalar Lhasa?
Si ya eres espectador del *show* de tu propia mente,
¿de qué te servirán las vistas de Samye?
Si ya eres capaz de cortar las elaboraciones mentales de raíz,
¿de qué te servirá ir a la sede de Mar-Ngok?
Si ya meditas en las instrucciones esenciales del Linaje de la
Escucha,
¿de qué te servirá ir a Nyal y a Loro?
Si ya tienes confianza en tu propia mente,
¿de qué te servirá circunvalar Tradruk?

Rechungpa insistió ardientemente en su petición, y Milarepa cantó esta otra canción de realización:

Tú, león blanco de las nieves que vive en las alturas nevadas,
no bajes a los valles, quédate en las alturas nevadas.
Si bajas a los valles,
¿no temes que tu melena turquesa se estropee?
Alardea de tu melena turquesa quedándote en las alturas nevadas.
Escucha ahora las palabras de tu guru.

Tú, buitre rey de las aves plantado sobre las altas rocas,
no desciendas a las tierras bajas, quédate en las altas rocas.

Si desciendes a las tierras bajas,
¿no temes que tus alas se estropeen?
Alardea de tus alas quedándote en las altas rocas.
Escucha ahora las palabras de tu guru.

Tú, tigre que habita en lo más hondo de la selva,
no te alejes hasta los bordes de la selva, quédate en lo más hondo.
Si te alejas hasta los bordes de la selva,
¿no temes que tu piel veteada se estropee?
Alardea de tu piel veteada quedándote en lo más hondo de la
selva.
Escucha ahora las palabras de tu guru.

Tú, pez de manchas doradas de los lagos de alta montaña,
no te pasees por las orillas, quédate en el centro del lago.
Si te paseas por las orillas del lago,
¿no temes caer atrapado en alguna red?
Alardea de tus manchas doradas quedándote en el centro del lago.
Escucha ahora las palabras de tu guru.

Tú, Rechung Dordrak de Gungtang,
no vayas errante por el país, quédate en los retiros de montaña.
Si te dedicas a ir errante por el país,
¿no temes que tu experiencia y tu realización se oscurezcan?
Mantén tu experiencia y tu realización quedándote en las
montañas.
Escucha ahora las palabras de tu guru.

Así cantó.

Y Rechungpa dijo:

- Si me quedo cerca de mi guru, no le seré de ayuda; más bien le serviré de estorbo. Por eso te pido que me des permiso para viajar por el país y desplegar mi experiencia y mis realizaciones.

Y, a continuación, le ofreció esta canción:

Padre, Jetsun guru, te ruego que me escuches amablemente.
Yo, este león blanco de las nieves que vive en las alturas nevadas,
si no me paseo por las alturas nevadas,

no hay forma de que enseñe mi preciosa melena.
Rechungpa no se quedará; iré a Ü.
Imploro ahora el consentimiento de mi guru.

Yo, este buitre rey de las aves plantado sobre las altas rocas,
si no echo a volar hacia lo alto del cielo,
no hay forma de que enseñe mis magníficas alas.
Rechungpa no se quedará; iré a Ü.
Imploro ahora el consentimiento de mi guru.

Yo, este tigre que habita en lo más hondo de la selva,
si no puedo pasearme por la vasta jungla,
no hay forma de que enseñe mi singular piel veteada.
Rechungpa no se quedará; iré a Ü.
Imploro ahora el consentimiento de mi guru.

Yo, este pez de manchas doradas del lago,
si no puedo nadar hasta las orillas,
no hay forma de que enseñe mis manchas doradas.
Rechungpa no se quedará; iré a Ü.
Imploro ahora el consentimiento de mi guru.

Yo, Rechung Dordrak de Gungtang,
si no puedo ir errante por el campo,
mi excelente experiencia no podrá ser mostrada.
Rechungpa no se quedará; iré a Ü.
Imploro ahora el consentimiento de mi guru.

Entonces, el Jetsun dijo:
- Rechungpa, mientras que tu experiencia y realización no sean
perfectas, debes quedarte al lado del guru.
Y, a continuación, cantó esta canción de realización:

Tú, Rechung Dorje Drakpa,
que has adiestrado tu corriente mental por medio de la escucha y
la contemplación del dharma,
entiende las palabras de mi canto.

Sin tener una fe anhelante en el dharma,
no vayas a pedir solo porque tengas hambre.

Sin realizar la naturaleza de las cosas,
no te dediques a dar bonitos discursos sobre la visión.

Sin entrenar tu habilidad para la claridad interior,
no te entregues a una meditación a tontas y a locas.

Sin saber cómo mantener y cuidar las instrucciones esenciales,
no te escondas[176] tras las letras negras de los libros.

Sin comprensión de las enseñanzas del dharma profundo,
no confundas a los demás con tu poco estudio.

Sin saber cómo expandir tus méritos,
no corras tras la riqueza de los seres humanos.

Sin renunciar al apego desde dentro,
no trates las ofrendas echas con fe como si fueran tu paga debida.

Sin haber purificado el conjunto de las apariencias de tus
tendencias latentes,
no hables de las percepciones extrasensoriales que creas tener.

Sin haber realizado el estado insuperable,
no te permitas ser objeto de ofrendas de los benefactores.

Si no eres capaz de practicar los términos de la actividad virtuosa
de forma completa,
no deberías apartarte del lado del guru.
¡Hijo, Rechungpa, no te vayas, quédate aquí de momento!

Así cantó.

Rechungpa continuó haciendo su petición con vehemencia y Milarepa
le respondió:

- Les prometí a los benefactores que no te enviaría a Ü, pero si no
quieres hacer caso de todo lo que te he dicho e insistes en irte, dado que
las promesas no dejan de ser sueños e ilusiones, por mí está bien y te doy
mi permiso. Ahora, pues, haz los preparativos para irte.

Rechungpa se puso tan contento que casi se echó a llorar. Durante varias noches, Rechungpa y su guru durmieron con las almohadas en contacto, y Rechungpa recibió las enseñanzas del Linaje de la Escucha. Por

lo demás, habiendo puesto por escrito todo ello en algunos *pechas*[142], no le quedó nada por hacer cuando llegó el momento de partir. Iba vestido solamente con su túnica blanca y llevaba colgados a la espalda un cuerno de *gayal* y un hatillo. Sujetando bajo el brazo un manual con las instrucciones del Linaje de la Escucha, se acercó a recibir la bendición del Jetsun.

El Jetsun pensó: "Rechungpa ha pasado conmigo mucho tiempo y no sé si volveremos a vernos".

Y le acompañó durante una parte del camino. Al llegar a lo alto del puerto, el Jetsun dijo:

- ¿De qué modo viajarás?

Entonces, Rechungpa, le ofreció esta canción sobre su modo de viajar:

> Tomando como ejemplo la genuina visión del dharma:
> viajaré hasta la frontera de las apariencias-vacuidad.
> Caminaré más allá del eternalismo y del nihilismo.
> Caminaré por el camino inalterable.
> Aunque mi visión tenga debilidades, no me arrepiento.
>
> Tomando como ejemplo la genuina meditación del dharma:
> viajaré hasta la frontera de la claridad-gozo.
> Caminaré más allá de la agitación y la torpeza.
> Caminaré por el camino de la claridad.
> Aunque mi meditación tenga debilidades, no me arrepiento.
>
> Tomando como ejemplo la genuina conducta del dharma:
> viajaré hasta la frontera de la disciplina yóguica.
> Caminaré más allá de la conducta impropia.
> Caminaré por el camino del no apego.
> Aunque mi conducta tenga debilidades, no me arrepiento.
>
> Tomando como ejemplo el genuino samaya del dharma:
> viajaré hasta la frontera de la pureza perfecta.
> Caminaré más allá de la hipocresía y la mentira.

---

[142] Libros al estilo tibetano, que consisten en hojas sueltas que se mantienen unidas envueltas en una tela.

Caminaré por un camino sin falsedad.
Aunque mi samaya tenga debilidades, no me arrepiento.

Tomando como ejemplo la genuina realización del dharma:
viajaré hasta la frontera de la presencia espontánea.
Caminaré más allá del temor y la esperanza.
Caminaré por el camino de los cuatro kayas.
Aunque mi realización tenga debilidades, no me arrepiento.

Tomando como ejemplo al Jetsun Marpa:
viajaré hasta la frontera del Linaje de la Escucha.
Caminaré más allá de los términos convencionales.
Caminaré por el camino de las instrucciones esenciales.
Aunque mi llevar el dharma al camino tenga debilidades, no me
arrepiento.

Tomando como ejemplo a mi guru Milarepa:
viajaré hasta la frontera de la perseverancia.
Caminaré más allá de la pereza.
Caminaré por el camino de la diligencia.
Aunque mi diligencia tenga debilidades, no me arrepiento.

Tomándome a mí mismo, Rechungpa, como ejemplo:
viajaré hasta la frontera donde encuentre la buena fortuna.
Caminaré más allá de los puntos de vista erróneos.
Caminaré por el camino de la devoción.
Aunque mi capacidad de súplica tenga debilidades, no me
arrepiento.

Así cantó.

Y Milarepa dijo:

- Tu manera de viajar es excelente. Ahora voy a decirte algo: si un niño está al lado de su madre, crece bien. Si un huevo es incubado por el calor de la gallina, el polluelo rompe fácilmente el cascarón. Si los meditadores están cerca de su guru, no se desvían. Aunque vas a irte sin hacer caso de mis palabras, nunca olvidaré mi amor por ti, y tú debes seguir haciéndome súplicas.

Entonces, Rechungpa rompió a llorar y le contestó:

- Para mí el Jetsun siempre será el Buda en persona, y nunca puse mis esperanzas en nadie más que en el Jetsun. En este mismo instante, y hasta que alcance la budeidad, mis esperanzas solo residen en el Jetsun. Tras esta vida, en el bardo, te ruego que sigas siendo mi refugio y mi guía.

Y, a continuación, le ofreció esta canción:

> Guru que tienes la mente de la gran compasión de Buda,
> te ruego que seas un guía para este Rechungpa.
> Deseo llegar al puerto de la visión,
> pero el eternalismo y el nihilismo acechan en muchos lugares;
> los perturbadores bandidos de las inclinaciones son muchos
> y el camino del perceptor y lo percibido es muy largo.
> Así, hasta que llegue al puerto de la perfección genuina,
> ¡sé el guía de tu hijo, oh precioso ser!
> ¡Libera todos mis miedos, oh nirmanakaya!
>
> Deseo llegar al puerto de la meditación,
> pero la agitación y la torpeza acechan en muchos lugares;
> los puntos de referencia son oprimentes y traicioneros
> y las hojas de los conceptos agitan la mente[177].
> Así, hasta que alcance la tierra innata y libre de artificios,
> ¡sé el guía de tu hijo, oh precioso ser!
> ¡Libera todos mis miedos, oh nirmanakaya!
>
> Deseo alcanzar el traicionero camino de la conducta,
> pero no puedo a causa del apego que me ha acompañado durante tanto tiempo;
> a causa de los oprimentes y traicioneros lugares de la hipocresía
> y de la agitación de los bandidos de la conducta inapropiada.
> Hasta que alcance el camino de la espontaneidad sin apego,
> ¡sé el guía de tu hijo, oh precioso ser!
> ¡Libera todos mis miedos, oh nirmanakaya!
>
> Deseo construir la fortaleza del samaya,
> pero he estudiado muy poco;
> los vecinos del antídoto son de clase baja
> y la puerta de la duplicidad es grande[178].
> Así, hasta que yo esté rodeado por la trinchera de la pureza innata,

¡sé el guía de tu hijo, oh precioso ser!
¡Libera todos mis miedos, oh nirmanakaya!

Deseo lograr la realización en su totalidad,
pero las huellas del samsara y del nirvana llegan muy lejos.
El camino del nirvana es traicionero y oprimente
y los bandidos del temor y la esperanza propician la inquietud.
Así, hasta que encuentre a la familia de los cuatro perfectos
kayas,
¡sé el guía de tu hijo, oh precioso ser!
¡Libera todos mis miedos, oh nirmanakaya!

Rechungpa desea ir errante por los campos,
pero el deseo de confort de su cuerpo ilusorio es grande.
Hay mala base para la fe en El Tíbet
y los bandidos de la arrogancia propician la inquietud.
Hasta que el hijo llegue a la presencia del padre,
¡sé el guía de tu hijo, oh precioso ser!
¡Libera todos mis miedos, oh nirmanakaya!

Así cantó.

Y el Jetsun dijo:

- Me despediré de ti y rogaré para que tengas un viaje auspicioso.

Entonces, cantó esta canción de realización:

Si me preguntas cuál es mi linaje,
mi linaje no es malo, sino que es excelente.
Es el linaje del gran Vajradhara.
¡Que por este excelente linaje todo sea auspicioso!
¡Que mi hijo Rechungpa goce de buenos auspicios!

Si me preguntas quiénes son mis gurus,
mis gurus no son malos, sino que son excelentes.
Mis gurus son Marpa y Ngok, estos dos.
¡Que por estos excelentes gurus todo sea auspicioso!
¡Que mi hijo Rechungpa goce de buenos auspicios!

Si me preguntas cuál mi auténtico dharma,
mi auténtico dharma no es malo, sino que es excelente.

Mi auténtico dharma es el mahamudra.
¡Que por este auténtico dharma todo sea auspicioso!
¡Que mi hijo Rechungpa goce de buenos auspicios!

Si me preguntas cuál es mi *yidam*,
mi *yidam* no es malo, sino que es excelente.
Mi *yidam* es Vajrayoguini.
¡Que por esta excelente *yidam* todo sea auspicioso!
¡Que mi hijo Rechungpa goce de buenos auspicios!

Si me preguntas quiénes son mis *dharmapalas*,
mis protectores no son malos, sino que son excelentes.
Mis protectores son Mahakala y Mahakali.
¡Que por estos excelentes protectores todo sea auspicioso!
¡Que mi hijo Rechungpa goce de buenos auspicios!

Con la visión, la conducta y la meditación, estas tres,
que mi hijo Rechungpa goce de buenos auspicios.
Con la base, el camino y la realización, estos tres,
que mi hijo Rechungpa goce de buenos auspicios.
Con los *nadis*, los *pranas* y los *bindus*, estos tres,
que mi hijo Rechungpa goce de buenos auspicios.
Con el gozo, la claridad y el no-pensamiento, estos tres,
que mi hijo Rechungpa goce de buenos auspicios.

El Buda es verdadero y el dharma es verdadero,
igualmente, la sangha también es verdadera.
De este modo, que los buenos auspicios sean estables y nunca
vacilen.

Si preguntas quién soy yo,
yo soy el yogui Milarepa.
¡Que los buenos auspicios de Milarepa recaigan sobre su hijo!
¡Que los buenos auspicios del hijo superen a los del padre!

Así cantó.

Y, a continuación, Milarepa le dio otro consejo:

- Cuando llegues a Ü, una perra te morderá en la pierna. Cuando esto
suceda, no te olvides ni de tu práctica ni del guru.

El Jetsun se quedó allí sentado y Rechungpa hizo postraciones ante él y lo circunvaló.

Luego, el Jetsun pensó: "Se dará la vuelta para mirarme, así que esperaré hasta que lo haga. Si no, se pondría triste". De modo que Milarepa se quedó allí un rato, pero Rechungpa no se volvió para mirarle. Entonces, el Jetsun pensó: "Se ha marchado sin mirar atrás en ningún momento. ¿Irá pensando mal de su guru y sus hermanos del dharma? Es alguien que puede seguir el dharma y el linaje, y mantenerlo secreto". Milarepa tomó su prana de una sola vez y se adelantó a Rechungpa. Delante de una roca que tenía la forma de un león en postura mayestática, emanó las formas de siete repas. Y, a continuación, para probar a Rechungpa, todos juntos cantaron esta canción de realización con voz unánime:

> ¡Eh, tú, repa que vas de camino, escúchame!
> ¿Quién eres y quién es tu guru?
> ¿Quiénes son tus abuelos y quiénes tus antepasados?
> ¿Cuál es tu linaje, y cuáles son tus instrucciones esenciales?
> ¿Cuál es tu meditación y cuál tu monasterio?
> ¿Cómo se llama esta montaña, y qué roca es esta?
> ¿Hacia dónde te diriges?
> ¿Quién te ha dicho que lo hicieras?
> ¿Quién es el que va hacia allí?
> ¿De qué manera viajas?

Rechungpa pensó: "No hay ningún repa que fuera capaz de decirme este tipo de cosas; tiene que tratarse de emanaciones del Jetsun". Ofreció postraciones y cantó esta canción de realización sobre su forma de viajar:

> Padre, gran Jetsun, te ruego que me escuches.
> Si preguntas quién soy,
> soy Rechungpa de Gungtang.
> Mi guru es Milarepa.
> Mis abuelos son Marpa y Ngok.
> Mis antepasados, Tilopa y Naropa.
> Mis instrucciones esenciales son las de las dakinis del Linaje de la Escucha.
> Mi linaje procede del gran Vajradhara.
> Mi meditación es la de la Sierra Nevada de Lachi.

> Esta montaña se llama Pee-Ling Surkha.
> Esta roca que hay aquí es un león en postura mayestática.
> Voy en dirección a Ü.
> El que me ha dicho que vaya es el Jetsun guru.
> Esta es mi forma de viajar; te ruego que me des algún dharma
> para hacerlo.

Cuando Rechungpa hubo cantado esto, todas las emanaciones se disolvieron en la forma real de Milarepa.

- Como no te volvías para mirarme mientras te ibas, he venido hasta aquí para probarte. No hay falta en tu samaya. El samaya entre tú y yo es puro; y, dado que somos libres de encontrarnos y separarnos, vete ya a Ü.

Encantado con esto, Rechungpa tocó los pies del Jetsun con su cabeza, hizo muchas aspiraciones y siguió camino de Ü.

Cuando el Jetsun regresó a La Cueva del Vientre, los mismos estudiantes de la vez anterior vinieron cargados de regalos, para ofrecer sus respetos y sus servicios. Al darse cuenta de que Rechungpa ya no estaba, tomaron todo lo que habían traído como ofrendas, lo metieron en un recipiente de bronce[179], y lo enterraron en la cueva.

A continuación, se acercaron al Jetsun, que estaba sentado en el espacio exterior anexo a la cueva.

- Jetsun -le dijeron-, antes no madrugabas. ¿Por qué te has levantado hoy tan temprano?

- He ido a acompañar a Rechungpa un trecho -contestó el Jetsun- para verlo marcharse a Ü. A la vuelta, me he sentido triste, y me he quedado sentado aquí sin más.

- ¿No trató el Jetsun de disuadir a Rechungpa de irse a Ü?

- Lo hice. Traté de disuadirle de esta forma.

Y cantó la siguiente canción de realización:

> Mi muy amado hijo Rechungpa se ha ido a Ü,
> si no se sale con la suya,
> no escucha lo que le digan.
> "Tengo que ver las dos imágenes del Jowo", dijo.

"Tengo que ver Loro y Nyal", dijo.
"Tengo que ver el glorioso Samye", dijo.
"Tengo que ver la capital del dharma, Lhasa", dijo.

Y esto es lo que yo le contesté:
"Si ya estás unido a tu guru raíz,
¿qué vas a encontrar en el Jowo de Shakyamuni?
Si ya vas errante por el templo de las inhóspitas montañas,
¿qué vas a encontrar en los templos de Marpa y de Ngok?
Si ya tienes las instrucciones esenciales del Linaje de la Escucha,
¿qué vas a encontrar en Loro y en Nyal?
Si ya eres el espectador del espectáculo de tu mente,
¿qué vas a encontrar en los paisajes del glorioso Samye?
Si ya has cortado tus dudas de raíz,
¿qué vas a encontrar en Lhasa, la capital del dharma?".
Esto es lo que le dije.
Rechungpa, al que he criado con amor,
hoy ha partido hacia la ciudad solar de Ü.
Que vosotros vengáis aquí, no es más que una reunión[143].

Así cantó.

Luego, los estudiantes dijeron:

- Cuando llega el momento en que el guru envejece, es importante para sus estudiantes estar cerca de él. Y, aunque tú has intentado disuadirle, él no ha querido escucharte. Ha sido una negligencia por su parte irse.

- Rechungpa -replicó el Jetsun- no tiene ningún samaya relacionado con la vergüenza o la negligencia.

Y, a continuación, cantó esta canción de realización:

Aunque los padres crían a sus amados hijos,
solo un pequeño tanto por ciento los cuidan cuando envejecen.
Entre los discípulos que carecen de este samaya, también,
solo un pequeño tanto por ciento cuidan a sus ancianos maestros.

---

[143] Milarepa quiere decir que, sin la presencia de Rechungpa, el que los estudiantes hayan venido no es más que una reunión ordinaria. (TN)

El padre ha sido abandonado como un perro viejo,
y el hijo, como un león blanco, se ha ido a Ü.
El padre, como un zorro, ha sido abandonado,
mientras el hijo, un tigre veteado, se ha ido a Ü.
El padre ha sido abandonado como un gallo viejo,
mientras el hijo, como un buitre, se ha ido a Ü.
El padre ha sido abandonado como un viejo asno,
mientras el hijo, un semental de Dochen[144], se ha ido a Ü.
El padre ha sido abandonado como una vieja vaca,
mientras el hijo, un yak salvaje, se ha ido a Ü.
Con su cuerpo más hermoso que el de un dios, se ha ido a Ü.
Con palabras más suaves que la seda, se ha ido a Ü.
Con razonamientos más limpios que una campana, se ha ido a Ü.
Con la mente más brillante que un brocado, se ha ido a Ü.
Oliendo más dulce que el sándalo, se ha ido a Ü.

Así cantó.

Los estudiantes dijeron:

- Lo amas demasiado. Seguramente buscarás a alguien que te acompañe para ir detrás de él. ¿No crees que ya no tienes fuerzas para un viaje tan largo?

- Lo despedí de esta forma -dijo el Jetsun.

Y, a continuación, cantó esta canción de realización:

Cuando partió, iba acompañado por un excelente compañero.
Otros compañeros van y vienen,
pero el compañero de Rechungpa no es de los que van y vienen.
Ese amigo supremo es la sabiduría espontánea.
Acompañado por ella, mi hijo Rechungpa se puso en camino.

Cuando partió, iba montado en un excelente caballo.
Otros caballos son de paso desigual,
pero el caballo de Rechungpa nunca pierde su trote.

---

[144] Caballo de Amdo dedicado a la reproducción (tib: *'do chen pho rta*).

Es el semental del prana y la mente.
Montado en él, mi hijo Rechungpa se puso en camino.

Cuando partió, iba vestido con ropas abrigadas.
Con otra ropa, habría tenido frío y calor,
pero las ropas de Rechungpa le protegen del frío y del calor.
Esa ropa es el fuego ardiente de *chandali*.
Vistiéndolo, mi hijo Rechungpa se puso en camino.

Cuando partió, llevaba buena comida de sobra.
Otros alimentos pueden ser dulces y deliciosos,
pero la comida de Rechungpa no es dulce ni deliciosa.
El *samadhi* posee el sabor supremo.
Con esa comida, mi hijo Rechungpa se puso en camino.

Cuando partió, llevaba dinero suficiente.
Otros bienes pueden ser robados por los enemigos,
pero la riqueza de Rechungpa no puede ser arrebatada por los
enemigos.
La 'joya que concede todos los deseos' del Linaje de la Escucha,
acompañado por ella, mi hijo Rechungpa se puso en camino de Ü.

Así cantó.

Milarepa estaba algo triste, y siguió allí sentado. Los estudiantes le dijeron:

- Parece que a Rechungpa le resultas indiferente. El Jetsun debería apartarlo de su pensamiento. Hay otras personas a tu lado, como Repa Shiwa Ö y como Seben Repa. Ellos pueden hacerse cargo de ti, aquí en La Cueva del Vientre.

- Sí -contestó el Jetsun-, hay muchos otros repas, pero pocos son como Rechungpa. Aunque tengo muchos estudiantes, pocos tienen verdadera fe.

Y, a continuación, cantó esta canción de realización:

Nyenchung Repa[145] de Gungtang,
Ngendzong Dewakyong de Chenlung,
Seben Tashi Bar de Dotra,
Drigom Lingkhawa de Takmo,
estos son mis cuatro hijos del corazón.
Pero Rechungpa estaba conmigo desde niño,
mi amigo desde la infancia es una espina clavada en mi corazón.
Ahora Rechungpa se ha ido; me acuerdo de él y me pongo triste[180].

La visión descrita en términos convencionales,
aunque reciba el nombre de 'visión', no es sino palabrería.
Los que abandonan la distracción del perceptor y lo percibido
y lo realizan de manera concentrada son muy pocos.

La meditación que no nace en el interior de la mente,
aunque se llame 'meditación', es solo samatha.
Los que practican de verdad samatha y vipassana
y penetran su punto vital son muy pocos.

La conducta llevada a cabo con actitud ocasional,
aunque se llame 'conducta' no es sino interés.
Los que se sobreponen a las ocho preocupaciones mundanas
y dominan el dharma son muy pocos.

El samaya planeado de manera hipócrita,
aunque se llame 'samaya', no es sino falsedad.
Los que toman el compromiso y lo mantienen
y ponen por testigo de ello a su propia mente son muy pocos.

La realización que procede del anhelo y el deseo,
aunque se llame 'realización', no es sino engaño.
Los que se instalan en el *dharmata*
y toman posesión del camino son muy pocos.

Las profundas instrucciones esenciales escritas en papel,
aunque parezcan profundas, no son sino esquemas y notas.

---

[145] Este es otro de los nombres de Rechungpa, ya que su apellido era Nyen (tib: *gnyan*).

La gente tiene poca perseverancia
y los que consiguen un verdadero linaje dhármico son muy pocos.

El maestro que está poseído por los asuntos mundanos y atado a ellos,
aunque se le llame 'maestro', no es sino un hombre de negocios.
La gente tiene una devoción muy escasa
y los que siguen a un maestro genuino son pocos.

La devoción que se expresa con los ojos entrecerrados,
aunque se llame 'devoción', no es sino un sentimiento fugaz.
Los que le dan la espalda por completo al mal karma[181]
y muestran los tres tipos de indiferencia son muy pocos[146].

Los pequeños y lindos monasterios cercanos a los pueblos,
aunque se les llame 'monasterios' son parte de la población.
La gente que vive sin muchas distracciones
y va errante por la montaña es muy poca.

Los jóvenes monjes kadampa de sesudas cabezas[182],
aunque se les llame 'jóvenes monjes', no son sino impostores.
La gente que tiene auténtica determinación
y que mantiene la verdadera disciplina monástica es poca.

Los encantadores estudiantes de Nyanang,
aunque se les llame 'benefactores', viven engañados por el deseo.
Las mujeres son tímidas
y las que prestan servicio y muestran respeto son muy pocas.

En general, los laicos dicen tener fe,
pero la fe, estudiantes, la tenéis en vuestros genitales.
La fe de este yogui está en su corazón.
Cuando una roca envejece, la recubre la tierra.
Cuando el agua limpia envejece, se llena de ondas.
Cuando los árboles envejecen, sus hojas secas se caen.
Cuando los retiros de montaña envejecen, la leña y el agua se agotan.

---

[146] Indiferencia hacia la comida, la ropa y la fama (tib: *lto gos gtam gsum*). (DPR)

Cuando los yoguis envejecen, su realización se oscurece.
Cuando los estudiantes envejecen, su fe desaparece.
Los estudiantes son como los pavorreales pendientes de sus plumas.
Los estudiantes son como los loros parloteando sin sentido.
Los estudiantes son como las vacas viejas cuidando de sus terneros.

Si queréis iros, estudiantes, ahora es el momento.
No solo es el momento, sino que ya ha pasado.
Enterrados en una vasija de cobre al fondo de la cueva,
el tsampa y la mantequilla han sido pasto de los ratones.
La mantequilla se ha derramado y está desparramada por ahí.
La cerveza ha sido volcada por un zorro.
La carne, comida por los cuervos.
¡Largaos, venga, rápido!
Idos, estudiantes, con vuestros corazones contentos,
y aspirad a volver a reuniros conmigo pronto.

Así cantó.

Los estudiantes, espantados, se miraron entre sí. Se dieron de codazos unos a otros y se pusieron en camino avergonzados.

A causa de lo que el Jetsun les había dicho, todos sintieron un gran arrepentimiento y una profunda fe. De modo que, otro día, volvieron para ofrecerle las sobras de su comida, y le dijeron:

- Por favor, cántanos una canción de realización, para que la noción de la impermanencia cale en nuestra corriente mental.

El Jetsun, sin aceptar sus ofrendas, cantó esta canción de realización:

Escuchad bien, miserables estudiantes.
Acumular mérito con el objetivo de obtener fama,
tomar refugio para protegerse de los miedos que acechan,
dar esperando recibir a cambio,
hacer ofrendas por interés propio:
estas cuatro cosas no tienen futuro.

Organizar *ganachakras* para comer bien,
hacerse experto en el dharma para conseguir tener un nombre,
distraerse con canciones y conversaciones mundanas,
dar iniciaciones para demostrar el poder personal:
estas cuatro cosas impiden que las bendiciones nos lleguen.

Enseñar el dharma sin el soporte de la escritura,
sentirse orgulloso mientras uno se deleita en hacer postraciones y
mostrar respeto,
engañar aceptando a cualquiera sin examen,
enseñar con el objetivo de obtener bienes y riquezas:
estas cuatro cosas no son de beneficio para el bien de los seres.

No estar solo y preferir estar distraído,
ser incapaz de soportar las dificultades y dedicarse a bromear,
ponerse a hablar a la hora de la meditación,
desarrollar habilidad en resolver asuntos mundanos:
estas cuatro cosas no conducen a la liberación.

Esta canción de las cuatro series de cuatro cosas,
estudiantes, comprometeos a no practicarlas.

Así cantó.

Drigom Repa intervino y, tras aceptar Milarepa su respeto y servicio,
le pidió que enseñara algo más del dharma. Entonces, el Jetsun cantó esta
canción de realización:

Arriba, los sabios de larga vida,
como desconocen la esencia de todo lo que surge,
toman por enemiga la consciencia que surge espontáneamente
y les encanta absorberse en una meditación sin pensamientos.

Abajo, los solitarios pretas de las regiones inferiores,
como desconocen cómo fundir sus mentes[147],
sienten avaricia y celos de los demás seres.
Y por el poder del mal karma, padecen hambre y sed.

____

[147] Esto parece ser una referencia a las tres fusiones. Ver glosario. (DPR)

> En el medio, en este mundo, los seres humanos gimen en la
> miseria.
> Como desconocen que hay un tesoro enterrado bajo sus pies,
> engañan y roban a los vecinos y a los amigos.
> Y con tales mentiras y engaños sus miserias aumentan.
>
> Los estudiantes de Nyanang, que son como monos,
> no desean adquirir mérito a través del Jetsun,
> sino haciendo ofrendas a los repas guapos.
> Pero las ofrendas a esos repas solo os reportan vergüenza.
> No hagáis regalos a las engañosas diablesas,
> conseguid mérito haciendo ofrendas a las diosas.

Así cantó.

Todos sintieron una gran fe, hicieron postraciones y derramaron lágrimas. Y le dijeron a Milarepa:

- Jetsun, por favor, quédate aquí. Te ofreceremos nuestros servicios y respeto acorde al dharma.

- No me quedaré aquí mucho tiempo -contestó el Jetsun-; tengo que irme. Quedad, estudiantes, protegidos de obstáculos para vuestra salud. Y hago la aspiración de que volvamos a encontrarnos en condiciones favorables para la práctica del dharma.

Y, a continuación, cantó esta canción de realización:

> Uno, el cielo azul de la mañana antes del alba,
> dos, el Sol y la Luna que dan vueltas por él,
> solo durante un breve tiempo establecen conexión.
> Que vosotros, el cielo azul, sigáis aquí felices.
> Yo, sol y luna, seguiré girando por los cuatro continentes.
> Que vosotros, el cielo azul, estéis sin nubes[183].
> Yo, sol y luna, no estaré sujeto a los planetas.
> Haced continuamente aspiraciones para que volvamos a
> encontrarnos.
> Haced aspiraciones de buenos auspicios de manera acorde al
> dharma.

Uno, la gigante y elevada roca de las alturas,
dos, el buitre, rey de las aves, que da vueltas alrededor,
solo durante un breve tiempo establecen conexión.
Vosotros, la alta roca, que sigáis aquí felices.
Yo, el buitre, planearé por las alturas.
Que vosotros, la alta roca, no seáis destruidos por el rayo.
Yo, el buitre, no caeré en ninguna trampa.
Haced continuamente aspiraciones para que volvamos a
encontrarnos.
Haced aspiraciones de buenos auspicios de manera acorde al
dharma.

Uno, el largo Brahmaputra que fluye pegado a la tierra,
dos, el pez de manchas doradas que nada en sus aguas,
solo durante un breve tiempo establecen conexión.
Vosotros, el Brahmaputra, que sigáis aquí felices.
Yo, el pez, nadaré hacia el río Ganges.
Que vosotros, el Brahmaputra, no seáis conducidos a los canales.
Yo, el pez, no seré capturado en ninguna red.
Haced continuamente aspiraciones para que volvamos a
encontrarnos.
Haced aspiraciones de buenos auspicios de manera acorde al
dharma.

Uno, las hermosas flores del jardín,
dos, la abeja veteada que revolotea en él,
solo durante un breve tiempo establecen conexión.
Vosotros, las flores, que sigáis aquí felices.
Yo, la abeja, iré a revolotear por las flores del Ganges.
Que vosotros, las flores, no seáis tomadas y arrancadas.
Yo, la abeja, no seré arrastrada por el viento.
Haced continuamente aspiraciones para que volvamos a
encontrarnos.
Haced aspiraciones de buenos auspicios de manera acorde al
dharma.

Uno, los fieles estudiantes de Nyanang reunidos,
dos, el yogui Milarepa alrededor del cual se mueven,

solo durante un breve tiempo establecen conexión.
Vosotros, los estudiantes, que sigáis aquí felices.
Yo, el yogui, me iré a las inhóspitas montañas.
Que vosotros, estudiantes, sigáis con vida
mientras la experiencia y la realización de este yogui continúa
dando sus frutos.
Haced continuamente aspiraciones para que volvamos a
encontrarnos.
Haced aspiraciones de buenos auspicios de manera acorde al
dharma.

Así cantó.

Algunos de los estudiantes se sintieron muy satisfechos y se convirtieron en sus discípulos. Los demás experimentaron una fe sin límites y siguieron su propio camino.

Cuando Rechungpa llegó a Ü, tras integrarse en un monasterio Kadampa de Jayul, fue nombrado khenpo del monasterio de Mindroling. Allí estableció relación con una mujer, pero gracias a la compasión del Jetsun se sintió avergonzado y regresó para quedarse al lado de su guru. Esta historia está contada en detalle en la biografía de Rechungpa.

Este es el ciclo de La marcha de Rechungpa al Tíbet Central.

53. Tongla

Namo Guru

Estando el Jetsun Milarepa en La Cueva del Vientre de Nyanang, un día, justo antes de amanecer, la dakini Cara de León se presentó en persona ante él y le dijo:

- Milarepa, Dampa Sangye ha viajado desde La India hasta Tongla. ¿No te gustaría ir a conocerlo?

El Jetsun pensó para sí mismo: "No tengo dudas irresueltas que me inquieten, pero dado que se trata de un gran *sidha* no hay nada malo en ir a reunirse con él". Entonces, tomó su prana con una sola inspiración y partió hacia Tongla, en Nyanang.

En el puerto de montaña, Milarepa topó con varios mercaderes que venían de vuelta, y les preguntó:

- ¿Habéis visto por ahí al indio Dampa Sangye?

- No sabemos quién es ese Dampa Sangye -le contestaron-. Sin embargo, anda por aquí un viejo acharya[148] de piel oscura que se hospeda en la posada.

"Esta gente no sabe quién es", pensó Milarepa. Y siguió adelante para verlo por sí mismo.

Se dio cuenta de que Dampa Sangye había sido exhortado también por las dakinis para encontrarse con él y por eso se había hospedado en la posada benéfica[184] de Tongla. Milarepa pensó: "Se dice que posee las más altas percepciones extrasensoriales genuinas. Voy a comprobarlo". Y, emanándose a sí mismo como un macizo de flores, lo esperó a la orilla del camino. Cuando Dampa Sangye pasó a su lado dejándolo atrás, Milarepa pensó: "Ha pasado de largo y no me ha visto". Parece que, después

---

[148] Acharya (tib: *a tsa ra*) significa 'maestro' en sánscrito. Aquí, en vez de utilizar la traducción tibetana usual para este término (*slob dpon*, que se pronuncia 'loppön'), el texto utiliza una transliteración, lo que connota que el hablante ha tomado al individuo por un yogui o maestro procedente de La India.

de todo, no tiene unas percepciones extrasensoriales tan elevadas. Entonces, Dampa Sangye se dio la vuelta y le dio una patada al macizo de flores.

- ¡Venga, Milarepa, vamos, no puedes dejar tu cuerpo ahí aparentando ser un macizo de flores! ¡Levántate! Te has pasado el tiempo tomando la fuerza vital de las dakinis y cantándolo a los cuatro vientos. Para castigarte por airear estos asuntos, las dakinis devoradoras de carne han tomado tu prana vital y tu corazón y tus órganos chorreantes de sangre. La noche pasada, hicimos un *ganachakra* en el que los consumimos. Así que no pasarás de esta tarde. ¿Tienes la suficiente confianza para afrontar la muerte con alegría?

El Jetsun retomó su apariencia normal de inmediato y cantó esta canción de realización sobre los seis tipos de confianza a la hora de afrontar la muerte con alegría:

> El magnífico león libre de ambos extremos
> muestra sus garras sin desesperación.
> Se planta en la nieve sin miedo ni arrogancia.
> La confianza de este yogui en la visión es semejante.
> Con esta visión, me siento feliz pensando en la muerte.
> La hora de morir será el camino de la liberación.
>
> El ciervo que se mueve con absoluta libertad,
> su cornamenta de muchas puntas crece con 'el sabor único'.
> Duerme en la pradera de la claridad y el gran gozo.
> La confianza de este yogui en la meditación es semejante.
> Con esta meditación, me siento feliz pensando en la muerte.
> La hora de morir será el camino de la liberación.
>
> El pez que está libre de las diez acciones no virtuosas
> con sus manchas doradas y nunca apartado de las diez virtudes,
> nada en el gran río del fluir continuo de la experiencia.
> La confianza de este yogui en la conducta es semejante.
> Con esta conducta, me siento feliz pensando en la muerte.
> La hora de morir será el camino de la liberación.
>
> La tigresa cuyo único testigo es su propia mente,
> con las brillantes rayas del beneficio espontáneo de los demás
> deambula por la selva sin tensión ni distracción.

La confianza de este yogui en el samaya es semejante.
Con este samaya, me siento feliz pensando en la muerte.
La hora de morir será el camino de la liberación.

En el pergamino de las apariencias, rojo y blanco,
la consciencia escribe con las letras de la mente.
Yo he realizado la visión que está más allá de la dualidad.
La confianza de este yogui en el dharma es semejante.
Con este dharma, me siento feliz pensando en la muerte.
La hora de morir será el camino de la liberación.

El gran garuda que destella con brillante resplandor
extiende las alas de la sabiduría y los medios
y vuela por el cielo de lo incondicionado.
La confianza de este yogui en la realización es semejante.
Con esta realización, me siento feliz pensando en la muerte.
La hora de morir será el camino de la liberación.

Así cantó.

Y Dampa Sangye dijo:

- No hay ninguna razón para que te comportes de esos modos. Dar ejemplos externos no sirve de nada. Si de verdad eres un yogui genuino, debes mostrar determinación en este mismo instante de consciencia presente.

Entonces, el Jetsun cantó esta canción de realización sobre las seis formas de mostrar una feliz determinación:

En los solitarios lugares propios de las reuniones de las dakinis
contemplo el dharma en soledad, a mi placer.
Me postro ante el *daka* que corta el 'ego' de raíz.

La ausencia de muerte planea en el estado mental no nacido.
Los signos del nacimiento y de la muerte se liberan por sí
mismos.
Cuando hay determinación en la visión, la mente es dichosa.
Si buscas una felicidad tal, Dampa, ¡debes hacerlo así!

En el estado de no meditación, la meditación planea sin
distracción.

Los signos de la meditación y la posmeditación se liberan por sí
mismos.
Cuando hay determinación en la meditación, la mente es dichosa.
Si buscas una felicidad tal, Dampa, ¡debes hacerlo así!

En el estado de conducta sin esfuerzo, la conducta planea sin
obstáculos.
Los signos de la hipocresía se liberan por sí mismos.
Cuando hay determinación en la conducta, la mente es dichosa.
Si buscas una felicidad tal, Dampa, ¡debes hacerlo así!

En el estado de las iniciaciones no otorgadas planea el no logro.
Los signos de la forma de la deidad se liberan por sí mismos.
Cuando hay determinación en las iniciaciones, la mente es
dichosa.
Si buscas una felicidad tal, Dampa, ¡debes hacerlo así!

En el estado sin samaya planea lo inmaculado.
Los signos de los votos que hay que guardar se liberan por sí
mismos.
Cuando hay determinación en el samaya, la mente es dichosa.
Si buscas una felicidad tal, Dampa, ¡debes hacerlo así!

Sin expectativa de realización, planea la ausencia de temor.
Los signos de la esperanza y el miedo se liberan por sí mismos.
Cuando hay determinación en la realización, la mente es dichosa.
Si buscas una felicidad tal, Dampa, ¡debes hacerlo así!

Así cantó.

Y Dampa Sangye dijo:

- Ya he experimentado todo eso que dices. ¡Ni un solo practicante del
dharma en El Tíbet podría enmendarte! Incluso en La India, es raro encontrar un practicante como tú. No me necesitas y yo no te necesito.

Tras decir esto, se dio la vuelta tan contento para marcharse, pero el
Jetsun le agarró de la ropa y lo retuvo:

- Dampa Sangye, se dice que posees una práctica llamada "El dharma que pacifica el sufrimiento"[149], que se ejercita volviendo la atención hacia dentro, con la cual uno realiza de forma espontánea el propósito de Buda. Me gustaría que cantaras una canción de realización sobre esa práctica.

- ¿Acaso alguien me ha oído cantar alguna vez? -replicó Dampa Sangye-. Tampoco lo haré ahora, así que déjame marchar.

Pero como el Jetsun se lo pidiera con insistencia, Dampa Sangye acabó cantando esta canción de realización:

> Respecto al dharma de pacificar el sufrimiento,
> cuando se domina a los demonios masculinos y femeninos maléficos,
> ello fortalece el *trulkhor* y las prácticas ascéticas.
> Cuando el cuerpo es afectado por la enfermedad,
> la consciencia y el espacio se funden en uno.
> Cuando los pensamientos sutiles comienzan a aparecer,
> subyugan las emociones aflictivas.
> Cuando estés postrado en cama, bien tapado y solo,
> reposa en la claridad desnuda.
> Cuando estés rodeado de mucha gente,
> contempla la esencia de todo lo que surja.
> Cuando la torpeza te domine, usa el PHAT para despejarla.
> Cuando proliferen los pensamientos, córtalos de raíz.
> Cuando estés agitado, descansa en el espacio.
> Cuando la mente se obsesione con algo,
> mira de frente la naturaleza de la talidad.
>
> Este dharma de pacificar el sufrimiento,
> cuando los malos augurios aparecen, los convierte en fortuna auspiciosa,
> de manera que ¡podéis hacer lo que queráis, pensamientos!

---

[149] "Se trata de una práctica en la que uno no se preocupa por las causas del sufrimiento, sino que se enfoca directamente en el propio sufrimiento en sí. La práctica consiste en analizar si el sufrimiento tiene verdadera existencia o no. Cuando uno determina su verdadera naturaleza, mira de forma directa su esencia, lo deja ir y se relaja". (KTGR, *Stories and Songs*, 113)

Cuando la enfermedad golpea, la práctica se fortalece,
de manera que ¡podéis hacer lo que querías, elementos
corporales!
Cuando llega la muerte, uno la lleva al camino,
de manera que ¡puedes hacer lo que te apetezca, Señor de la
Muerte!

Respecto al dharma de pacificar el sufrimiento,
él es el propósito de los Victoriosos de los Tres Tiempos.
Es la palabra secreta de Vajradhara.
Es la instrucción esencial de las cuatro jerarquías de las dakinis.
Es la *upadesha* de los puntos vitales del Linaje de la Escucha.
Es la clave de los medios hábiles de las *upadeshas*.
¡Este es el dharma de la pacificación del sufrimiento!

El Jetsun, que permanecía allí sentado, con su ropa abierta apenas cubriéndole, quedó complacido. Y Dampa Sangye le dijo:

- Hay una parte del cuerpo que debe mantenerse siempre oculta, pero tú la llevas al aire, como si fueras un lunático. No deberías comportarte así.

Entonces, el Jetsun cantó esta canción de realización al estilo de la loca sabiduría:

Me postro ante el guru, mi señor.
Me refugio en quien personifica la bondad.
Te ruego que allanes los obstáculos y las condiciones adversas.
Condúceme por el camino en armonía con el dharma.

Sobre este yogui que ves aquí,
algunos se preguntan: "¿Está loco de verdad?".
Y yo también me lo pregunto.
Esto es lo que tengo que decir sobre la loca naturaleza de esta
locura:

El padre, el hijo y el linaje entero están locos.
En la cúspide del linaje, está el loco Vajradhara.
El ancestro Tilopa Sherap Sangpo es un loco.
El antepasado Naropa, el gran pandita, es un loco.

Mi anciano padre, Marpa Lotsawa, es un loco.
Y yo, Milarepa, también lo soy.

El linaje del gran Vajradhara
fue enloquecido por el demonio de los cuatro kayas espontáneos.
El ancestro Tilopa Sherap Sangpo
fue enloquecido por el demonio del mahamudra.
El antepasado Naropa, el gran pandita,
fue enloquecido por el demonio de la práctica yóguica.
Mi anciano padre, Marpa Lotsawa,
fue enloquecido por el demonio de las cuatro secciones del tantra.
Y yo, Milarepa, también estoy loco:
me ha enloquecido el demonio del prana y la mente.
He sido enloquecido por la visión libre de parcialidad.
He sido enloquecido por la autoluminosa meditación que carece
de referente.
He sido enloquecido por la conducta autoliberada que carece de
obsesiones.
He sido enloquecido por la realización libre de temor y
expectativas.
He sido enloquecido por el samaya libre de engaño.

Y no solo estoy loco, sino que además me atacan los demonios:
me atacan los demonios masculinos de las instrucciones del guru;
me atacan los demonios femeninos de las bendiciones de las
dakinis.
El demonio de la mente feliz ha venido para quedarse conmigo.
El espíritu de la joven de la realización me espía a todas horas.

Y no solo hay demonios, también tengo enfermedades:
Mahamudra me hace polvo la espalda;
la Gran Perfección me da dolor de cabeza;
la enfermedad crónica de la respiración del *tumo* me tiene
aprisionado.

Arriba, estoy atacado por las fiebres de la sabiduría.
Abajo, estoy atacado por el frío del *samadhi* profundo.
En medio, el calor y el frío del gozo-vacuidad no me dan cuartel.
Echo por la boca instrucciones esenciales como si vomitara

sangre

y el gozo del *dharmata* encharca mis pulmones.

Y no solo estoy enfermo, también me estoy muriendo.
En el espacio de la visión, los prejuicios han muerto.
En el espacio de la meditación, la agitación y la pereza han
muerto.
En el espacio de la conducta, la hipocresía ha muerto.
En el espacio de la realización, las esperanzas y los temores han
muerto.
En el espacio del samaya, el engaño ha muerto.
En el estado de los tres kayas, el yogui ha muerto.

La mañana en que este yogui muera,
no con un sudario de lana
será amortajado mi cadáver, sino con las apariencias externas.
No con un bramante trenzado a la manera ordinaria
será atado mi cadáver, sino con la cuerda del *avadhuti*.
No será transportado por un sobrino cualquiera,
sino que el hijo de la claridad cargará
y se llevará el cadáver de este yogui.
No por caminos de tierra rojiza,
sino que será llevado por el camino de la gran iluminación
y las cuatro jerarquías de dakinis serán sus guías.
Los gurus Kagyu irán a la cabeza del cortejo,
no hacia las montañas cubiertas de hierba y de óxido,
sino hacia la cima de la montaña del glorioso Samantabhadra.
Ni los lobos ni los zorros de los osarios
consumirán sus restos, sino los lobos y los zorros de la sabiduría y
los medios.
Y los restos que queden serán enterrados en la tumba de
Vajradhara.

Así cantó.

A Dampa Sangye le gustó mucho la canción de Milarepa, y dijo:

- Yogui, tu forma de locura me parece excelente.

- ¿No sería fantástico si organizáramos un *ganachakra* de ofrendas para festejar nuestro encuentro? -propuso el Jetsun.

- De acuerdo, y como tú eres aquí el tibetano, te corresponde ser el anfitrión del *ganachakra* con este indio.

Tras ello, el Jetsun tomó la parte superior de su cráneo junto con los sesos y lo separó de su cabeza; y con sus dos rodillas y su cuello armó un trípode. A continuación, dirigiendo el calor ardiente de *chandali* desde su ombligo, encendió el fuego, y las luces de los cinco colores irradiaron de sus sesos.

Dampa Sangye contribuyó emanando siete formas diferentes de budas que se mantenían sobre siete altos tallos de hierba. El Jetsun también emanó, para que realizaran la ofrenda, a las ocho diosas guardianas del mandala de Chakrasamvara. Una vez estuvieron en sus puestos, emanó además siete formas de sí mismo sobre siete tallos de hierba, y ofreció un *ganachakra* con las seis satisfacciones[150].

Los tallos de hierba del Jetsun se doblaron ligeramente y le preguntó por ello a Dampa Sangye:

- Si no hay diferencia entre la respiración del *tumo* de nosotros dos, ¿por qué mis tallos de hierba se doblan de esta forma?

- No existe diferencia alguna -le respondió Dampa Sangye- entre las cualidades de nuestra realización y entre lo que ambos hemos abandonado. La única diferencia es que tú has nacido en El Tíbet. Nuestra visión y nuestra conducta son exactamente las mismas, y en el futuro los discípulos del linaje tendrán también la misma visión y la misma conducta.

A continuación, por medio de sus poderes mágicos, cada uno de ellos regresó a su lugar propio.

---

[150] Las seis satisfacciones (*tshim pa drug*) son: 1- la ofrenda del samadhi, que satisface a las deidades del mandala; 2- la amrita, que satisface a la sabiduría interna original; 3- la dicha de las llamas y la grasa chorreante, que satisface a las deidades del propio cuerpo; 4- el festín de la comida y la bebida, que satisface a los yoguis y las yoguinis; 5- las ofrendas de música y danza, que satisfacen a las dakinis; 6- los espíritus con los que tenemos deudas kármicas quedan satisfechos con la ofrendas de los residuos de las tormas. (Tulku Pema Wangyal Rinpoche y Trulzhig Rinpoche. Muchas gracias a Gene Smith por su ayuda para obtener esta descripción)". (*Stories and Songs*, 116)

Este es el ciclo de Tongla.

54. El gancho de la compasión por los muertos y el establecimiento de su hermana Peta en la iluminación

Namo Guru

Estando el Jetsun en La Cueva del Vientre de Nyanang, había una numerosa comunidad de practicantes bön en un lugar cercano llamado Lashing. Entre ellos, estaba un hombre rico que tenía fe en el dharma budista. Sin que los demás bönpos lo supieran, había presentado en el pasado sus respetos al Jetsun y le había prestado servicio; había recibido de él iniciaciones e instrucciones esenciales y había estado practicando con él.

Actualmente, el hombre había sido atacado por una enfermedad mortal y todos sus parientes se habían reunido junto a él. Como última voluntad, les había manifestado:

- Cuando muera, quiero que todos mis bienes y mi riqueza vayan a parar al Jetsun y a sus discípulos, y que se les pida a ellos que oficien los ritos funerarios. Todos vosotros habéis seguido le fe bön en esta vida, pero en la próxima debéis seguir el dharma budista, que es más beneficioso.

Sin embargo, la gente allí reunida no sintió que lo que estaban escuchando fuera favorable para ellos. Y, por temor, no invitaron al Jetsun y a sus discípulos; por lo que el moribundo le pidió a una chica que andaba por allí que le trajera un cuchillo.

- ¿Para qué lo necesitas? -preguntó ella.

- Como nadie quiere hacer caso de lo que pido, me mataré yo mismo. Y, probablemente, seáis condenados por no haberme escuchado.

- Muy bien -dijeron todos-, haremos lo que digas.

- No mancilléis mis ritos funerarios de tránsito a la próxima vida por medio de las ceremonias bön. Invitad al Jetsun a que venga.

Y, diciendo esto, murió.

A continuación, de acuerdo con su última voluntad, invitaron a venir al maestro Jetsun y a varios de sus discípulos, quienes se quedaron en el piso de arriba de la casa. En el piso de abajo, los bönpo hicieron sus propios rituales.

Durante los ritos, junto al mandala de los bönpo apareció el bönpo muerto, vistiendo una túnica azul y bebiendo cerveza. Peta, la hermana de Milarepa, lo vio y los bönpo le dijeron:

- Milarepa y su pandilla siempre andan disputando con nosotros, pero nuestras prácticas han sido capaces de devolver a un hombre de entre los muertos. Las suyas no han podido hacer algo semejante.

Y se quedaron allí sentados, burlándose de Milarepa, mientras Peta iba a contarle al Jetsun lo sucedido.

- Seguro que no es el hombre vuelto de entre los muertos -dijo el Jetsun-. Se tratará de algo distinto que ellos han conjurado para convencer a los demás de sus prácticas. Shiwa Ö, ve abajo con ellos, agarra a esa aparición por su dedo anular y pregúntale cuál fue el nombre secreto que el Jetsun Milarepa le dio en La Cueva del Vientre de Nyanang cuando recibió la iniciación.

Shiwa Ö bajó como el Jetsun le había pedido. Incapaz de soportar el brillo de la compasión del Jetsun, a medida que Shiwa Ö se aproximaba, la aparición dijo:

- Ya me voy. Soy un secuaz de los bönpo, un espectro demoníaco llamado Ramizin. La práctica de los bönpos es inútil, de modo que me he presentado para actuar como su esbirro.

Entonces, Shiwa Ö persiguió al espectro vestido con la túnica azul hasta más allá de las casas. Y se dice que, al llegar a la montaña, se convirtió en un lobo[185].

Así, todo el mundo se dio cuenta de que no se trataba de que el hombre hubiera vuelto de entre los muertos. Y el Jetsun dijo:

- Vuestro dharma enseña el camino del mensajero de Yama[151]. Pero yo muestro el camino a los que han muerto.

- ¿Acaso puede ver el Jetsun al muerto? -preguntaron sus parientes- Si no puedes verlo, ¿cómo vas a mostrarle el camino?

- Lo veo. A causa del karma negativo acumulado previamente y por su escasa virtud, ha renacido como un pequeño insecto de cuerpo alargado en el valle de arriba, bajo una boñiga seca amarillenta. Ahora lo llevaré hasta el lugar de la liberación.

- Déjanos verlo, para que podamos creerte. Muéstranos cómo conduces a un insecto a la liberación.

- Muy bien -dijo el Jetsun-, vamos allá.

Entonces, toda la gente que estaba allí reunida fue a buscar esa boñiga seca amarillenta. Milarepa pronunció en voz alta el nombre secreto del hombre y dijo:

- ¡Soy tu guru Milarepa! ¡Sal de ahí!

Y de debajo de la boñiga apareció el insecto, que se hizo una bola sobre el regazo de Milarepa y se quedó ahí quieto. El Jetsun le predicó el dharma y, a continuación, realizó la transferencia, proyectando[152] la conciencia del insecto.

El cuerpo muerto del insecto desprendió rayos de luz sutiles que se disolvieron en el centro del corazón del Jetsun. Tras fundirse con la mente del Jetsun por un instante, la conciencia del hombre se convirtió en una brillante letra A blanca. Fue lanzada desde el centro del corazón del Jetsun hacia el espacio y se fue desplazando hacia arriba, cada vez más alto, en el cielo. Luego, se le oyó decir:

- El precioso Jetsun me ha dirigido hacia el gozo de la liberación. ¡Gracias!

---

[151] Milarepa quiere decir que la práctica de los bönpo crea las condiciones para que aparezca la muerte.

[152] Literalmente dice: "eyectando a otro lugar". Con lo que se quiere dar a entender que transfirió la conciencia del insecto a otro destino (tib: *gnas spo*).

Viendo esto, la gente creyó en lo presenciado. Se postraron y le manifestaron al Jetsun lo maravillosamente increíble que había sido todo.

- Hay muchas más cosas maravillosas aparte de esta -dijo el Jetsun.

Y, a continuación, cantó esta canción de realización:

> Que me lleguen las maravillosas bendiciones del guru.
> Hago súplicas a los pies del maravilloso Marpa.
> Por tu bondad y tu devoción, te ruego que mires por todos los
> seres del samsara con compasión.

> En primer lugar, tuve la fortuna de conocer a este maestro:
> esta es la mayor de todas las maravillas.

> Obtuve las instrucciones esenciales del Linaje de la Escucha:
> esta es la mayor de todas las maravillas.

> Abandoné las profanas acciones mundanas:
> esta es la mayor de todas las maravillas.

> Permanecí en remotos retiros de montaña:
> esta es la mayor de todas las maravillas.

> La experiencia y la realización surgieron de mi interior:
> esta es la mayor de todas las maravillas.

> En soledad, desarrollé resistencia ante las penalidades:
> esta es la mayor de todas las maravillas.

> No tengo ningún interés en las ocho preocupaciones mundanas:
> esta es la mayor de todas las maravillas.

> He sido capaz de satisfacer a mi guru:
> esta es la mayor de todas las maravillas.

> La forma en que este bönpo manifestó sus últimas voluntades:
> esta es la mayor de todas las maravillas.

> Sus parientes hicieron lo que él pidió:
> esta es la mayor de todas las maravillas.

> Al morir, encontró la liberación:
> esta es la mayor de todas las maravillas.

La fe nació en la comunidad aquí reunida:
esta es la mayor de todas las maravillas.

Así cantó.

Los parientes del bönpo dijeron:

- El objeto de su fe fue certero, sin duda. Para alcanzar la budeidad a la hora de la muerte, uno debe hacer lo mismo que él hizo.

- Todos necesitamos para el camino tener un guía similar al que tenemos hoy con nosotros -dijo Repa Shiwa Ö-. Pero encontrarlo y tener fe en él es muy difícil.

- Hijos discípulos -dijo el Jetsun-, ser guías en el camino para los demás es lo que vosotros necesitáis.

Y, a continuación, cantó esta canción de realización:

El apoyo de las bendiciones de los gurus Kagyu es excelente;
con él, uno puede alcanzar el *sidhi* del linaje de las dakinis.
Vosotros, hijos discípulos de infalible linaje dhármico:

para purificar los resultados del karma negativo,
debéis mantener los votos en vuestra corriente mental.

Para ser el lama residente de los benefactores,
debéis ampliar vuestra bodichita y vuestra compasión.

Para ser el maestro de una gran comunidad,
debéis tener las cualidades de la realización.

Para satisfacer al guru que es un *sidha*,
necesitáis gran perseverancia y visión pura.

Para participar del banquete de los difuntos,
debéis poseer las buenas cualidades del camino de la visión.

Para guiar la conciencia más allá de esta vida,
debéis desarrollar los signos de las percepciones extrasensoriales
y de la realización.

Para transformar las percepciones de quienes han perdido la fe,
debéis ser capaces de crear emanaciones milagrosas.

Hoy, en el mandala de los ritos semanales[153],
debemos ayudar al muerto a tomar directamente el camino.

Hijos discípulos bönpo y benefactores,
no alberguéis dudas en vuestras mentes.

Así cantó, y su hermana Peta dijo:

- Hermano, has organizado aquí los ritos semanales por el muerto, pero no hiciste nada por nuestros verdaderos padres.

- Peta -dijo el Jetsun tomando a su hermana de la mano-, no llores. Para retribuir la bondad de nuestros padres hice lo siguiente.

Y, a continuación, cantó esta canción de realización:

Suplico a los gurus, mis señores.
Aceptadme con compasión, para que pueda retribuir la bondad de mis padres.

El amuleto del cuerpo de mi madre
y la bondad regia de mis antepasados,
cuando dejaron atrás sus cuerpos ilusorios,
fundieron sus conciencias con mi propia mente.
Y mi mente se disolvió en la mente del Victorioso.
Y su compasión manifestó un reino puro de arcoíris.
Sus cuerpos, apariencia-vacuidad, se disolvieron en la forma de la deidad.
Alcanzar la autogenerada deidad, ¡qué maravilla!
Su habla, sonido-vacuidad, se fundió con el inefable mantra.
Fundir sus voces con el mantra, ¡qué maravilla!
Sus mentes, errantes en el bardo, fueron convocadas por medio del *samadhi*.
La cognición, que es claridad-vacuidad, se reconoció a sí misma.
La mente en su propia esencia no tiene confusión.
Quedar libres del movimiento y del cambio, ¡qué maravilla!
Durante el período que estuve practicando,

---

[153] Durante el período de cuarenta y nueve días que sigue a la muerte, un día a la semana se hacen ritos y ceremonias especiales en beneficio del muerto.

el intenso mantra del amor y la compasión
purificó sus negatividades día y noche;
la puerta del renacimiento en los seis reinos del samsara quedó
clausurada.
Quedaron realojados en las asambleas de los gozosos reinos
puros.
Su disfrute del deleite y la alegría se expande
en el reino puro de Sukhavati.
Un cortejo de dakas y dakinis los rodea.
No tienes por qué sufrir, mi querida hermana Peta.

Así cantó. Y Peta dijo:

- ¡Es maravilloso! ¿Y qué clase de ritual hiciste para ellos?

Entonces, en respuesta, él cantó esta canción de realización:

Señor, protector de los seres, escucha mis súplicas.
Concédeme tus bendiciones para que yo pueda retribuir la bondad
de mis padres.

En el mandala del gran gozo libre de dualidad,
coloqué a la asamblea de las deidades de la autoconsciencia y la
claridad.
En la *bumpa* de las *upadeshas* y de la transmisión del linaje,
vertí el agua de las seis paramitas.
Las negatividades de los cinco venenos y de la avaricia quedaron
purificadas.
Con la amrita de los gurus Kagyu,
conferí las cuatro iniciaciones sobre su cuerpo, su habla y su
mente.
Les mostré las etapas de los caminos
y los *bhumis* de la realización, inseparables del gran gozo,
y les hice el *tsa-tsa* de los tres kayas inseparables.
Cumplí con el rito semanal sin defecto.
Para el aniversario de la profunda cognición resultante
realicé la ofrenda del antídoto supremo.
Hice la dedicación con mahamudra
y formulé la aspiración perfectamente pura y natural.
Yo mismo, nuestros padres y los seres vivos,

que todos nuestros deseos se cumplan al unísono.
Recordando la bondad del guru una y otra vez,
retribuí la bondad de nuestros padres.

Así cantó. Y, oyéndolo, Peta sintió una profunda certeza. Luego, Milarepa cantó esta canción de realización, exhortando a su hermana a la práctica:

Me postro a los pies del señor Marpa de Lhodrak,
concédeme tus bendiciones para que el amor angustiado por los familiares se apacigüe.
Acéptame con compasión para que mi corriente mental se funda con el dharma.
Escúchame bien, hermana Peta,
desde joven, nunca tuviste perseverancia en el dharma.
¿De qué sirve pensar que ya practicarás cuando seas vieja?
Sin confiar en el guru Jetsun,
¿de qué sirven los gurus amigables?
Sin obtener las instrucciones esenciales del Linaje de la Escucha,
¿de qué sirve la mera retórica seca?
Si no reconoces tu propia mente,
¿de qué sirve hacer un montón de práctica?
Quienes no realizan que su propia naturaleza es no nacida,
acumulan negatividad con puntos de vista filosóficos vacíos.
Aquellos en quienes la experiencia no surge de su interior
son hipócritas y no hacen sino vanas demostraciones.
Aquellos que no observan el juego de la interdependencia
tienen dudas y una alta estima de sí mismos.
Los hipócritas que no han dado lugar
a la bodichita y la compasión tienen mucho que purificar[186].
Quienes no preguntan si pueden alcanzar la budeidad
dicen ser protectores del dharma, mientras en secreto están sedientos de riqueza.
Para quienes no aspiran a beneficiar a los seres vivos,
la bondad de sus padres se convierte en causa del samsara.
Quienes no practican de acuerdo con el dharma
puede que sean personas cercanas, pero acabarán siendo enemigos.

Quienes dañan a sus amigos
pueden ser personas hermosas, pero pertenecen a la clase de los
demonios.
Quienes no meditan sinceramente durante largo tiempo,
a corto plazo pueden parecer meditadores, pero solo forcejean con
la meditación.
Quienes no ayudan y son pacientes allá donde estén,
aunque se comporten como buenos amigos, están llenos de pesar.
Sintiendo tanta angustia por el bien de tu madre,
disipa tu negatividad y tu ignorancia, querida hermana.

Así cantó.

Ella se dedicó a meditar, y obtuvo unas experiencias y una realización excelentes. El Jetsun se sintió complacido por ello, y cantó esta canción de realización para seguir inspirando a su hermana:

Escucha de nuevo, querida hermana Peta.
Si no te apartas del dharma,
el sufrimiento desaparecerá por completo.
Si no les hablas con dureza a los demás,
serás vista como una diosa.
Si no tienes mala voluntad hacia los otros,
tu propio mérito crecerá.
Si no sientes un gran apego hacia esta vida,
la próxima vida será feliz y placentera.
Cuando no cultivas la vanidad y el orgullo,
logras un cuerpo hermoso y satisfecho.
Si mantienes la naturaleza propia de la mente,
alcanzarás rápidamente la budeidad.
Si eres capaz de permanecer en retiro estricto sin hablar,
recibirás las bendiciones de las dakinis.
Si no sientes deseos de felicidad mundana,
purificarás las negatividades de los resultados kármicos.
Si eres capaz de meditar hasta el día de tu muerte,
serás una Victoriosa heroica similar al cielo.
Si tu mente no está atrapada en el apego y la aversión[187],
serás recibida por los dakas y las dakinis.

> Si tu conducta es acorde al dharma,
> los *dharmapalas* y los dakas te protegerán.
> Si haces súplicas al guru,
> recibirás sus bendiciones y el *sidhi*.
> Comprende bien esto y ponlo en práctica.
> ¡Que disfrutes siempre del gozo y la gloria!

Así cantó.

Peta siguió de retiro en las montañas y se dedicó a meditar. De este modo, desarrolló una experiencia y una realización extraordinarias. Y acabó convertida en una de las cuatro hijas discípulas del Jetsun Milarepa. También por entonces, los bönpo desarrollaron una fe inquebrantable.

Este es el ciclo del gancho de la compasión por los muertos y el establecimiento de Peta en la iluminación.

55. El último consejo a los estudiantes de Nyanang

Namo Guru

Estando el Jetsun Milarepa en el valle alto de Tsarma, en Nyanang, varios benefactores se vieron envueltos en una disputa relativa a la dote de una novia, y acudieron al Jetsun en busca de mediación.

- Que todos los que se están peleando vengan ante mí -les dijo.

Se presentaron y les dio muchos consejos dhármicos; y, además, les cantó esta canción de realización:

> Hombres engreídos cargando piedras sobre la cabeza,
> os peleáis todos contra todos para llevaros
> a esta mujer que no os presenta batalla, pero que os traerá la ruina.
> Por fuera viste de rojo atractivo, pero por dentro está podrida.
> Su mente lujuriosa la hace intratable.
>
> De hecho, la causa principal de toda ruina son las mujeres,
> y la plaga de la tierra son los malos hombres.
> Esta novia, que vive en una mala tierra y en malos tiempos,
> si se casa será valiosa.
> Es sucia, pero muchos hombres se pelean por ella;
> ese es el comportamiento de la gente mundana que ha perdido el juicio.
> Jóvenes, no peleéis, velad por vuestros intereses.
> Hombres mayores, no os engañéis, o labraréis vuestra propia miseria.
> Reconducid el escándalo del pueblo hacia el dharma.

Así cantó, y los ánimos se aquietaron. Entonces, uno de los benefactores, una mujer de fe llamada Cham-Mé, habló desde las filas del banquete de ofrendas y servicio que se estaba celebrando:

- Precioso Jetsun, háblanos de las cosas que has hecho en beneficio de los seres. ¿Cuántos hijos discípulos tienes? ¿Cuántos entre ellos son *sidhas*?

- Es verdaderamente maravilloso -replicó el Jetsun- que te plantees esas preguntas. Las dakinis me han hecho una profecía similar, y ahora te contaré de qué modo he beneficiado a los seres.

Y, a continuación, cantó esta canción de realización:

> Hago súplicas al guru y a la asamblea de las dakinis.
> Concededme vuestras bendiciones para que pueda realizar de
> forma espontánea el bien de los seres.
>
> El nirmanakaya al que se refiere la profecía de las dakinis
> es Gampopa de Dakpo, que resplandece sobre los seres como el
> sol.
> Rechungpa es el nirmanakaya luna.
> El tigre de los meditadores es Jodar Shiwa Ö[154].
> Y hay otros veinticinco, como Drigom Repa.
> Estos son los principales mencionados por las dakinis.
> Además, hay veinticinco *sidhas*, cien personas realizadas
> y ciento ocho que han tenido la experiencia espontánea.
> Tengo mil discípulos que se comportan de acuerdo con el dharma.
> Cien mil que han hecho una conexión dhármica,
> aunque de ellos solo unos pocos mantienen una práctica.
> Estas preguntas que me has hecho demuestran que posees
> excelentes tendencias kármicas.

Así cantó.

Entonces, los hijos discípulos reunidos allí dijeron:

- ¡Tienes muchos estudiantes que han obtenido realizaciones!

Y se sintieron inundados de alegría, felices y serenos.

---

[154] 'Jodar' (tib: *jo dar*) es una bandera de oraciones con las seis sílabas del 'Jowo', Avalokiteshvara. (Tucci 1998, 309)

Luego, le pidieron a Milarepa que hiciera una dedicación para ellos, y el Jetsun dijo:

- Aquí, ambos, el receptor de las ofrendas y los benefactores, han tenido una intención virtuosa y pura, de manera que la dedicación está presente de forma natural. No obstante, haré una dedicación formal siguiendo el ejemplo de Buda. Todos vosotros debéis seguir también su ejemplo.

Y, a continuación, cantó esta canción de realización:

Gurus, *yidams* y asamblea de las deidades,
os ruego que cumpláis los buenos deseos de esta dedicación.
Yo poseo el método de realizar la budeidad
para todos los aquí reunidos sin excepción;
por tanto, os ruego que sigáis mi ejemplo.
Budas y bodisatvas
y sangha también, por favor, pensad en mí.

La virtud de los seres vivos, como yo mismo,
que practican la generosidad, la disciplina y las demás virtudes,
en el inmenso samsara sin principio:
me regocijo en todos esos actos virtuosos.
Por esta virtud que yo he practicado aquí
-la genuina generosidad, ornamento y riqueza de la mente,
que procede de la acumulación de méritos del yogui-,
que pueda alcanzar la budeidad
para el bien de mis padres, instructores y maestros.

Hasta que ella sea alcanzada, por mi presente virtud
siguiendo a un maestro mahayana,
que podáis todos tener un cuerpo con el que mantener los tres votos;
que todos vuestros deseos se cumplan
y que no acumuléis negatividad unos contra otros.
Además, por el mérito de esta virtud,
con abundancia de vida, mérito, prosperidad,
cortejo, actividad virtuosa y lo demás,
que los obstáculos que amenazan con cortar el vínculo de la

liberación
sean completamente apaciguados.

Así cantó, y expresiones de aprobación y buenos deseos[188] descendieron de los cielos.

Entonces, todos los estudiantes de Nyanang, oyendo que el Jetsun deseaba partir hacia otro retiro de montaña, le hicieron a Milarepa excelentes ofrendas de servicio y respeto suplicándole que se quedara. El Jetsun les dijo:

- Llevo ya mucho tiempo aquí y es probable que los benefactores estén algo cansados de mí. Pienso ir a otro lugar para esperar allí la muerte. Si no muero, volveremos a vernos. Entre tanto, esto es lo que debéis hacer. Y, a continuación, cantó esta canción de realización:

Me postro a los pies de mi genuino señor guru.

La riqueza material es como el rocío en la hierba;
sin asomo de apego, practicad la generosidad.
Habiendo obtenido la esencia de las libertades y las ventajas,
proteged vuestra disciplina como si fuera vuestros propios ojos.
El odio es la raíz de los reinos inferiores;
a riesgo de vuestra vida, debéis practicar la paciencia.
Con pereza, no lograréis el beneficio propio ni ajeno;
tened diligencia y esforzaos en las acciones virtuosas.
Con confusión, no comprenderéis el sentido del mahayana;
observad concentrados la realidad de manera habitual.
La budeidad no puede ser hallada en ningún lugar;
por tanto, escrutad la naturaleza de vuestra propia mente.
La fe es como la neblina otoñal;
cuando se disipa, debéis mantener la perseverancia.

Así cantó. Y los estudiantes dijeron:

- Diga lo que diga el Jetsun, no permitiremos que se vaya a otro lugar. ¡Tiene que quedarse aquí!

De modo que, a causa de tan ferviente petición, el Jetsun les contestó:

- Si no muero, volveré a estar con vosotros. Pero si no vuelvo, de tanto en tanto, recordad estas palabras y practicadlas.

Y, a continuación, cantó esta canción de realización:

¡E ma! Todos los seres mundanos
cuidan sus cuerpos como si fueran preciosas turquesas.
Pero debido a las condiciones adversas, al igual que los viejos
árboles, acaban cayendo.
De tanto en tanto, poned al vigilante y permaneced atentos.

Amasáis la riqueza al modo en que las abejas hacen su miel,
pero las condiciones adversas, al igual que la helada, hacen su
camino.
De tanto en tanto, poned al vigilante y permaneced atentos.

Para estar guapos, os frotáis la piel hasta dejarla como la seda,
pero debido a las condiciones adversas, al igual que el arcoíris, la
belleza se desvanece.
De tanto en tanto, poned al vigilante y permaneced atentos.

Pasáis el tiempo con la familia, como ganado que pasta,
pero las condiciones adversas, al igual que los cazadores, hacen
su camino.
De tanto en tanto, poned al vigilante y permaneced atentos.

Cuidáis de vuestros hijos como la gallina de sus huevos,
pero las condiciones adversas, como las rocas, caen sobre ellos.
De tanto en tanto, poned al vigilante y permaneced atentos.

Vuestro rostro puede ser tan hermoso como las flores,
pero con las condiciones adversas, como el granizo, se va.
De tanto en tanto, considerad la impermanencia y desechad la
ilusión.

Pasáis el tiempo a gusto unos con otros, como la madre con su
bebé,
pero con las condiciones adversas, al igual que los amigos y los
enemigos, entráis en conflicto.
De tanto en tanto, dad paso a la compasión por los seres vivos.

Sois felices cuando el sol os calienta,
pero el sufrimiento aparecerá cuando llegue la dura tempestad.
De tanto en tanto, sed generosos con los desvalidos.

Hombres y mujeres benefactores que estáis aquí reunidos,
quien no practica el dharma genuino,
si su vida es larga, sus errores son más.
Poner la intención en la actividad mundana es solo trabajo baldío.

Así cantó. Y la gente dijo:

- Haremos tal como dices. Pero no consentiremos que el Jetsun se vaya a otro lugar.

Milarepa se quedó algo de tiempo más en La Cueva del Vientre, y cuando finalmente decidió partir, se dirigió a la parte baja del valle y dejó la huella de su pie impresa en una roca a la entrada de la cueva. Y dijo:

- Los vecinos de Nyanang podrán usar esto como objeto para su devoción.

Luego, Milarepa se puso en marcha sin que la gente se enterara de su partida.

Este es el ciclo del último consejo a los estudiantes de Nyanang.

56. El médico de Yangé

Namo Guru

Cuando el Jetsun Milarepa viajaba hacia Tongla junto a cinco de sus discípulos, se toparon con cinco bandidos. Al registrar los fardos de sus pertenencias, no encontraron sino *kapalas*. Y preguntaron:

- ¿Alguno de vosotros es el que llaman el Jetsun Milarepa?

- Yo soy Milarepa -contestó el Jetsun.

- Entonces, hemos sido muy afortunados -dijeron los bandidos postrándose todos-. Te rogamos que nos des a cada uno de nosotros una enseñanza dhármica.

El Jetsun les enseñó la ley del karma, la causa y el efecto, las buenas cualidades de los reinos superiores y los defectos de los tres reinos inferiores. Luego, les explicó cómo estos reinos son el resultado de las acciones virtuosas y no virtuosas.

- Debéis entender qué debe ser adoptado y qué rechazado.

Y, a continuación, cantó esta canción de realización:

Me postro a los pies de mi guru genuino.
Arriba, en el reino celestial de Tushita,
tan pronto como el arroz se siembra, crece.
Pero no se debe a que allí sean maestros en la siembra de
cosechas:
es el resultado del mérito de sus vidas previas.
¡Sed generosos, vosotros que sois afortunados!

Abajo, en los dieciocho reinos infernales,
tan pronto como las armas hieren, las heridas sanan.
Pero no se debe a que sean atentamente curadas:
es el resultado kármico de haber matado en vidas previas.
¡Renunciad a matar, vosotros que sois afortunados!

En el lugar donde viven los pretas,
tan pronto como comen, inmediatamente vuelven a tener hambre.

Pero no se debe a que tengan un gran estómago:
es el resultado de la gula en sus vidas pasadas.
¡Abandonad la gula, vosotros que sois afortunados!

En la cuenca del estanque,
hay una vaca que concede todos los deseos.
Que la ordeñes o no, depende de ti.

En la raíz que une todos los árboles,
se encuentra la medicina suprema que sana las cinco
enfermedades.
Que la medicina sea extraída o no, depende de ti.

Aun estando en la presencia del guru
que posee la llave de las instrucciones esenciales y los puntos
clave,
que abráis las dos puertas o no, depende de vosotros.

Así cantó.

Luego, los bandidos sintieron una fe suprema y cuatro de ellos le ofrecieron su compromiso de no volver a asaltar, robar ni matar a la gente. El quinto siguió a Milarepa como asistente y acabó alcanzando una gran realización.

A continuación, el Jetsun y sus discípulos bajaron hasta Namar, en Dingri. A lo largo del camino se encontraron con un pastor al que Milarepa interpeló:

- En estas tierras, ¿quién es el mayor benefactor?

- Es un médico que se llama Lhajé Yangé -respondió el pastor-. Es un hombre rico y tiene mucha fe.

Milarepa y sus discípulos fueron a su encuentro, y hallaron al hombre rodeado de una gran multitud.

- Benefactor -se dirigió a él el Jetsun-, dicen que eres muy rico. Nosotros nos hemos acercado hasta aquí mendigando algo de comer para hoy.

- Al otro lado del puerto -contestó el médico-, está Milarepa, y en esta parte se encuentra Dampa Sangye. El ir y venir de los yoguis nunca cesa, si diera de comer a todos me quedaría sin nada. Si encontrara a Milarepa en persona, a él sí le ofrecería mi servicio y mis respetos. Pero no soy suficientemente afortunado para ello.

- Yo soy Milarepa -respondió el Jetsun-, así que danos algo de comer.

- ¡Qué suerte! Dicen que el Jetsun Milarepa es capaz de utilizar cualquier ejemplo para dar una enseñanza dhármica. Te ruego que me enseñes el dharma utilizando el ejemplo de las burbujas de esa acequia de riego que tenemos enfrente.

En respuesta, el Jetsun cantó esta canción de realización sobre la impermanencia de las burbujas del agua:

> Me postro a los pies del guru, el buda de los tres tiempos.
> Que en este pueblo todo lo que se perciba sea dharma.
>
> La impermanencia de esta vida es como una burbuja de agua,
> nada es fiable, enseñó el guru.
>
> Los perezosos son como ladrones que asaltan una casa deshabitada,
> ¿no ves que saldrás con las manos vacías?
>
> La juventud es como una flor de primavera,
> no se sabe cuándo se marchitará.
>
> La vejez es como un incendio en los campos,
> ¿no ves que te va pisando los talones?
>
> El nacimiento y la muerte son como el amanecer y la puesta del sol,
> suceden una y otra vez, dijo el Sabio.
>
> La enfermedad es como un pájaro que ha recibido una pedrada,
> ¿no ves que tu fuerza desaparecerá?
>
> La muerte es como el agotamiento de una lámpara de aceite,
> es seguro que no estarás aquí para siempre.
>
> El mal karma es como el agua que se desploma por un acantilado,
> nunca la he visto volver hacia arriba.

La gente mala es como las plantas venenosas,
todos los cuidados que emplees con ellas es trabajo echado a
perder.

El samaya dañado es como una cosecha de judías quemada por
las heladas,
quienes perjudican gravemente su samaya irán a la ruina.

La conducta dhármica es como el cultivo de los campos,
cuanto más trabajas en ellos, más te dan.

El guru es como un néctar y una medicina,
cuanto más tomas de ellos, más fuerte estás.

El samaya es como el vigilante de la torre,
cuanto más vigila, más seguro estás.

El karma negativo y el virtuoso son como las ruedas de la
existencia,
quienes profanan sus votos conocerán la derrota.

El samsara es como un espino venenoso,
cuanto más se extienda, más sufrirás.

El Señor de la Muerte es como la sombra del sol,
nunca he visto que pueda ser impedida.

Cuando ese momento único llega,
¿hay algo que se pueda hacer salvo practicar el auténtico dharma?
No hay más refugio ni protección que él.
Cualquiera que posea el dharma alcanzará la victoria,
sin embargo no hay nadie que desee practicar el auténtico
dharma.
Los habitantes del samsara están cargados de trabajos y esfuerzos;
a causa de esos penosos trabajos, arramblan con lo que pueden y
huyen.
Cuando hablan del dharma, qué felices parecen,
pero cuando se profundiza en el significado, apenas balbucean.
¡Benefactor, no hables mucho, practica el sublime dharma!

Así cantó.

Y el médico dijo:

- Esto es muy provechoso para mi mente. Te ruego que des alguna enseñanza más que me ayude a desarrollar certeza sobre el karma, la ley de causa y efecto, así como sobre el nacimiento, la enfermedad, la vejez y la muerte.

En respuesta, Milarepa cantó esta canción de realización:

> En el estado de la gran realidad no nacida,
> cae la lluvia del néctar de los cuatro inconmensurables.
> Dirige a todos los seres hacia el camino del gran gozo,
> te lo ruego, Señor, joya que concede todos los deseos.
> Con esta intención, hago súplicas al guru.
> Ahora, escucha mis palabras, tú que estás aquí sentado.
>
> Cuando eres joven y tienes las facultades agudas,
> no imaginas que la vejez llegará.
> Pero la vejez llega, como la semilla enterrada en el suelo.
> Lenta y gradualmente, hace su camino.
>
> Cuando tus cinco facultades sensoriales son agudas,
> no imaginas que la enfermedad llegará.
> Pero la enfermedad se ceba sobre ti de repente.
> Poderosa e imperiosamente, hace su camino.
>
> Cuando en la vida las apariencias tienen un aspecto sólido,
> no imaginas que la muerte llegará.
> Pero la muerte llega como el surgir de un relámpago.
> Súbita y vertiginosamente, hace su camino.
>
> La vejez, la enfermedad y la muerte, las tres,
> llegan tan fácilmente como la mano llega a la boca.
> Los obstáculos surgen de improviso y se clavan como una flecha.
> El Señor de la Muerte está al acecho, como el vigía en su torre.
>
> Esta vida, la próxima y el bardo, los tres,
> como pájaros ciegos volando en formación[155],

---

[155] Según el folklore tibetano, en El Tíbet existe una especie de pájaros que son ciegos y que vuelan en V siguiendo a algún pájaro de otra especie que no es ciego y va al frente. (TN)

uno nunca se aparta de estos tres invitados.
¿No sientes temor de tu karma negativo?

Seres infernales, pretas y animales, los tres,
como las flechas de un poderoso arquero,
están al acecho en estrechas y traicioneras sendas.
Estos tres traicioneros caminos te están esperando.
¿No tienes miedo de tus sufrimientos anteriores?
¿No te atormenta tu sufrimiento presente?
Los sufrimientos son como las olas del agua:
antes de que una desaparezca llega la siguiente.
Si no llegan nunca a calmarse,
la felicidad y el dolor serán como los viajeros en ruta,
tan pronto como uno se va, llega otro.
Si nunca se detienen,
la felicidad y el ocio serán como tumbarse al sol,
que no dura porque enseguida llegan la tormenta y la nieve:
¿no sabes que se te echarán encima enseguida?
Medita sobre esto, y practica el sublime dharma.

Así cantó.

Entonces, todo el mundo sintió fe y mostró un gran respeto y servicio. La gente suplicó a Milarepa que se quedara allí de forma permanente para ser objeto de su respeto, pero él rehusó hacerlo. Durante la única noche que pasó allí, le dio a Lhajé Yangé las instrucciones esenciales. Luego, se preparó para marchar, y toda la gente local se reunió y le dijeron:

- Si el Jetsun no va a quedarse más días, te rogamos que nos enseñes algún dharma que podamos practicar.

En respuesta, el Jetsun cantó esta canción de realización:

Escuchad, vecinos que estáis a mi alrededor,
¿estáis decididos a practicar el sublime dharma o no?
Si de verdad estáis decididos a practicar el dharma,
cuando estéis durmiendo en vuestra cama,
no os dejéis dominar por la ignorancia del sueño.
Al final del día, haced la recitación del *yidam*.
En la primera parte de la noche, haced súplicas al guru.

A medianoche, meditad, libres de pensamientos.
Antes del amanecer, esforzaos en la práctica del control del prana.
Al amanecer, confesad los cinco venenos.
Con la luz del sol, debéis sellar todas las apariencias.
¡Pero lo principal es que miréis vuestra mente!

Las instrucciones esenciales han sido recibidas a través del guru.
Haced súplicas a la deidad *yidam*.
Mantened el samaya junto a vuestros hermanos vajra.
Haced ofrendas a las Tres Preciosas Joyas.
Meditad sobre la gran compasión colocándola sobre vuestra cabeza.
Recitad la esencia del MANI PADME[156].
Sed generosos con quienes no tienen nada.
Sed compasivos con los desamparados.
Prestad servicio a las personas de conocimiento disciplinadas.
Respetad a vuestro padre y a vuestra madre.
Todos los sabios y los excelentes gurus
no practican otra cosa sino esto.
¡Que todos los asuntos temporales os sean auspiciosos!
Hago votos para que vuestras vidas sean largas y estén libres de enfermedad.

Así cantó.

Todos sintieron una fe inconmovible y Lhajé Yangé avanzó en el camino a la hora de la muerte.

A continuación, el Jetsun y sus discípulos se dirigieron hacia Chuwar.

Este es el ciclo del médico de Yangé.

---

[156] Se refiere al mantra de Avalokiteshvara, el bodisatva de la compasión: *OM MANI PADME HUM.*

57. El último viaje al Tíbet Central

Namo Guru

Rechungpa, el hijo del corazón del Jetsun Milarepa, tenía problemas con la princesa Dembu; y, para ayudarle a resolverlos, el Jetsun fue a su encuentro emanando la apariencia de un mendigo. Rechungpa poseía una gran turquesa, procedente del valle de Yakdé, que envolvió en una tela y se la regaló al mendigo.

"Mi hijo no tiene apego por las cosas materiales y posee una gran compasión", pensó el Jetsun. Y debido a las consecuencias del regalo la turquesa, Rechungpa se desilusionó de la princesa Dembu, la dejó y decidió volver junto al Jetsun.

De camino, Rechungpa hizo oraciones por la hija fallecida de un khampa rico; y en pago le ofrecieron dos piezas de carne seca, que cortó en finas lonchas con la intención de ofrecérselas al Jetsun.

Mientras tanto, en Chuwar, el Jetsun estaba sentado en compañía de sus hijos discípulos, y dijo:

- Rechungpa está de camino, y trae algo tan grande que no cabe en este valle.

Al poco llegó Rechungpa. Le entregó al Jetsun como regalo una bolsa llena de carne, y le preguntó por su salud, a lo que Milarepa respondió con esta canción de realización:

> Para este yogui que anda errante por las nobles blancas montañas nevadas
> el mandala de su cuerpo floreciente se expande.
> Habiendo eliminado la recalcitrante enfermedad de los cinco venenos,
> estoy relajado y me siento feliz.
>
> He renunciado a la distracción del apego a los negocios;
> habiendo logrado la libertad y el control, me siento feliz.
> He abandonado la infinidad de actividades complicadas;
> viviendo en tierras deshabitadas y sin gente, me siento feliz.

He abandonado la vida hogareña de los sufrimientos mundanos;
sin preocuparme de acumular bienes temporales y mantenerlos,
me siento feliz.
Alejado del estudio y de las ambiciones intelectuales,
sin preocupaciones, mi mente es feliz.
Sin deseos de hablar y sin mucho orgullo,
sin debates ni cháchara, me siento feliz.
Sin tener nada que ver con engaños ni falsedades,
sin la hipocresía de hacer 'esto' por 'aquello', me siento feliz.
Sin deseo de fama ni arrogancia,
no me equivoco al hablar, y me siento feliz.
Donde quiera que me quede, está bien; donde estoy, me siento
feliz.
Cualquier ropa, está bien; haga lo que haga, me hace feliz.
Cualquier comida, está bien; coma lo que coma, me hace feliz.
Un hombre como yo siempre es feliz.
Rechungpa, hijo, ¿has tenido un buen viaje?

Así cantó.

Luego, cocinaron la carne con algunas verduras y la sirvieron para todos los monjes.

Uno de los repas dijo:

- El Jetsun comentó que su hijo del corazón Rechungpa traía un regalo tan grande que no iba a caber en el valle. ¿A qué se refería?

- La ofrenda de la carne y las verduras -contestó el Jetsun- no va a caber en el valle de vuestro estómago.

Y todo el mundo se echó a reír.

Entonces, el Jetsun dijo a los hijos discípulos:

- Ahora voy a daros a todos una iniciación, y para que se genere una buena conexión debéis hacerme alguna ofrenda. Rechungpa, tú no hace falta que ofrezcas nada.

Rechungpa participó en la ceremonia molesto. En el centro del mandala, estaba íntegra la turquesa que él mismo había ofrecido en su momento al mendigo. Rechungpa se quedó perplejo. Dándose cuenta de que el mendigo al que le había regalado la turquesa era una emanación del Jetsun, entendió que gracias a su compasión había podido separarse de la princesa Dembu.

- Rechungpa -dijo el Jetsun-, si no hubiera sido por mí, el valor de esta turquesa habría sido tu ruina. Has tenido siempre una devoción ininterrumpida hacia mí y nunca has dejado de tener compasión por todos los seres. Me siento satisfecho.

Y, a continuación, cantó esta canción de realización:

> Las bendiciones del padre guru son muy poderosas,
> el milagro de Milarepa es realmente significativo,
> y la compasión y la generosidad de Rechungpa son fuertes.
> Cuando le diste la turquesa al mendigo, fui yo quien la recibió,
> y esta tarde se ha convertido en la ofrenda ritual para la iniciación
> de Chakrasamvara.
> Tu compasión para con los desamparados
> es como una ofrenda a los budas de los tres tiempos.
> Tu ofrenda compasiva hacia mí, aquel mendigo,
> fue, por supuesto, una ofrenda a Milarepa.
> Dado que todos los seres han sido nuestras madres y nuestros
> padres,
> excluir o discriminar a cualquiera
> es como tragarse un poderoso veneno sin ser consciente.
> Las mentes de los nobles y sabios son armoniosas,
> vanagloriarse con agresividad y orgullo de los puntos de vista
> propios
> es como lanzar al agua todo el adiestramiento hecho.
> El dharma que no distingue lo correcto de lo erróneo
> tiene una visión sesgada, ofende al verdadero dharma
> y corta la cuerda que nos liga a la liberación.
> Toda la felicidad de uno mismo procede de los demás
> y todo beneficio hecho a los otros es causa de nuestra felicidad.
> Todas las clases de daño son negativas para uno mismo;
> por tanto, generando la intención de hacer el bien,
> uno se coloca en el centro del mandala de las deidades.

Confesad todas vuestras faltas
y expresad el firme compromiso de mantener vuestros votos.

Así cantó.

Rechungpa sintió arrepentimiento y lo confesó en presencia del Jetsun y de sus hermanos del dharma. Y, a continuación, ofreció esta canción de realización:

Con el karma de la distracción, deseando la comodidad material,
me dejé guiar por las apariencias, que me llevaron muy lejos.
Engañado, acumulé karma de los reinos inferiores.
Lo confieso ante el cuerpo de mi padre guru.

Los maestros del engaño aman las palabras,
y su hábil lengua es la causa de los infiernos.
Grandes cantidades de carne y de licor le convierten a uno en un preta.
El habla descuidada y la falta de decencia:
las confieso ante el habla de mi padre guru.

El deseo de placeres es la causa de una mente malintencionada.
Con el deseo de fama y la conducta inmoral
se acumula todo tipo de karma negativo.
Lo confieso ante la mente de mi padre guru.

Yendo errante por las ciudades de las malas regiones,
la práctica ritual del poderoso mandala quedó rota.
Con la actividad de andar intimidando a muchos demonios,
el poder del mantra profundo se desvió.
Tramando planes para hacer muchas cosas,
la corriente del excelente *samadhi* quedó interrumpida.
Lo confieso ante el mandala de las deidades.

Pasando la noche en distintos alojamientos,
comencé a distinguir entre yo y los demás.
Que no pude asumir la derrota por mí mismo,
lo confieso ante mis hermanos del dharma.

Así cantó.

Luego, el Jetsun dio la iniciación y unas extensas instrucciones de indicación a todos los repas.

Después de la iniciación, Repa Shiwa Ö, que estaba sentado en su fila, le dijo al Jetsun:

- Rechungpa es alguien que ha alcanzado el dominio del prana y de la mente y que ha tomado una consorte secreta. ¿No va a considerar esto el Jetsun? ¿Era necesario que Rechungpa hiciera aquí una confesión pública?

- Tienes que entender -respondió el Jetsun- la importancia de los puntos clave del tiempo.

Y, a continuación, cantó esta canción de realización:

Me postro a los pies de Marpa, que es la bondad en persona.
Concede tus bendiciones para que mi corriente mental siga por el camino.
Acéptame con compasión para que conozca la corriente mental de mis discípulos.

Sin tiempo para practicar el dharma, no tiene sentido ser un yogui.
Sin tiempo para charlar, no tiene sentido ser un viejo.
Sin tiempo para hacer la comida, no tiene sentido ser un ama de casa.
Sin tiempo para trabajar, no tiene sentido ser un trabajador.
Sin tiempo para encontrarse con los enemigos, no tiene sentido ser un valiente guerrero.
Sin tiempo para afrontar condiciones adversas, no tiene sentido ser un practicante.
Sin la existencia del sufrimiento, no tiene sentido querer beneficiar.
Sin diligencia en la meditación, no tiene sentido estar en una cueva de retiro.
Sin ayudarse mutuamente, no tienen sentido los amigos dhármicos.
Sin tomar en consideración lo que dice el maestro, la relación con él no tiene sentido.

Las formas en que uno puede desviarse son inconcebibles:
¡practicad como yo os digo, hijos discípulos míos!

Así cantó, y todos adquirieron una gran certeza.

Entonces, Rechungpa tomó el compromiso de obedecer lo que el guru
ordenara.

Rechungpa soñó que hacía grandes esfuerzos por servir al guru; en el
sueño, colocaba una bala de lana encima de un perro para que la transpor-
tara y le gritaba "¡Escribe las palabras!", y luego se ponían en camino.
Cuando llegaban a un puerto de montaña, en el sueño, se encontraban con
ochenta y ocho personas aguardándolos, que a continuación los escolta-
ban. Y cuando llegaban a destino había otras ochenta y ocho personas
esperándolos. Rechungpa le preguntó al Jetsun por el significado de su
sueño. Y el Jetsun le contestó con esta canción de realización:

> El perro significa que tendrás un compañero;
> tu corriente mental será más suave que la lana;
> las palabras significan que serás una persona instruida en el
> sentido de los términos;
> darás voz a tu experiencia por medio de canciones;
> y serás recibido y acompañado por ochenta y ocho personas.

Otra noche, Rechungpa soñó que se quitaba la ropa y se lavaba con
agua. Luego, se transformaba en un pájaro, echaba a volar hasta un árbol
y miraba en un espejo. Le contó su sueño a Milarepa, quien le dijo:

> Despojándote de las ropas de las ocho preocupaciones mundanas
> de la vida,
> te has lavado con el agua impoluta de las instrucciones.
> El cuerpo del pájaro de la bondad amorosa y la compasión
> ha volado con las alas de las dos acumulaciones,
> se ha posado en lo alto del árbol de la iluminación
> y ha recibido las enseñanzas simbólicas en el espejo de las
> dakinis.

Aún tuvo un sueño más, otra noche: soñó que iba montado de espaldas en un burro e iba vestido con una gruesa ropa de pelo de yak[157]. Cuando se lo contó al Jetsun, este le explicó:

> Vas montado en el burro del mahayana
> y le das la espalda al samsara.
> Saludas al nirvana que tienes enfrente
> y serás un objeto de esperanza[158] para todo el mundo.

Una noche más, de nuevo, soñó que llevaba una joya sobre la cabeza. Iba vestido de una ropa impecable y se miraba en un espejo libre de manchas. En la mano derecha portaba un vajra y en la izquierda un *kapala* lleno de comida. Estaba sentado sobre un asiento de loto en la postura vajra y por su espalda la luz irradiaba en remolinos. Su cuerpo estaba encendido en llamas y enfrente de él brotaba un manantial. En su corazón brillaban el Sol y la Luna. A su izquierda había muchos hombres y mujeres sentados en una fila, y a su derecha estaba pendiente de un solo cordero y de un rebaño de cabras; a continuación, el cordero se convertía en muchos. Cuando le habló de su sueño al Jetsun, este le dijo que le iba a explicar el significado de su sueño, y cantó esta canción de realización:

> La joya eres tú mismo meditando con el guru sobre la coronilla,
> vistes la impecable ropa blanca de algodón del Linaje Kagyu
> y te miras en el espejo de las indicaciones del Linaje de la
> Escucha.
> El vajra que llevas en la mano derecha significa que has
> dominado la conceptualización,
> tu mano izquierda muestra que mantienes la experiencia del gozo-
> vacuidad.
> El asiento de loto significa que no estás manchado por las faltas
> y la postura vajra significa que estás establecido en el *samadhi* de
> la concentración.
> La realización irradia en remolinos a tu espalda.

---

[157] Esto siembra un juego de palabras que será recogido en la canción siguiente. El término que define cierto tipo de ropa gruesa de pelo de yak, que es de color negro y a menudo se usa para hacer tiendas, tiene también el significado de 'esperanza' (*re ba*).

[158] Ver la nota anterior.

Los signos del calor interno y la experiencia brotan en el
manantial.
En tu cuerpo, *chandali* está encendido en llamas.
El Sol y la Luna significan que estás afianzado en el estado de
claridad.
A tu izquierda, la fila de hombres y mujeres
son los dakas y dakinis invitados junto a ti.
A tu derecha, el cordero y las cabras significan que protegerás a
tus discípulos,
y la multiplicación del cordero significa que el Linaje de la
Escucha se expandirá.

Así cantó. Y, luego, dijo:

- Dado que todo esto es lo que va a pasar, ya no necesitas quedarte a
mi lado. Ahora ya puedes irte; ha llegado el tiempo de que vayas a encontrarte con tus discípulos. Ve y realiza tu propio bien y el de los demás.

A continuación, Milarepa cantó esta canción de realización con sus
consejos:

¡Escucha bien, Rechungpa, hijo mío!
Dado que samsara y nirvana dependen de condiciones,
si eres capaz de confiar en un noble guru,
las instrucciones espontáneas llegan de forma implícita.

¡Escucha bien, Rechungpa, hijo mío!
Habiendo abandonado el apego al hogar,
si eres capaz de permanecer en retiros de montaña,
el *sidhi* espontáneo llegará de forma implícita.

Si abandonas el deseo de riqueza material
-el karma negativo con la obsesión como su raíz-
y eres capaz de estar sin apego ni fijación,
el guía del gran gozo llegará de forma implícita.

¡Escucha bien, Rechungpa, hijo mío!
La raíz del samsara es hacer nacer.
Habiendo cortado los lazos con los hijos y los sobrinos,
si eres capaz de permanecer en soledad,
el reino completamente puro llegará de forma implícita.

¡Escucha bien, Rechungpa, hijo mío!
Aunque actualmente el dharma genuino se haya expandido,
está mezclado con elementos que solo parecen dharma.
Mucha gente afirma ser gurus o maestros,
pero solo son charlatanes de habla cautivadora.
Ve y háblales del linaje supremo, hijo mío.

¡Escucha bien, Rechungpa, hijo mío!
Si deseas practicar el dharma desde lo más hondo de tu corazón,
debes emplear los antídotos dhármicos para los obstáculos.
No te conformes con palabras engañosas.
Deshacerse de la búsqueda de la comodidad es importante.

¡Escucha bien, Rechungpa, hijo mío!
Si deseas alcanzar la realización de la budeidad,
no te preocupes por los placeres de esta vida.
No pierdas de vista el verdadero objetivo, que depende de la
mente.
¡Haz que la meditación se estabilice en tu corriente mental!

- Rechungpa -añadió-, en el pasado, cuando te pedí que te quedaras, tú querías irte. Ahora, sin embargo, debes marchar hacia el lugar sagrado del Bosque de Jarpo, en La Montaña Nevada de Shampo. Beneficia a los seres vivos de Do, en Loro, en la frontera del Tíbet.

Y, a continuación, cantó esta canción de realización:

Rechungpa, gran hijo de este padre,
ahora, parte hacia la región tibetana de Ü.
Tú, el más especial de mis cuatro hijos,
vete ya, y medita con el guru sobre tu coronilla.
Tú, el hijo de los linajes,
vete ya y mantén el samaya sin distracción.
Tú, lámpara, sostenedor del Linaje de la Escucha,
vete ya y disipa la oscuridad de la ignorancia.
Vete y transmite el dharma a los que sean dignos de él.
Vete y mantenlo secreto para los indignos.

> Vete y planta el mástil[159] de la fuerza vital de las enseñanzas.
> Vete y acepta a los dignos con compasión.
> Vete y recorre la frontera sur.
> Vete a meditar en La Montaña Nevada de Shampo.
> Vete y busca un lugar de retiro en la frontera del Tíbet, en Do.

Así cantó.

Cuando Rechungpa ya estaba preparado para partir, se postró ante el Jetsun y le ofreció unas palabras cantadas:

> Rechungpa, gran hijo de este padre,
> se va a Ü, como el guru le ha ordenado.
> Mientras Rechungpa esté de viaje hacia Ü,
> otórgame tus bendiciones con tu cuerpo vajra.
> Con tu habla de brahma, disipa los obstáculos.
> Con tu mente libre de conceptos, guíame en el camino.
> Padre Jetsun, cuida tu salud, te lo ruego.
>
> Mientras tu hijo Rechungpa esté de viaje hacia Ü,
> te ruego que sigas siendo mi bondadoso guía.
> Cuando me vaya, oh ser precioso,
> encarnación de los budas de los tres tiempos,
> protector de los seres, que goces de buena salud.
> Tú, poseedor de las percepciones extrasensoriales y los poderes milagrosos,
> con tu visión dhármica, que goces de buena salud.
> Ser precioso, de una bondad imposible de retribuir,
> tú que disipas la oscuridad de la ignorancia, que goces de buena salud.
> Presencia única, padre de mágicos poderes,
> guía a la iluminación, que goces de buena salud.

Luego, mientras Rechungpa se iba, el Jetsun cantó esta canción de realización sobre la visión, la meditación y la conducta:

---

[159] Un 'mástil de fuerza vital' (tib: *srog shing*) es un madero largo, especialmente escogido y consagrado con todo tipo de bendiciones, que se coloca como eje y centro energético de las estupas y de las estatuas sagradas.

Hijo, no caigas en puntos de vista parciales.
Que tu meditación sea permanecer en retiros de montaña.
Que tu conducta sea abandonar las relaciones negativas.
Que tu samaya sea acorde con tu percepción.
Que tu realización se base en la contemplación de la muerte.

- Hijo -le habló aún-, en el año del conejo de madera hembra, el día catorce del mes del caballo, vuelve aquí. Es muy importante que lo hagas.

Entonces, le entregó a Rechungpa una pieza de oro y muchos otros pequeños consejos brotados de su corazón. Aunque Rechungpa encontraba casi insoportable separase de su guru, estaba determinado a ir al Tíbet Central como él le había ordenado. Finalmente, llorando, le ofreció esta canción de aspiración para volver a encontrarse de nuevo:

Los ríos de La India y los ríos de Nepal
son diferentes en términos de las tierras por las que fluyen.
Pero todos los ríos tienen 'el sabor único',
todos acaban encontrándose en la extensión del océano.

El Sol que sale por el este
y la Luna que se alza en el oeste
son diferentes en relación con los cuatro continentes.
Pero sus luces tienen 'el sabor único',
ambas acaban encontrándose en el cielo despejado.

Las mentes de los Victoriosos y las seis clases de seres
son diferentes solo en términos de la ignorancia.
La mente en sí misma tiene 'el sabor único',
todas acaban encontrándose en la naturaleza del *dharmadatu*.

El padre Jetsun que se queda en las montañas
y yo, Rechungpa, que voy vagando por la tierra
somos diferentes solo en términos de nuestros cuerpos ilusorios.
En el dharmakaya somos 'el sabor único'.
Nos volveremos a encontrar en el reino de Akanishta.
Padre Jetsun, que goces de buena salud.
Yo, Rechungpa, me voy a Ü.

Y tocando los pies del Jetsun con su cabeza, hizo muchas aspiraciones y partió hacia El Tíbet Central.

Mientras estuvo alojado en un monasterio del Bosque de Jarpo, se presentó una señora[160] que deseaba hacer una confesión ante él. Al principio, Rechungpa no quiso recibirla, pero más tarde, sintiendo compasión, y ante los encarecidos ruegos de Rinchen Drak, le concedió la visita. Viendo su estado de pobreza y desamparo, y sus sufrimientos de palabra, cuerpo y mente, Rechungpa sintió una compasión incondicional hacia ella. Conmovido, se le saltaron las lágrimas y le hizo entrega de una pieza de oro. A continuación, cantó esta canción de realización:

> A los pies de Mila, ser supremo entre los seres, hago mis súplicas.
> Pienso en tu bondad una y otra vez: te ruego que me aceptes por
> tu compasión.
>
> Hablas de una forma que yo nunca había oído.
> Cuando estaba en presencia de mi guru,
> la gran turquesa, el motivo de nuestras disputas,
> se hallaba en el centro del mandala.
> Viéndolo, el vello se me puso de punta.
> Antes me había dicho "No vayas a Ü".
> Ahora, "Tienes que ir a Ü", me ha dicho.
> Pienso en todo ello y me siento asombrado.
>
> En el ejemplo de la vida del padre Jetsun,
> no hay diferencia entre el oro y el polvo.
> Él me dijo "Toma ahora este oro".
> Pensando en ello, me siento alegre.
> Con este oro que me ha dado mi padre,
> haz muchas estatuas de Buda,
> y por medio de ellas elimina las faltas de tu cuerpo.
> Recita muchos mantras y dharanis,

---

[160] Esta 'señora', aunque no se la nombra de manera explícita, parece ser la princesa Dembu. En algunas versiones de la historia de Rechungpa, el rey se sintió disgustado por la marcha definitiva de Rechungpa; culpó a la princesa y, como castigo, la entregó al primer hombre que llegó al palacio a la mañana siguiente, que resultó ser un tío materno afectado por una enfermedad de la piel (tib: *mdze*, enfermedad similar a la lepra).

Aquí, se da a entender que la turquesa fue el motivo de la pelea entre Rechungpa y la princesa. Más adelante, el 'tío' leproso, al que tampoco se nombra de manera específica, parece coincidir con la nueva pareja de la princesa Dembu en las mencionadas versiones de la historia. (Roberts, 208-213)

y por medio de ellos, purifica las faltas de tu habla.
Haz muchas estupas y *tsa-tsas*,
y por medio de ellos purifica las faltas de tu mente.
En tu interior, pon a tu mente por testigo.
Finalmente, practica las instrucciones esenciales del Linaje de la
Escucha.
Haz súplicas continuamente al guru,
y de tanto en tanto da rienda suelta a tu arrepentimiento.
Actúa de esta forma y obtendrás gran beneficio.

Así cantó. Y, con gran amor, aceptó a la señora y al tío bajo sus cuidados. Les dio las instrucciones del Linaje de la Escucha, les puso a meditar y, gracias a ello, el tío sanó de su enfermedad de la piel. De la señora se cuenta que, obteniendo excelentes experiencias y realización, llegó a ser una yoguini excepcional que se dedicó al beneficio de los demás.

Este es el ciclo del último viaje al Tíbet Central.

58. Tashi Tsek

Namo Guru

Estando el Jetsun Milarepa en Lhadro, en Drin, había un benefactor llamado Tashi Tsek que le ofreció sus servicios. Por entonces, había muchos benefactores recibiendo enseñanzas de dharma. Tashi Tsek le dijo al Jetsun:

- Jetsun, cuando escucho tanto dharma enseñado de esta forma, a corto plazo me invade una gran alegría. Aunque no creo que yo sea capaz de avanzar mucho en el estudio y en la práctica, viendo el ejemplo del propio Jetsun, que ha practicado tanto la meditación, tengo fe en lo que la meditación puede hacer. Pero, en última instancia, ¿seré más feliz meditando?

- Las explicaciones se dan y se ejercitan con la finalidad de meditar. Por tanto, si uno estudia sin practicar ni meditar, el estudio carece de sentido.

Y, a continuación, cantó esta canción de realización:

Enseñar el dharma sin practicarlo solo trae orgullo.
Un niño adoptado al que no se cuida se convierte en un demonio destructivo.
Sin instrucciones, un montón de libros es una carga sin sentido;
sin transmisión, es el yugo de los estafadores. ¿A quién benefician?
Cuando se oyen las piadosas mentiras del *yana* provisional, uno se siente alegre;
pero nadie quiere escuchar la enseñanza definitiva del guru.
Fieles benefactores e hijos discípulos, ¡practicad el sublime dharma!
No escuchéis a los falaces y negligentes.
Entregaos a la humildad, a las palabras verdaderas carentes de defecto.

Así cantó.

Luego, Milarepa habló:

- Si deseas decididamente practicar el dharma, practica todo lo que puedas. Será de ayuda si comienzas haciéndolo de acuerdo con las enseñanzas. Pero si hablas demasiado, acabarás confundiendo los puntos de vista elevados e inferiores y haciendo un montón de cosas aparentemente buenas sin ocuparte de verdad de la mente, y eso te conducirá a engaño. Si tienes gran apego hacia lo mundano, aunque practiques el dharma, tu práctica estará corrompida por la hipocresía. Además, algunos practicantes se enfocan en sus pocas realizaciones y lo único que consiguen es sentirse orgullosos de sus buenas cualidades y perder la fe en las buenas cualidades de los maestros que los han precedido, dejando así de recibir sus bendiciones.

Si crees que tienes un montón de tiempo libre para practicar -continuó-, cuando en realidad no lo hay, ¿qué harás cuando llegue la muerte? Utiliza toda la comprensión que tengas y practica mirando hacia dentro. Quien no combina el estudio y la práctica, puede llegar a tener muchos conocimientos y pensar que ya habrá tiempo de practicar, pero el conocimiento intelectual no tiene fin.

Si hablas con un noble maestro rico en dharma -añadió-, te dirá que no hay ni un solo fragmento del dharma que no sea necesario; podrás adquirir montones de instrucciones esenciales, pero acabarás no sabiendo qué tienes que practicar. Escogerás una práctica, y cuando veas que no produce signos de experiencia, pensarás "¿Debería hacer otra?", y de este modo nunca tendrás ninguna realización. Será como quien estudia algo nuevo y acaba olvidando lo que sabía antes, como una flor en las manos de un niño.

Y, a continuación, Milarepa cantó esta canción de realización:

> Escuchad de nuevo, fieles benefactores:
> no conociendo la fuerza de la verdad del karma,
> los malvados creen que alcanzarán la liberación;
> pero el paso de los días y los meses y los años los va
> desengañando.
> Los infelices se alegran cuando los días y los meses van pasando:
> "¿Mejorarán las cosas este año?", preguntan siempre.
> No se dan cuenta de que su vida humana va pasando.
> Este es el modo de pensar de los locos.

Si estáis verdaderamente decididos a practicar el dharma,
haced ofrendas a objetos puros,
tomad refugio en las Tres Preciosas Joyas,
prestad servicio a vuestro guru,
respetad a vuestro padre y a vuestra madre,
dad con generosidad sin esperar retribución,
haced el bien a los desamparados,
comprometed vuestra corriente mental en una conducta acorde
con el dharma.

Si practicáis el dharma, no necesitáis mucho más.
Tener muchos compromisos es perjudicial[161].
Vigilad que vuestra corriente mental esté en consonancia con todo
esto.

Así cantó.

Entonces, los benefactores dijeron:

- Lo que acabas de decir es fácil de entender y es de gran ayuda para nuestras mentes. Practicaremos de acuerdo con tus instrucciones. Te rogamos que nos des algún otro consejo dhármico apropiado a nuestras capacidades.

- Si estáis dispuestos -contestó el Jetsun-, poseo muchos métodos excelentes que puedo compartir. ¿Queréis oírlos?

- Por supuesto que te escucharemos -dijeron-. Cuéntanos.

- Muy bien, dado que se trata de algo beneficioso para vosotros, tanto para esta vida como para la próxima, sería bueno que escucharais.

Y, a continuación, cantó esta canción de realización:

Muy bien, hombres y mujeres benefactores,
si deseáis cultivar la última cosecha
escuchad lo que tengo que decir:

---

[161] Es perjudicial porque uno no puede mantenerlos todos. (TN)

todos los seres tienen que morir;
por tanto, lo mejor es practicar el dharma.

Aunque acumuléis riqueza ilusoria, acabará escurriéndose de vuestras manos;
por tanto, lo mejor es practicar la generosidad.

Aunque tengáis un profundo amor por vuestros familiares, acabarán yéndose de vuestro lado;
por tanto, lo mejor es meditar en la no dualidad.

Aunque construyáis castillos ilusorios de tierra, acabarán derrumbándose;
por tanto, lo mejor es vivir en lugares solitarios.

Aunque tengáis comida y bebida en abundancia, acabarán agotándose;
por tanto, lo mejor es acumular mérito.

Las actividades condicionadas no tienen fin;
por tanto, lo mejor es abandonar la actividad.

Los discursos sin sentido nunca se acaban;
por tanto, lo mejor es permanecer en silencio.

Las instrucciones esenciales por sí solas son como masajear con aceite la piel;
por tanto, lo mejor es seguir a un guru sabio[162].

La experiencia es como la Luna brillando en la oscuridad[163];
por tanto, lo mejor es meditar como un río que fluye.

---

[162] Si uno solamente recibe las instrucciones esenciales sin comprender el punto de vista último, esas instrucciones son como darse un masaje con aceite en la piel, que solo da brillo a la superficie; esas instrucciones por sí solas no penetran completamente en la corriente mental de uno. Por tanto, uno debe confiar en un guru sabio que sepa explicar la visión última y el sentido de las instrucciones. (KTGR)

[163] La Luna ilumina la oscuridad solo cuando está presente, pero cuando se pone, la oscuridad regresa. De la misma forma, las experiencias meditativas son solo pasajeras, y uno debe meditar de forma continua o la experiencia no se estabilizará. (KTGR)

Estos excelentes diez puntos clave básicos
han venido a la mente de este yogui.
Hombres y mujeres de Drin, ¡este es vuestro lote de dharma!

Así cantó.

Todos los hombres y mujeres benefactores presentes tomaron refugio, sintieron el despertar de la bodichita e hicieron dedicaciones y aspiraciones. Todos desarrollaron la visión dhármica. Muchos entre ellos se convirtieron en meditadores y algunos alcanzaron buenas experiencias.

Este es el ciclo de Tashi Tsek.

59. Los estudiantes de Drin

Namo Guru

Estando el Jetsun Milarepa en El Castillo de Piedra de Drin, Dzesé y Khujuk, junto al resto de los benefactores estudiantes, pidieron el dharma. El día de su marcha, Dzesé Bum dijo:

- Te rogamos que nos des alguna enseñanza fácil de comprender para los que estamos hoy aquí reunidos.

- Muy bien -dijo el Jetsun-, poned atención y escuchad.

Y, a continuación, cantó esta canción de realización:

Bondadoso y supremo padre Marpa, te ruego que me concedas tus bendiciones.
Fieles aquí reunidos, volved vuestra mente hacia el dharma;
escuchad por un momento sin distraeros.

Vosotros, hombres superiores, debéis practicar el dharma.
Si un hombre superior no tiene el dharma,
es como un buitre, el rey de las aves.
Aunque su trono sea elevado, carece de sentido.

Los hombres comunes deben practicar el dharma.
Si un hombre común no tiene el dharma,
es como un tigre de brillantes rayas.
Aunque tenga un orgulloso temperamento heroico, carece de sentido.

Los hombres inferiores deben practicar el dharma.
Si un hombre inferior no tiene el dharma,
es como el burro de un mercader.
Puede llevar una pesada carga, pero carece de sentido.

Las mujeres superiores deben practicar el dharma.
Si una mujer superior no tiene el dharma,
es como una pintura en un templo.
Aunque sea hermosa, carece de sentido.

Las mujeres comunes deben practicar el dharma.
Si una mujer común no tiene el dharma,
es como un ratoncito gris.
Aunque sea buena administradora, carece de sentido.

Las mujeres inferiores deben practicar el dharma.
Si una mujer inferior no tiene el dharma,
es como una hembra de zorro.
Aunque conozca bien su territorio, carece de sentido.

Vosotros, la gente mayor, debéis practicar el dharma.
La gente mayor que no tiene el dharma
se pudre de dentro hacia fuera.

Los hombres jóvenes también deben practicar el dharma.
Si un hombre joven no tiene el dharma,
es como acorazar y armar[164] a un buey.

Las doncellas también deben practicar el dharma.
Si una doncella no tiene el dharma,
es como colgarle una joya a una vaca.

Los adolescentes también deben practicar el dharma.
Si un adolescente no tiene el dharma,
es como el abrirse de una flor venenosa.

Los niños deben también practicar el dharma.
Si un niño no tiene el dharma,
es como un ladrón poseído por los demonios[189].

Cualquiera que esté falto de dharma,
carecerá absolutamente de sentido.

Si queréis que vuestra vida tenga sentido,
practicad el genuino y sublime dharma en todo lo que hagáis.

Entonces, la benefactora Khujuk dijo:

---

[164] Este término (tib: *'khor gsum*) se refiere específicamente a dotar de armadura, casco y cuchillo, que era el equipo habitual que los jóvenes vestían en El Tíbet. (TN)

- Jetsun, estás rodeado ahora mismo de todos estos monjes e hijos discípulos y, sin embargo, sigues siendo feliz viviendo solo en retiros de montaña. ¿Acaso tienes por ahí otros buenos amigos?

- Estos son mis mejores amigos.

Y, a continuación, cantó esta canción de realización:

> Me postro a los pies de mi padre guru.
> Este yogui vive errante por retiros de montaña,
> y tengo veintiún excelentes amigos.
>
> El guru, el *yidam* y las dakinis, estos tres,
> son excelentes amigos a los que hago súplicas.
>
> El Buda, el Dharma y la Sangha, estos tres,
> son excelentes amigos a los que tengo por refugio.
>
> Los sutras, los tantras y los tratados, estos tres,
> son excelentes amigos con los que estudio.
>
> Los nadis, los pranas y los bindus, estos tres,
> son excelentes amigos en el camino de la práctica de los medios.
>
> El gozo, la claridad y el no-pensamiento, estos tres,
> son excelentes amigos para la meditación equilibrada.
>
> La visión pura, la devoción y la compasión, estas tres,
> son excelentes amigas para el logro de la iluminación.
>
> Los dakas, las dakinis y los dharmapalas, estos tres,
> son excelentes amigos que me ayudan a eliminar los obstáculos.

Así cantó.

Y, luego, ella dijo:

- ¡Qué maravilla! ¿Puedes ponernos algún ejemplo sobre cómo son estos amigos cuando estás con ellos haciendo tu práctica?

- Son como voy a contaros -dijo Milarepa.

Y, a continuación, cantó esta canción de realización:

> Desde el gran Vajradhara hacia abajo
> y desde Marpa el Traductor hacia arriba,

gurus sidhas del linaje,
os suplico que me concedáis vuestras bendiciones.

Sobre el asiento solar y lunar que hay encima de mi cabeza
están los gurus del Linaje de la Práctica.
Para daros un ejemplo de cómo son:
son como un collar de perlas ensartadas juntas.
Ser bendecido por el guru, ¡qué alegría!

Mi respaldo son las Tres Preciosas Joyas,
ellas velan constantemente por mí con su compasión.
Para daros un ejemplo de cómo son:
son como una madre protegiendo a su amado hijo sobre su
regazo.
Estar libre de fatigas, ¡qué alegría!

A mi derecha, los dakas imparten sus bendiciones;
ellas disipan todas las condiciones adversas.
Para daros un ejemplo de cómo son:
son como espadas afiladas blandidas sobre mi cabeza.
No estar sometido a condiciones adversas, ¡qué alegría!

A mi izquierda, las dakinis imparten sus bendiciones;
ellas otorgan las dos clases de *sidhis*[165].
Para daros un ejemplo de cómo son:
son como madres y hermanas que me rodean cariñosamente.
Recibir todo lo que uno desea o necesita, ¡qué alegría!

Frente a mí, están reunidos los protectores con samaya;
ellos realizan la actividad que tienen encomendada.
Para daros un ejemplo de cómo son:
son como sirvientes comprometidos con su tarea.
Realizar lo que uno anhela, ¡qué alegría!

Mis tres poderes de la visión del *dharmata*
eclipsan con creces el *yana* inferior.
Para daros un ejemplo de cómo son:

---

[165] Los *sidhis* comunes de las percepciones extrasensoriales, y el *sidhi* supremo de la iluminación.

son como el león que deambula por la nieve.
Estar libre de temor, ¡qué alegría!

Mi meditación, que es las alas nacientes de la sabiduría y los medios,
planea en el espacio del *dharmata*.
Para daros un ejemplo de cómo es:
es como un buitre elevándose hacia las alturas.
No tener que estar preocupado por caer, ¡qué alegría!

Mi conducta, las rayas pujantes de una intención fuerte y clara,
despeja cualquier aletargamiento.
Para daros un ejemplo de cómo es:
es como un tigre deambulando por la selva.
Estar libre de miedo, ¡qué alegría!

Mi realización es la manifestación de los tres kayas,
con el nirmanakaya que se ocupa del beneficio de los seres.
Para daros un ejemplo de cómo es:
es como los juegos del pez de manchas doradas.
Estar libre de debilidad y fatiga, ¡qué alegría!

A veces canto sencillas melodías de realización
que subyugan con creces las apariencias.
Para daros un ejemplo de cómo son:
son como el rugido del dragón turquesa en el cielo.
No tener desconfianza, ¡qué alegría!

Yo, el yogui Milarepa,
vago sin dirección fija por retiros de montaña.
Para daros un ejemplo de cómo soy:
soy como los animales que pacen y viven en las colinas.
Estar libre de miedos, ¡qué alegría!

Ha sido un privilegio cantar para vosotros
esta canción de diez ejemplos, que con su significado hacen
seis[166].

Humanos y deidades que residís en las poblaciones,
poned buena atención a lo que estáis oyendo.
Reflexionad cuidadosamente, mirad vuestra propia mente.
Que a la hora de muerte no tengáis nada de lo que arrepentiros;
haced aspiraciones auspiciosas acordes al dharma.

Así cantó, y todo el mundo quedó satisfecho. Todos hicieron esfuerzos por practicar la virtud, y entre ellos hubo varios jóvenes que siguieron al Jetsun y le prestaron sus servicios. A ellos, Milarepa les dio iniciaciones e instrucciones e hizo que meditaran. Todos ellos alcanzaron realizaciones.

Ese es el ciclo de Los estudiantes de Drin, entre los que se encontraban Dzesé y Khujuk.

---

[166] NOTA DEL TRADUCTOR AL ESPAÑOL: Esto es lo que dicen el texto original tibetano y la traducción inglesa, de modo que lo hemos respetado. Aunque parece que se trate de una errata y que debiera decir 'once'.

60. La victoria sobre los cuatro *maras* y la respuesta a un *mantrika*

Namo Guru

Estando el Jetsun Milarepa en La Fortaleza Celestial de la Roca Roja de Poto, algunos estudiantes de Ralung, en Drin, acudieron a verle.

- Te rogamos que nos des alguna instrucción beneficiosa para nuestras mentes -le dijeron.

- Si todos vosotros queréis practicar el dharma como yo -les dijo-, sería bueno que abandonarais todas las cosas opuestas al dharma, como yo. Por tanto, hacedlo.

- ¿Cuáles son las cosas opuestas al dharma? -le preguntaron.

Entonces, en respuesta, Milarepa cantó esta canción:

> ¡Ka ye! ¡Escuchadme atentos, estudiantes!
> Uno, las actividades que no tienen fin;
> dos, la búsqueda inacabable de la satisfacción de los demás;
> tres, la conversación ociosa inagotable:
> estas tres cosas son opuestas al dharma genuino.
> Yo he dejado muy atrás estas tres cosas.
> Si vosotros hacéis lo mismo, ¡sería excelente!
>
> Uno, los lugares con reglas y restricciones;
> dos, los grupos de gente que esperan algo a cambio;
> tres, los sirvientes a los que se obliga a ser complacientes:
> estas tres cosas son opuestas al dharma genuino.
> Yo he dejado muy atrás estas tres cosas.
> Si vosotros hacéis lo mismo, ¡sería excelente!
>
> Uno, los maestros de poco conocimiento;
> dos, los discípulos sin ninguna fe;
> tres, los amigos del dharma que no respetan su samaya:
> estas tres cosas son opuestas al dharma genuino.
> Yo he dejado muy atrás estas tres cosas.
> Si vosotros hacéis lo mismo, ¡sería excelente!

Uno, el marido y la mujer que pelean a todas horas;
dos, los hijos enemigos que han salido de vuestro propio cuerpo;
tres, los sirvientes enojadizos que siempre están a ver lo que
cae[190]:
estas tres cosas son opuestas al dharma genuino.
Yo he dejado muy atrás estas tres cosas.
Si vosotros hacéis lo mismo, ¡sería excelente!

Así cantó.

Luego, todos los estudiantes siguieron su camino, llenos de fe.

En cierta ocasión, fue arrastrado por una fuerte ráfaga de viento y cayó por un acantilado. En la caída, dio la impresión de que su cuerpo se había quedado ensartado en un árbol. Los hijos discípulos se asustaron muchísimo, pero Milarepa les hizo ver que su cuerpo no había sufrido daños ni estaba herido, y cantó esta canción de realización:

Fui arrastrado por una poderosa ráfaga de viento.
La consecuencia de las heridas causadas por ese árbol
desconsiderado
fueron de un dolor insoportable.
Pero, a continuación, las dakinis me dieron su medicina.

Así cantó.

En otra ocasión, el Jetsun se cayó de La Gran Roca de Poto. Cuando los hijos discípulos fueron a recoger su cadáver, se lo encontraron abajo riendo. Le preguntaron qué había pasado y él cantó esta canción de realización:

Extendí las alas de buitre de la unión
y, planeando, descendí desde el pico de La Roca Roja.
Cayendo, caí en un profundo abismo;
jugando, les gasté una broma a mis estudiantes;
liberándome, me liberé del samsara y el nirvana;
dando instrucciones, he mostrado el gozo-vacuidad.

Así cantó.

Otra vez más, estando Milarepa sentado junto a una gran roca, una chica joven se acercó varias veces a decirle que no debía estar sentado allí, pero él ni se inmutó. Al cabo, la roca comenzó a deslizarse y, con la mirada y el mudra iracundos, él la pulverizó hacia todas las direcciones. Sus hijos discípulos, pensando que habría resultado seriamente herido, corrieron hacia él, y Milarepa cantó esta canción de realización:

> Esta flor que es mi cuerpo de yogui
> las dakinis la han salvado del golpe demoledor
> de esa roca roja, ejecutora de Mara.
> Nunca temí que el poder de Mara pudiera alcanzarme.

Así cantó.

Entonces, sus discípulos dijeron:

- Cuando se desplomó la roca, cuando el Jetsun se cayó por el acantilado y cuando se quedó ensartado en aquel árbol, nunca sufrió ningún daño. ¿Cómo puede ser?

- Mis skandas -contestó el Jetsun- se han transformado en el cuerpo arcoíris y mis accidentes en sabiduría. Dado que he realizado la realidad innata, nunca moriré. Como he lanzado al viento las ocho preocupaciones mundanas, esto es un signo de que los cuatro *maras* han sido avergonzados[167].

- ¿Así que has derrotado a los cuatro *maras*? -preguntaron los estudiantes.

- Por supuesto que lo he hecho. Es más, durante trece generaciones, mi linaje dejará de ser acosado por tales *maras*.

Un día, un *mantrika* del Tíbet Central se presentó para conocer al Jetsun.

- ¿Qué clase de *sidhas* -le preguntó Seben Repa- se puede uno encontrar en El Tíbet Central?

- Hay practicantes -contestó el *mantrika*- a quienes los espíritus prestan servicio.

---

[167] Los cuatro maras (los demonios) son: los skandas, el Señor de la Muerte, los obstáculos y el hijo divino.

- Eso no significa -comentó el Jetsun- que se trate de practicantes realizados.

- ¿Ha recibido el Jetsun -preguntó Seben Repa- servicios similares?

- He recibido lo que voy a contarte -contestó el Jetsun.

Y cantó esta canción de realización:

> Por medio del cocinado y el hervido del *samadhi*,
> que es como un inagotable tesoro del espacio,
> estoy sin ganas de comer ni de beber;
> y eso se lo debo a las dakinis.
> Pero no creo que esto me convierta en un *sidha*.

Así cantó.

Y el *mantrika* preguntó:

- ¿Pueden ser considerados seres realizados los practicantes que han tenido la visión de su deidad *yidam*?

Entonces, Milarepa cantó esta canción de realización:

> Si puedes ver la esencia de la mente
> y disipar la oscuridad de la ignorancia,
> las dakinis te mostrarán además su rostro.
> En el espacio del *dharmata* no hay nada que pueda ser visto,
> está libre de puntos de referencia y de anclajes mentales.
> Todos los dharmas son en sí mismos autogenerados y
> autoluminosos.
> De esto hablan las dakinis.
>
> No hay discurso más poderoso que el del guru.
> "Lo ordinario y lo supremo,
> todo lo que uno necesita debe ser realizado
> en esta vida", han dicho también las dakinis.
> Pero incluso así, no pienso que yo sea un *sidha*.

Así cantó.

Y el hombre dijo:

- ¿Con qué ejemplo se puede ilustrar lo que es la mente?

Entonces, Milarepa cantó esta canción de realización:

Esta mente que es innata
no puede ser ilustrada con ningún ejemplo.

Esta mente que es incesante
no puede ser ilustrada con nada por aquellos que no la han
realizado.

Para los realizados, la mente misma,
la ilustración y lo ilustrado, no son dos cosas distintas.
Está más allá de cualquier objeto del pensamiento y de la
expresión.
Esta es la bendición del linaje, ¡qué maravilla!

Así cantó.

Y, a continuación, las tendencias latentes del *mantrika* despertaron y
sintió una fe inquebrantable en el Jetsun, a quien siguió y atendió. Milarepa le dio las iniciaciones y las instrucciones esenciales, y el hombre se
dedicó a practicar, convirtiéndose en un yogui de alta realización.

Este es el ciclo de La victoria sobre los cuatro *maras* y la respuesta a
un *mantrika*.

61. La alegría por la maduración de los hijos discípulos y la exhibición de los poderes de su cuerpo

Namo Guru

Estando el Jetsun Milarepa en Chuwar, durante varios días fue invisible. Algunas personas podían percibir su forma, pero no podían verlo comiendo ni realizando ningún tipo de actividad. Y, de pronto, todo el mundo volvió a verlo allí sentado, a ratos llorando y a ratos riéndose.

Cuando sucedió esto, Shiwa Ö le preguntó:

- Jetsun, desde ayer, a ratos te vemos y a ratos no te vemos; y los que te ven, solo te ven sentado en *samadhi*. ¿Qué está pasando? ¿Por qué, hoy, a ratos lloras y a ratos te ríes?

- Desde ayer -replicó Milarepa-, ha habido mucha gente aquí escuchando mis enseñanzas del dharma. Viendo su alegría, me he reído; y viendo sus sufrimientos, he llorado.

- Te ruego que nos cuentes por qué está pasando todo esto -preguntó Shiwa Ö.

- Muy bien, pero antes ofrece un mandala.

Shiwa Ö lo hizo.

- Ayer estuve enseñando el dharma a las seis clases de seres. Cuando pensaba en el gozo de los devas, de los humanos y de quienes tienen un comportamiento virtuoso, reía. Cuando veía los sufrimientos de los tres reinos inferiores y de aquellos que acumulan karma negativo, lloraba.

- ¿Cuáles son los gozos y los sufrimientos de los seis reinos? -preguntó Shiwa Ö-. Y, en particular, ¿cómo es el gozo de los devas?

- No pongas tus miras en el gozo de los devas; quienes viven allí son como voy a explicarte.

Y, a continuación, cantó esta canción de realización:

Hago suplicas al señor que es la bondad en persona.
Que tus bendiciones lleguen a todos los seres vivos.

El gozo de los seres humanos y los devas samsáricos
lo producen distracciones como las del yak[168] celestial.
Aunque sus voces se parezcan al rugido del dragón turquesa,
carecen por completo de sentido[191].

En los cuatro *ayatanas* de los devas sin forma,
no hay recuerdos de cosas buenas ni malas.
Con el discernimiento embotado, carecen de sensaciones.
Es como tener los sentidos noqueados.
Aunque transcurran muchos eones,
no se percatan del paso de un solo instante.
Esto carece por completo de sentido.
Cuando caen, lo hacen dando lugar a una mente maliciosa.
La naturaleza de las causas y condiciones de ese estado,
para ellos es un tema vacío de significado.

Aquellos que están en los diecisiete niveles de los reinos de la
forma[169]
-tanto los cinco niveles más elevados, que son puros,
como los doce menos elevados con sus defectos-,
hasta que el mérito basado en la ley de causa y efecto se extinga,
también sus causas y condiciones deben madurar por completo.
Quienes poseen una virtud limitada por su subjetividad,
los meditadores que practican mientras conservan sus miedos y
sus deseos
y quienes practican el dharma sin abandonar las ocho
preocupaciones mundanas:
aunque digan que se adhieren al dharma, sus mentes son impuras.
Debido a las semillas kármicas remanentes, las tendencias
latentes,

---

[168] Los *yaks* no se preocupan por la virtud ni por la no virtud. Y, además, el adjetivo
'celestial' indica que, al vivir en el reino de los dioses, no tienen grandes sufrimientos.

[169] Los cuatro reinos con forma (que constan de diecisiete niveles) son estados donde
existe una concentración meditativa altamente refinada.

aunque haya pasado mucho tiempo, la mente malévola resurge.
Cuando esta mente malévola reaparece, el mérito se agota.
Cuando el mérito se agota, se produce una rápida caída.
Y en cuanto a los sufrimientos de los devas caídos,
si lo explicara en detalle os produciría angustia.
Quedaos con esto y seguid meditando.

Así cantó.

Con una sensación de profunda desilusión, los hijos discípulos le pidieron:

- Háblanos, por favor, sobre los sufrimientos de los asuras.

En respuesta, Milarepa cantó esta canción de realización:

Hago súplicas al guru y a la asamblea de las dakinis.
Concededme vuestras bendiciones para que la bodichita surja en
mi corriente mental.

Ningún sufrimiento es mayor que el de los asuras,
perturbados por su crueldad y destruyéndose entre ellos.
Confundidos respecto a lo que es la mente, se engañan a sí
mismos.
Debido a sus sentimientos desagradables, su forma de percibir la
realidad es burda.
Cualquier cosa que surge la toman como enemiga,
de manera que no tienen ni un solo momento de placer.
Sin ningún aprecio por su propia vida, cometen todo tipo de
acciones negativas.
Es difícil para ellos pensar en ayudar a los demás.
Agitados por su actividad belicosa,
no son capaces de escuchar a nadie.
Para explicaros cuáles son las causas y condiciones de todo ello:
es el deseo de su propia felicidad y el aplastamiento de los demás,
amando a la gente cercana y odiando a los enemigos.
Con su egocéntrica conducta orgullosa,
por el poder del karma, han tenido un mal renacimiento.
Tomando una mala existencia, se complacen en la negatividad.
Debido a los resultados kármicos negativos, son agresivos hacia

el resto de los seres.
Es difícil encontrar el modo de ayudarlos[192].
Todos vosotros que estáis hoy aquí, ¡meditad hasta el momento
de vuestra muerte!

Así cantó.

Entonces, Shiwa Ö dijo:

- Háblanos ahora, por favor, de nuestros sufrimientos, los de los seres
humanos.

Y, Milarepa, en respuesta, cantó esta canción de realización:

Señor, Buda oculto con forma humana,
me postro a los pies de Marpa de Lhodrak.

Nosotros, los seres que estamos aquí con un cuerpo humano,
tenemos gran poder tanto para la virtud como para lo negativo.
Tenemos el poder de los seis elementos al completo.
Vosotros, jóvenes repas que deseáis ser eruditos,
si no conocéis los puntos clave y esenciales,
es inadecuado que afirméis tener gran conocimiento.
Si no realizáis la raíz de la mente,
es una mentira que afirméis llevar practicando muchos años.
Si no existe conexión entre el campo de mérito y vuestra
intención,
aunque seáis generosos, todo será en balde.
Si no beneficiáis a los demás de manera incondicional,
cualquier buena ayuda que ofrezcáis solo será con expectativa de
retribución.
El habla directa del estúpido que no sabe ni por dónde va
es la base de todos los errores.
Si conoces la forma adecuada de prestar ayuda,
hasta la sabia mentira puede ser virtuosa.
Afirmar "A mí no me afectan las causas"
es el mayor de los engaños y trae sin falta perjuicio.
Cuando la virtud florece en la mente,
incluso la tierra, las rocas y las plantas son motivo para la virtud.

No hay nadie más relajado que una persona plenamente
consciente.
No hay nadie más hambriento que un perro que busca comida.
Si uno es descuidado, vive temeroso del miedo a la autoridad.
Los ricos son víctimas del sufrimiento de tener de todo.
Los pobres son víctimas del sufrimiento de carecer de todo.
Tenerlo todo y estar falto de todo, ambas cosas producen
sufrimiento.

Hijo, si puedes practicar el dharma genuino, encontrarás la
felicidad.
Comprende bien esto y dedícate a meditar siempre.

Así cantó.

Entonces, los discípulos dijeron:

- En efecto, así es el sufrimiento de los seres humanos, tal como el
Jetsun lo ha explicado. Y, aunque hablar del sufrimiento de los reinos
inferiores es casi insoportable, es de ayuda para espolear hacia el dharma
a las personas aptas. Háblanos, por favor, de esos sufrimientos y de las
causas para renacer en los reinos infernales.

A causa de la petición, Milarepa cantó esta canción de realización:

Suplico al protector de los gurus:
concede tus bendiciones para que el miedo a los reinos inferiores
se disipe.

Quienes comen carne y beben sangre
y tienen el karma de matar
sufren el fuego de los ocho infiernos calientes.
De modo que, si no echáis en olvido la virtud,
es posible que alcancéis la liberación.

Quienes comen alimentos inadecuados
tienen una fuerte fijación por la comida,
y a causa de ello guerrean, someten y roban,
por lo que renacen en los ocho infiernos fríos.
Sin embargo, si no desarrolláis puntos de vista erróneos sobre el
dharma,

tal como se enseña, tendréis una oportunidad de alcanzar la
liberación.

Si os es posible recordar las Preciosas Joyas,
cuando os vengan a la memoria, se os mostrará la liberación.
Cometiendo karma negativo una y otra vez,
bajo el poder del karma de la negatividad y la mala intención,
porque se desea la felicidad propia,
se acaba matando al maestro, al padre, a la madre,
robando las ofrendas de fe de los demás a las Tres Joyas.
Con sus discursos que incitan a los demás a la conducta errónea,
dicen "No hay nada verdadero en el dharma".
Estos son abrasados en el infierno del tormento sin fin:
un lugar del que es verdaderamente difícil salir.
Hijo, si piensas en ello, acabarás deprimido.
Concentra tu mente en el dharma y esfuérzate en la meditación.

Así cantó.

Y, de nuevo, los repas dijeron:

- Si, por el simple hecho de oír hablar de ello, uno se siente aterrado
ante tales sufrimientos, ¿qué será experimentarlos en el propio cuerpo?
Sin embargo, por el bien de los seres, te rogamos que nos des enseñanzas
sobre los sufrimientos de los pretas.

En respuesta, Milarepa cantó esta canción de realización:

Me postro ante mi señor, el guru.
Te ruego que me aceptes con compasión para que pueda
desvanecer el miedo a los reinos inferiores.

Los seres infernales se complacen en matarse a sí mismos,
pero huir a la carrera aterrorizados no les traerá la libertad.
Dado que los pretas toman la apariencia de sus enemigos,
¿dónde pueden ir?, ¿en qué lugar encontrarán refugio?
Los animales se comen unos a otros para alimentarse;
¿contra quién pueden tomar represalias?, ¿con quién van a
pelearse?
El sufrimiento de los pretas, en particular,
proviene de la avaricia y la malevolencia.

Cuando se encuentran en tal estado, no conocen la virtud.
Con tal mezquindad, no pueden ni comer,
y les resulta imposible dar algo a los demás.
Obsesivamente al acecho y acumulando cosas,
como ratas, nunca están satisfechos.
Entonces, todo el sufrimiento que acumulan se lo infligen a los
demás.
Cuando alguien muere dominado por la avaricia,
resurge en el bardo de las percepciones de los pretas;
y con ese karma de perspectiva errónea, siente hambre y sed.
Cuando contempla la riqueza y los placeres ajenos,
desarrolla una mente malévola y avariciosa.
Con un karma semejante, cae una y otra vez.
Yo mismo, un meditador perseverante,
canto esta melodía aquí para vosotros
sobre los sufrimientos, sus causas y sus consecuencias, de los
pretas.
Vosotros, repas aquí reunidos, mis hijos discípulos,
comprended mis palabras, ¡y persistid en la meditación!

Así cantó.

Entonces, Shiwa Ö dijo:

- Por favor, háblanos también sobre los sufrimientos de los animales.

Y Milarepa cantó esta canción de realización:

Me postro ante mi señor el guru.
Te ruego que me aceptes con compasión para que pueda
desvanecer el miedo a los reinos inferiores.

Los animales son seres carentes de inteligencia e ignorantes.
La necedad es la causa de la mayoría de los animales.
Por el poder de la ignorancia y del karma negativo,
no entienden la verdad del karma
y no distinguen entre la virtud y la negatividad.
Pasan la vida simplemente vagando de un sitio a otro.
Son incapaces de razonar y de discriminar,
como un hombre ciego aturdido que lo hiciera todo desde la

ignorancia.
No comprenden la virtud ni la falta de virtud.
Como un hombre loco que comete miles de errores.
Algunos dicen, equivocadamente, que es bueno
no desarrollar la facultad de buscar consuelo[193].

Quienes están cargados de la negatividad de matar sin
consideración
renacen como animales carnívoros.
Quienes se engañan sobre el bien y el mal
renacen como animales comunes y corrientes.
Los seres que poseen una mente torpe y necia
acaban renaciendo como animales.
Sobre quienes han cosechado el resultado kármico de renacer
como animales
se podrían decir muchísimas cosas.
Comprended esto con claridad y dedicaos al adiestramiento de
vuestras mentes.

Así cantó.

Entonces, los repas dijeron:

- ¿Ha enseñado el Jetsun el dharma a las seis clases de seres estando
sentado en un solo lugar o se ha desplazado a cada uno de los reinos?

- He ido a cada uno de los reinos adoptando una forma acorde al mérito
de ellos, y a continuación he enseñado el dharma que era adecuado a sus
mentes.

Todos los allí reunidos para escuchar el dharma -monjes, hijos discípulos y estudiantes laicos- desarrollaron temor hacia los reinos inferiores.
Con su mirada vuelta hacia el dharma genuino, se esforzaron en abandonar los actos no virtuosos y en practicar la virtud.

En otra ocasión, el Jetsun salió volando hacia el cielo y se dejó ver
bajo diferentes aspectos. A continuación, todas esas formas confluyeron
en una sola y, haciéndose invisibles, comenzó a predicar el dharma con
voces diferentes. Mientras desplegaba tales inconcebibles portentos, Seben Repa tomó su prana; y aunque trató de unirse a él en el cielo, no
consiguió sino dar pasitos sobre el suelo en el que se encontraba.

- No tienes devoción hacia el guru -le dijo el Jetsun- ni hastío del samsara ni compasión hacia a los seres vivos ni visión pura hacia los amigos del dharma ni la misma diligencia en la práctica que yo. No esperes signos de realización sin esfuerzo. Además, hijos míos discípulos, sin poseer este tipo de causas virtuosas, no esperéis el resultado de la felicidad.

Y, a continuación, cantó esta canción de realización:

> No esperéis la iluminación en una sola vida,
> en la que vuestro karma y las condiciones necesarias no se hayan juntado.
>
> No esperéis los cuidados del guru
> sin poner en él vuestra atención.
>
> No esperéis ser maestros para los demás
> sin haberos convertido antes en discípulos.
>
> No esperéis ser alguien en quien los demás puedan confiar
> sin haber alcanzado la maestría sobre vuestra propia mente.
>
> No esperéis lograr signos de realización y *sidhis*
> sin pertenecer a un linaje auténtico.
>
> No esperéis alcanzar la iluminación a la que aspiráis
> sin someteros a una intensa práctica y meditación.
>
> No esperéis tener una compasión incondicional
> sin estar libres de las ataduras de vuestros apegos.
>
> No esperéis tener una visión libre de extremos
> sin estar libres de las ataduras del apego a las cosas como reales.
>
> No esperéis ver la esencia de la realidad
> sin la indicación de la visión directa.
>
> No esperéis tener una meditación impecable
> sin conocer el método que disipa las manchas.
>
> No esperéis la relajación de las seis conciencias
> sin cortar las ataduras desde vuestro interior.

No esperéis experimentar la gran esencia que todo lo penetra[170]
sin una determinación firme en la experiencia del *samadhi*.

No esperéis disfrutar del gozo de los tres kayas
sin cortar de raíz todas las esperanzas y los miedos sutiles.

No esperéis el resultado temporal de la felicidad
sin observar la naturaleza de la ley de causa y el efecto.

No esperéis alcanzar el supremo logro de la budeidad
sin reunir las dos acumulaciones en el más alto grado.

No esperéis complacer a vuestros hermanos y hermanas
sin actuar de acuerdo a los mandatos del guru.

No esperéis quedar libres de los devas y los espíritus
sin alcanzar un perfecto dominio de la autoconsciencia.

No esperéis superar los tres niveles del samsara
sin perfeccionar la maestría sobre las apariencias.

No esperéis quedar libres del karma negativo y del virtuoso
sin elevar vuestra mente más allá del estado ordinario.

No esperéis que vuestra mente quede libre de lo puro y lo impuro
si sois un practicante que no sale de los monasterios.

No esperéis ser una luz para los discípulos aptos
sin conocer las experiencias y los signos de la realización.

No esperéis encontrar la liberación en el bardo
sin haber sido adiestrados en las instrucciones esenciales.

No esperéis que vuestra aspiración se realice
sin mantener los votos y el adiestramiento de forma apropiada.

No esperéis complacer a las dakinis y los protectores
sin mantener con pureza vuestro samaya.

---

[170] 'La esencia que todo lo penetra' es otra forma de denominar al *tathagatagarbha*, o la esencia de buda, que impregna a todos los seres vivos.

No crucéis el río de los términos convencionales
sin poseer las escrituras, la lógica y las instrucciones esenciales.

No habléis de los demás
sin poseer las cinco percepciones extrasensoriales.

No dejéis vuestra corriente mental ir a su aire[194]
sin haber realizado la meditación que carece de distracción.

Así cantó.

En otra ocasión, ante cualquier monje que llegara a la presencia del Jetsun, su cuerpo permanecía invisible. Algunos veían una luz o una lamparilla de aceite, otros un arcoíris o agua o un lingote de oro, hasta aire en movimiento o nada en absoluto. Entonces, Repa Shiwa Ö le preguntó:

- ¿Por qué sucede esto?

- Es así -dijo simplemente Milarepa.

Y, a continuación, cantó una canción de realización:

Suplico al guru, mi señor,
concédeme tu bendición para que pueda emanar formas diversas.

Escucha, hijo mío, joven y atractivo repa.
He logrado el dominio sobre el elemento tierra;
de esta forma, la tierra es también mi verdadera naturaleza.
He logrado el dominio sobre el elemento agua;
de esta forma, el agua es también mi verdadera naturaleza.
He logrado el dominio sobre el elemento fuego;
de esta forma, el fuego es también mi verdadera naturaleza.
He logrado el dominio sobre el elemento aire;
de esta forma, el aire es también mi verdadera naturaleza.

Por haberme adiestrado en la vacuidad del espacio,
toda la existencia fenoménica está fundida conmigo y es
inseparable de mí.
Habiendo logrado el dominio sobre las apariencias de la mente y
del cuerpo
puedo emanarme como cualquier cosa.
Hacia cualquier forma que este milagroso cuerpo mío adopte,

practica la devoción y hazle súplicas.
Que recibas las bendiciones de todos los maestros sidhas.

Así cantó.

Otro día, de nuevo, delante de sus hijos discípulos y de sus estudiantes hombres y mujeres, Milarepa emanó un maestro de dharma distinto para cada uno de ellos, y un compañero de juegos para cada uno de los niños que estaban fuera jugando en la tierra. En resumen, desplegó una multitud inconcebible de emanaciones. Entonces, sus hijos discípulos le preguntaron por qué motivo lo hacía. Y el Jetsun respondió:

- Soy un yogui consciente de todos los defectos de mi mente. Las apariencias externas adoptan la forma de mis deseos, y no tengo problema en emanarlas y volver a reabsorberlas otra vez en mi propia mente.

Entonces, cantó esta canción de realización:

Me postro ante mi señor el guru.
La bendición del guru ha entrado en mi cuerpo
y he logrado el cuerpo milagroso, el nirmanakaya.
La bendición del guru ha entrado en mi habla
y puedo dar las instrucciones esenciales por medio de canciones.
La bendición del guru ha entrado en mi mente
y he realizado la mente y alcanzado la budeidad.
El fuego no me quema, el agua no me arrastra.
Mi conducta es como la de un elefante que baila[171].

Todos los seres puros,
a través de su percepción individual,
pueden ver mi cuerpo y escuchar mi habla.
A causa de su acumulación de méritos, al verme alcanzan la liberación.

Los seres impuros, a causa de su karma negativo,
no me ven en absoluto.
A través de su negatividad, experimentan sufrimiento,
y el poder de los budas no les aporta beneficio.

---

[171] El elefante simboliza la audacia.

¡Vosotros todos, aplicaos a la práctica del dharma!
¡Podría estar hablando sobre ello sin acabar nunca!

¡Ay, los llenos de negatividad, qué pena!
Los que se empeñan en mantener una conducta negativa nunca
serán liberados.
Cuando veo sus sufrimientos, me duele el corazón.
¡Todos debemos meditar cada vez más!
Dejad de pensar en lo que haréis a continuación,
pensad en cómo será vuestra próxima vida.

Así cantó, y todos sus hijos discípulos se sintieron exultantes.

De este modo, Milarepa hizo que las enseñanzas de Buda resplande-
cieran como el sol, y estableció a los seres en la felicidad temporal y última. El Señor de los Yoguis, Milarepa, fundió por completo la
meditación con la posmeditación y las apariencias con la mente. Mostró
sus signos de realización y cantó sus canciones para el beneficio de los
seres. Sus hijos del corazón recordaron estas historias y las pusieron por
escrito, para que no cayeran en el olvido, y llegaron a ser conocidas por
todo el reino de los seres humanos. En este volumen han sido reunidas
muchas de las historias y canciones, aunque habría sido imposible reunir-
las todas.

Este es el ciclo de la exhibición de los poderes de su cuerpo para ins-
pirar y animar a sus hijos discípulos. Que, además, cierra el ciclo de las
'Historias diversas'; completando así los tres ciclos sobre el modo en que
Milarepa dio las enseñanzas del Linaje de la Práctica, referidas en el octavo capítulo de *La vida de Milarepa*, dedicado a su modo de beneficiar
a los seres.

PRÓLOGO

En su prólogo, Tsangnyön Heruka elogia a Milarepa, mencionando sus muchas buenas cualidades, y establece la división de *La vida* en dos partes: 1ª Los hechos mundanos ordinarios; y 2ª Los hechos del nirvana, que es la paz suprema.

I. LOS HECHOS MUNDANOS ORDINARIOS

El nacimiento

Este capítulo comienza describiendo un sueño de Rechungpa en el que el Buda Akshobhya narra la historia de las vidas de todos los budas y bodisatvas, en particular y de manera extensa las de los maestros Kagyu Tilopa, Naropa y Marpa. Al acabar su relato, el Buda le dice que al día siguiente le contará la historia de Milarepa. Al despertar de su sueño, Rechungpa se ve obligado a preguntarle a Milarepa en persona por la historia de su vida. Al final, Milarepa accede, comenzando por hablar de su linaje familiar. Cuenta cómo su familia se hizo rica e influyente en la región, cómo él fue dado a luz con el nombre de Töpa-ga (encantador al oído) y habla del nacimiento de su hermana, Peta Gönkyi.

La verdad del sufrimiento y la práctica perfecta

Ante la insistencia de Rechungpa, Milarepa sigue contando la muerte de su padre, Mila Sherap Gyaltsen, y las dificultades que a partir de ese momento tuvo que afrontar la familia. Sabiendo que su muerte era inminente, el padre de Milarepa hizo su último testamento, confiando toda su riqueza a sus familiares más cercanos y pidiéndoles que velaran por su esposa, Nyangtsa Kargyen, y por sus dos hijos, hasta que el joven Töpa-ga alcanzara la mayoría de edad. Pero el tío y la tía toman posesión de todo imperativamente y ponen a los tres a trabajar como si fueran sus sirvientes. Durante años, Töpa-ga y su familia soportan grandes penalidades en injusta servidumbre con el tío y la tía. Cuando Töpa-ga cumple los quince años, la madre, Nyangtsa Kargyen, prepara un gran banquete con las ganancias de una pequeña parcela de tierra que poseía por herencia. Invita a todos los que tenían noticia del último testamento de Mila Sherap Gyaltsen, y en el momento culminante de la fiesta lee el testamento para que todos los presentes lo oigan. El tío y la tía se niegan a renunciar a lo que consideran legalmente suyo y de su familia y les mandan que se vayan, echando a golpes a la madre, a Töpa-ga y a su hermana. Otros familiares de Töpa-ga sienten una gran lástima y les ofrecen acogerlos, pero la madre rehúsa aceptar la caridad y continúa, sin mayores recursos, quedándose con sus dos hijos y trabajando duramente para sacarlos adelante. De esta forma, explica Milarepa, fueron infelices.

La derrota de sus enemigos

Entonces, Rechungpa le pide a Milarepa que cuente las malas acciones que realizó en su edad temprana. Y Milarepa continúa la historia narrando cómo su madre, en su deseo de venganza de los odiados enemigos, envía a Töpa-ga, junto a otros cinco compañeros, a estudiar magia negra. Le da regalos que pueda ofrecer al maestro, y le dice que se matará si él no vuelve sabiendo hacer magia negra. Él y sus compañeros van al encuentro de un guru de magia negra llamado Yungtön Trogyal, al que Töpa-ga le ofrece todo lo que lleva, además de su cuerpo, su habla y su mente. Tras una temporada a su lado y habiendo aprendido algo de magia negra, los compañeros deciden irse, pero Töpa-ga se niega a acompañarlos, diciendo que aún no ha aprendido lo suficiente para satisfacer los deseos de su madre. El guru le pregunta por qué no se ha ido con los demás, y Töpa-ga le explica la situación con su madre y su familia. Impresionado por la ofrenda de Töpa-ga de su cuerpo, habla y mente, el guru comprueba su historia y accede a enviarlo con otro guru llamado Yönten Gyatso, que le enseñará la magia negra conocida como Zadong Marnak (el Rahu de cara negra y roja). Töpa-ga se construye una celda de meditación siguiendo las instrucciones del guru y logra generar los signos de la magia negra. Sintiendo curiosidad por comprobar los efectos de sus maleficios, vuelve a su pueblo y se encuentra con que el ganado se ha transformado en escorpiones gigantes, arañas y similares, y que la casa en la que todos sus familiares celebraban una boda se había derruido, muriendo en su interior treinta y cinco personas. Su madre se regocija ante la catástrofe, y los vecinos, sabiendo que todo ha sido obra de su hijo, salen en su búsqueda para matarlo. La madre le hace llegar oro, hábilmente escondido en la ropa de un yogui errante, junto con una carta dirigida al hijo, en la que le habla del éxito de la magia negra y le incita a producir una tormenta de granizo. Vuelve con su primer maestro y recibe instrucciones para generar granizo y, desde las proximidades del pueblo, lleva a cabo la petición de su madre. Descubierto por la gente local, Töpa-ga se ve forzado a huir.

II. LOS HECHOS DEL NIRVANA, QUE ES LA PAZ SUPREMA

El encuentro con su guru

Rechungpa le pide a Milarepa que cuente su encuentro con el dharma, y Milarepa relata que comenzó a sentir un gran arrepentimiento por el uso de la magia negra y su inquietud ante la idea de que necesitaba encontrar el dharma. El maestro de magia negra de Töpa-ga, sintiendo una preocupación similar por sus propias acciones, acepta ser el benefactor de Töpa-ga en caso de que este se comprometa a estudiar el dharma y regresar para ayudarle a tener un buen renacimiento y alcanzar la liberación. De esta forma, Töpa-ga es enviado a estudiar con un maestro de dzogchen llamado Rangtön Lhaga. Este maestro alardeaba de la facilidad con la que se podía alcanzar la realización en su tradición, lo cual inspira a Töpa-ga a no hacer otra que quedarse en la cama, sin esforzarse en absoluto por practicar. Rangtön Lhaga reconoce sus limitaciones como maestro y anima a Töpa-ga a ir en busca de Marpa el Traductor. Al escuchar su nombre, Töpa-ga siente una gran alegría y devoción, y parte en busca de Marpa, preguntando a todo el mundo con quien se cruza por el camino.

Marpa y su esposa Dagmema, cada uno por su lado, tienen sueños que presagian la llegada de Milarepa. Cuando aparece, Marpa está labrando su campo (algo que no es habitual en él). Allí, el labrador (Marpa) le dice a Töpa-ga que le presentará a Marpa; y, ofreciéndole una cerveza, pone a Töpa-ga a labrar el campo mientras él entra en la casa. Töpa-ga se bebe la cerveza, acaba de arar el campo y se presenta en la casa. Cuando entra, el labrador de antes está sentado en un elevado sitial tapizado. Töpa-ga aún no sabe que se trata de Marpa. Este, entonces, le dice que se postre ante él, revelando así su identidad, y de forma brusca le dice a Töpa-ga que él le puede proporcionar o comida y refugio o dharma, pero no las dos cosas a la vez. Töpa-ga elige recibir el dharma, y durante varios días es la esposa de Marpa la que lo alimenta.

La purificación de la negatividad y la ignorancia

Milarepa continúa con el relato de su vida, describiendo un episodio en el cual presenta a Marpa como un hombre muy temperamental -sin juzgarle mal por ello-, y decide que debe de tener mucho cuidado con cómo se comporta cerca de él. Marpa, sabedor de los estudios previos y aptitudes en magia negra de Töpa-ga, le obliga a hacer maleficios sobre tres grupos distintos de personas, a lo que él obedece con éxito. A continuación, Marpa le pide que sane a la gente a la que ha atacado y les devuelva la salud, antes de darle cualquier instrucción. Töpa-ga cae en la desesperación y Marpa se presenta para consolarlo, diciéndole que él solo otorga instrucciones poco a poco. Después, Marpa le pide que construya una torre para su hijo Darma Dodé. Töpa-ga emprende la obra y, cuando está a mitad, Marpa cambia de idea y obliga a Töpa-ga a derribarla para empezar a construirla de nuevo en una ubicación distinta. Esto sucede cinco veces, cada una de las cuales Marpa da una razón distinta para que la torre vuelva a ser levantada. Durante este traumático proceso, Töpa-ga debe soportar durísimos trabajos y se llena de dolorosas llagas. Cuando el quinto intento de elevar la torre de acuerdo con las instrucciones de Marpa parece estar teniendo éxito, Töpa-ga, convencido de que está cumpliendo lo acordado con Marpa, se sienta junto a los demás estudiantes con la esperanza de recibir las iniciaciones. Para otorgar dichas iniciaciones, Marpa exige el ofrecimiento de algún regalo, y cuando Töpa-ga protesta diciendo que Marpa se lo había prometido como pago por la construcción de la torre, Marpa lo regaña y lo golpea, echándolo de allí. Töpa-ga vuelve a sentirse desmoralizado, y Dagmema lo consuela, animándolo a aguantar. Töpa-ga recibe de Marpa la orden ulterior de construir una pasarela cubierta suplementaria. Cuando llega un nuevo estudiante para recibir iniciaciones, Dagmema anima a Töpa-ga a presentarse él también, y le da objetos que pueda ofrecer como regalos por la iniciación. Marpa rehúsa aceptar los regalos, diciendo que esos objetos ya le habían sido ofrecidos por otros benefactores, y vuelve a reprender a Töpa-ga. A continuación, va a verlo para asegurarle que le dará el dharma cuando acabe la torre y la pasarela. Dagmema continúa interviniendo en favor de Töpa-ga, hasta llegar a darle su propia joya turquesa para ofrecer como regalo de iniciación. Marpa no la acepta, argumentando que la turquesa es suya porque pertenece a Dagmema, que también lo es, y golpea de nuevo a Töpa-ga y vuelve a despedirlo de su presencia. Töpa-ga, incapaz de hacer ninguna ofrenda material a Marpa, se marcha sin decírselo a nadie. Se encuentra con un hombre para el que se pone a trabajar leyendo las escrituras en su casa, y gracias a eso consigue algo de dinero. Mientras tanto, Marpa se ha quedado desconsolado por la marcha de su 'hijo destinado', y llora y se lamenta gritando: "¡Vuelve, hijo mío afortunado!".

Töpa-ga regresa por decisión propia, y parece que ahora Marpa sí que está dispuesto a enseñarle el dharma, pero aún insiste en que a la torre le faltan tres pisos para estar acabada. Frustrado, Töpa-ga vuelve a irse, esta vez incitado por Dagmema, para recibir la iniciación de Ngok Chöku Dorje, un estudiante de Marpa. Dagmema falsifica una carta firmada por Marpa ordenándole a Ngok que le dé la iniciación a Töpa-ga, y además le entrega a Töpa-ga algunos objetos rituales muy valiosos del mismo Marpa como regalo para Ngok. Este, pensando que Töpa-ga tiene el consentimiento de Marpa, se siente feliz de verlo, y le manda que organice actos de magia negra contra un grupo de obstructores del dharma. Töpa-ga consiente a regañadientes, preocupado por el karma que ello le va a traer, y recibe la iniciación y las instrucciones de Hevajra; pero su práctica de meditación no produce experiencias ni signos de realización. Ngok se entera finalmente de que Marpa no ha dado su consentimiento y le comunica a Töpa-ga que la iniciación no está activa y que, por tanto, nunca producirá signos de meditación.

Cuando llega el momento en que el propio Ngok tiene que ir a recibir nuevas iniciaciones de Marpa, reúne toda su riqueza y su ganado para ofrecérselo. En el instante de otorgarle la iniciación, Marpa revela que es conocedor de que Ngok le ha dado la iniciación a Töpa-ga, ante lo cual Ngok se siente aterrorizado. Ngok cuenta lo sucedido y Töpa-ga revela que Dagmema le dio la carta falsificada y los regalos para Ngok. Dagmema y Töpa-ga huyen, y Ngok le dice a Töpa-ga que él no puede darle ninguna enseñanza. Sin ningún lugar donde ir a recibir el dharma, Töpa-ga anuncia que se quitará la vida, aunque Ngok lo disuade diciéndole que matarse a sí mismo es la mayor de las transgresiones.

La obtención de las iniciaciones y de las instrucciones esenciales

El siguiente capítulo comienza con Rechungpa preguntándole a Milarepa cómo obtuvo finalmente las iniciaciones y las instrucciones. Milarepa continúa su relato contando que Marpa llamó a Töpa-ga. Este se muestra reticente y temeroso de una nueva bronca, pero Marpa le explica las razones de su airada conducta hasta ese momento, que no ha sido otra que purificar las fechorías cometidas por él en el pasado. Reconoce los errores de Ngok, Dagmema y Töpa-ga, pero los justifica diciendo que, debido a su motivación dhármica, se trató de una conducta correcta en su mayor parte. En particular, Marpa explica que la intercesión irracional de Dagmema ha dejado un leve residuo de negatividad en Töpa-ga, pero que las negatividades principales han sido erradicadas. Marpa, entonces, accede a aceptar a Töpa-ga como discípulo, darle las instrucciones orales y apoyarle para que haga un retiro. En primer lugar, le concede los votos de *pratimoksa* y de bodisatva, y le otorga el nombre de Mila Dorje Gyaltsen[172]. Al día siguiente, le transmite la iniciación de Chakrasamvara, con la aparición en el cielo de su mandala al completo. En este punto, el guru y las deidades le dan a Milarepa el nombre secreto de Shepa Dorje. El capítulo finaliza con Marpa explicando el significado de la gran cantidad de augurios auspiciosos que han tenido lugar en esta historia hasta el momento presente.

Los primeros brotes de la experiencia y la realización

Este capítulo se inicia con Rechungpa preguntándole a Milarepa si se quedó junto a Marpa o se fue de retiro a las montañas. Milarepa explica que se le ordenó ir a meditar a una cueva, donde permaneció meditando durante once meses, inmóvil, con una vela encendida sobre la cabeza. A continuación, Marpa le llama; Milarepa se muestra reacio a dejar su retiro, pero Dagmema le anima a obedecer las órdenes de Marpa. Milarepa

---

[172] A partir de ahora, en esta sinopsis usaremos el nombre de Milarepa en lugar del de Töpa-ga.

le ofrece a Marpa una *canción de siete ramas*, y después le resume toda su comprensión del dharma. Con ello, Marpa se siente satisfecho y vuelve a su casa con Dagmema, y Milarepa continúa meditando. En su retiro, Milarepa tiene la visión de una dakini que le insta a pedir a Marpa las instrucciones sobre la transferencia de la conciencia y 'la entrada en el difunto'. Sale para hacerle esta petición a Marpa, quien expresa su preocupación por que los obstáculos lo asedien debido a haber roto el retiro. Escuchando la visión de Milarepa, concluye que se trata de una visión profética verdadera; y se dispone a buscar entre sus textos las instrucciones que Milarepa necesita. No encontrándolas, se va de viaje él mismo hasta La India para pedirlas. Marpa regresa exitoso, habiendo logrado dichas instrucciones. Las circunstancias llevan a que Milarepa cante su profética canción sobre *Los cuatro pilares*, que Marpa interpreta como predicción del futuro del Linaje Kagyu. El capítulo finaliza con Marpa adjudicando a cada uno de sus estudiantes la práctica concreta más adecuada para ellos, y con Milarepa recibiendo instrucciones especiales sobre *chandali*. Los demás estudiantes van cada uno a su respectivo lugar dhármico, y a Milarepa se le ordena permanecer en retiro algunos años más cerca de Marpa, para poder seguir recibiendo instrucciones.

El alejamiento del guru y el regreso a la tierra natal

Rechungpa le pregunta a Milarepa hasta cuándo estuvo con su guru, y Milarepa le contesta que no permaneció varios años, como había sido su propósito inicial, sino que marchó para volver a su tierra. Durante el retiro tuvo un sueño en el que su pueblo estaba en ruinas y su madre había muerto. Con un fuerte deseo de volver a ver a su madre, fue a visitar a su guru para solicitar el permiso de regresar a su tierra. Marpa le dice que las circunstancias en que Milarepa se ha presentado a verlo (mientras Marpa dormía) es un augurio de que no volverán a verse más, pero que Milarepa iluminará las enseñanzas de Buda como si fuera el mismo sol; así que le da su permiso para irse. Antes de hacerlo, Marpa le confiere a Milarepa todas las instrucciones del Linaje de la Escucha que aún no le ha dado. Marpa le dice a Milarepa que se quede aún unos días para aclarar cualquier duda que pueda tener sobre la práctica; y Marpa y sus estudiantes, además de Dagmema, organizan un ganachakra en honor de Milarepa con motivo de su partida. Marpa le da, entonces, instrucciones a Milarepa sobre todos los lugares de montaña donde debe ir a meditar en soledad; y, también, le da un pergamino con instrucciones para abrir solo cuando llegue el momento en que tenga dificultades en su práctica. Marpa invita a Milarepa a dormir a su lado ese último día y, con gran afecto y amor mutuo, pasan la noche preocupados el uno por el otro sin hablar. Marpa, Milarepa y Dagmema cantan canciones relativas a la partida de Milarepa, expresando sus súplicas, sus aspiraciones y algunas instrucciones más. Derramando lágrimas, Milarepa parte solo, caminando de espaldas mientras puede, para ver hasta el último momento el rostro de su guru. Cuando pierde de vista a todo el mundo, se dirige a visitar al lama Ngok, siguiendo las instrucciones de Marpa, para comparar la experiencia y la comprensión de ambos. Milarepa comenta que Ngok era superior a él en cuanto a su destreza en la explicación de los tantras, que él no le iba muy a la zaga a Ngok en cuanto a la práctica, y que lo superaba en el Linaje de la Escucha de las Dakinis.

La práctica del yidam

Rechungpa le pregunta entonces a Milarepa si el sueño de la muerte de la madre fue solo un sueño o si efectivamente la encontró muerta. Milarepa relata que cuando llegó a su pueblo todo estaba en ruinas. Se encuentra con muchos pastores que, no reconociéndolo, le cuentan lo sucedido en el pueblo y cómo la antigua casa de Milarepa y los campos están poseídos, y nadie quiere acercarse por miedo a los protectores de Milarepa. Le cuentan, también, que su hermana Peta, que acabó siendo una mendiga errante, está desaparecida y que la madre murió ocho años atrás y sus huesos permanecen aún en la vieja y ruinosa casa. Milarepa se acerca hasta las ruinas y encuentra los huesos de su madre, lo que le hace sentir un dolor inmenso. Une su corriente mental con la de su madre y atisba la posibilidad real de liberar a su madre y a su padre del samsara. Entonces, toma un texto sagrado estropeado por el agua con la intención de dárselo a su viejo tutor, su maestro de lectura. Encontrando que el tutor había muerto hacía mucho, le ofrece el texto a su hijo. Este, inicialmente, duda en aceptarlo por miedo a la reacción de los protectores de Milarepa, pero tras recibir la seguridad de que los protectores no se molestarán por la ofrenda, el hijo acepta el regalo del texto. Impresionado por el cambio dado por Milarepa, de una vida de fechorías a otra de practicante del dharma, el hijo del tutor le invita a quedarse en la casa por un tiempo. Pero Milarepa está ansioso de irse a las montañas para practicar. Entonces, canta tres canciones diferentes sobre este motivo, enfatizando la impermanencia y la carencia de esencia de la vida mundana. El hijo del tutor y su esposa quedan hondamente conmovidos y Milarepa parte hacia el retiro siguiendo el mandato recibido de su guru.

La meditación constante en las montañas con grandes trabajos y perseverancia

Rechungpa le pregunta a Milarepa dónde fue el primer lugar en el que anduvo practicando el ascetismo y la meditación, y Milarepa sigue desgranando su historia. Tras el encuentro con el hijo de su tutor, este le proporcionó provisiones y se fue a practicar a una cueva cercana a su pueblo. Cuando se le acabaron esas provisiones, salió a mendigar comida entre los nómadas, y así fue a parar a la tienda de su propia tía. Ella lo reconoció y la emprendió a golpes e insultos con él por sus actos pasados. Milarepa le cantó una canción repasando todos sus sufrimientos y ella se sintió arrepentida. A continuación, apareció su enfadado y vengativo tío y, para salvar la vida, Milarepa se vio obligado a amenazarle, a él y a sus acompañantes, con la magia negra, para tenerlos a raya. Tras estos sucesos, vuelve a su retiro. Dzesé, la chica que era su prometida en la juventud, lo halla en su cueva de retiro y le cuenta que le ha sido imposible encontrar marido debido a que todos los hombres sienten miedo de las consecuencias por los actos de magia negra de Milarepa. Milarepa le ofrece utilizar su casa y sus campos en caso de que su hermana Peta esté también muerta, pero ella no acepta. La tía oye que Milarepa está ofreciendo su casa y sus campos, y regresa disculpándose y pidiéndoselos para sí misma. Milarepa accede a dárselos si le provee de provisiones a cambio de la producción de los campos. Ella se muestra de acuerdo en un primer momento, pero finalmente deja de facilitarle provisiones y le dice que tiene que irse de allí, contándole la mentira de que los antiguos vecinos los buscan, a ella y a Milarepa, para matarlos. Milarepa aprovecha la conducta falaz de su tía como oportunidad para practicar la paciencia y, con gran tristeza, se marcha, resuelto a permanecer en retiros de montaña. Después de tantas extremas penalidades, siente el deseo de tomarse un descanso de la vida de retiro y acumular provisiones, pero cambia de idea recordando el solemne compromiso de permanecer en retiro.

Cuando sus provisiones se agotan por completo, Milarepa recurre a las ortigas como alimento. A causa de ello, su piel y sus cabellos se vuelven de un verde claro. A continuación, se suceden una serie de episodios con visitantes, bandidos y otra gente que se echan sobre Milarepa buscando aprovecharse de él o robarle. Pero todos acaban yéndose con las manos vacías, o con la mera invitación a comer las mismas ortigas con las que él se mantiene.

En una fiesta popular, Peta, la hermana de Milarepa, oye hablar de su hermano, del que se cuenta que está en retiro; y, junto a Dzesé, va en su busca. Cuando llega a la cueva de Milarepa, se lo encuentra esquelético y verdoso de comer tantas ortigas. Peta se queda consternada al verlo en tal estado. Milarepa se siente a la vez alegre y triste de verla, y se recupera algo con las provisiones que ella lleva. Peta y Dzesé le animan a salir a mendigar provisiones, pero él se resiste, manteniendo a toda costa su compromiso de permanecer en retiro, y argumentando que el estado miserable en que se encuentra mientras practica no es nada comparable con los seres que sufren en los tres reinos inferiores. Aún afectadas por su aspecto, Peta y Dzesé continúan trayéndole provisiones, pero él siente que cuando come la buena comida que le traen es incapaz de meditar. Viendo esto como un gran obstáculo, abre el pergamino que Marpa le dio: contiene instrucciones para cuando los obstáculos se presenten en su práctica. Y, basándose en esas instrucciones, toma conciencia de que los constituyentes sutiles de su cuerpo necesitan alimento para permitirle 'ascender' en consonancia con su práctica yóguica. A partir de ese momento, y debido a empezar a alimentarse mejor, su práctica florece y alcanza realización y dominio de su cuerpo sutil. Se vuelve, entonces, capaz de realizar diferentes milagros, como levitar y transformar su cuerpo.

Milarepa se encuentra con muchas otras personas a las que declara su compromiso de practicar estrictamente el dharma. Más adelante, Peta vuelve a tratar de convencerlo para que abandone el retiro, esta vez convirtiéndose en asistente de Bari Lotsawa, un lama famoso. Milarepa protesta que eso solo sería una distracción de su práctica de abandonar las ocho preocupaciones mundanas. Peta, avergonzada por que él vaya desnudo, le proporciona tela para que se haga una ropa apropiada. Ella se va y, cuando vuelve, se encuentra con que él ha usado la tela para hacerse un gorro, guantes, botas y una funda para el pene. Peta se queda horrorizada y Milarepa le dice que no siente necesidad de avergonzarse de nada; que, si ella se siente avergonzada, debería deshacerse de esas partes de su propio cuerpo que le producen vergüenza.

Más adelante, la tía de Milarepa, esta vez verdaderamente arrepentida, va a verlo, mientras Peta está también presente. Peta trata de impedir que la tía se acerque a Milarepa, pero este, sabiendo qué es lo que un verdadero practicante del dharma debe hacer, la admite en su presencia y se encarga de que ella confiese sus faltas. Él le da extensas enseñanzas sobre el karma, la ley de causa y efecto, y ella vuelve su mente hacia el dharma, alcanzando finalmente la liberación.

La última parte de este capítulo se aparta de la historia biográfica de Milarepa. Repa Shiwa Ö expresa su asombro ante la resistencia de su maestro en las dificultades, y dice que ni él ni ningún otro de los discípulos son capaces de practicar de ese modo, por lo que Milarepa debe de ser algún tipo de emanación de Buda. Milarepa le responde que, si se considera a fondo la ley de causa y efecto, lo soportado por él no es nada especial; y además que, aunque él fuera emanación de un ser infernal, el hecho de que sus discípulos lo vean como un buda les confiere las bendiciones de Buda. Dice, también, que sugerir que él sea emanación de un buda anterior o de un bodisatva es signo de que ellos no tienen confianza en la eficacia del Mantra Secreto. Cualquier persona con una sincera convicción respecto a la ley de causa y efecto sentiría temor de los reinos inferiores y alcanzaría la budeidad.

Su dedicación a las enseñanzas y al beneficio de los seres vivos

Este capítulo dibuja el recorrido de los lugares en los que Milarepa ha practicado y hace una lista de los estudiantes principales que ha tenido, de los cuales se hace un informe pormenorizado en las *Canciones reunidas*.

La disolución de su kaya formal en el dharmadatu

En el capítulo final de *La vida de Milarepa*, de Tsangnyön, deja de ser el propio Milarepa quien cuenta su vida a sus discípulos, y se cede la voz a un narrador en tercera persona.

El capítulo comienza hablando de Geshe Tsakpuwa, un erudito intelectual del dharma, que no encarna las enseñanzas para nada. Está muy celoso de Milarepa y chantajea a su amante, a cambio de la promesa de una turquesa de gran valor, para que le ofrezca a Milarepa una cuajada envenenada. Milarepa se da cuenta del plan y sabe también que el gueshe no tiene la intención de darle a ella la turquesa; de modo que le dice a la mujer que le traiga la cuajada más tarde, para que reciba antes la turquesa del gueshe. Ella lo hace así, recibe la turquesa y a continuación le confiesa a Milarepa la trama antes de darle el alimento envenenado. Milarepa dice que él ya estaba al tanto del veneno, y que incluso si lo hubiera tomado no le habría hecho daño; pero, dado que su vida de práctica y guía de sus discípulos ha llegado a su término, es para él tiempo de morir. Y toma la cuajada para que las intenciones del gueshe se cumplan. Sabiendo que su muerte es inminente, convoca a su alrededor a todos sus discípulos y estudiantes laicos, y durante varios días les da enseñanzas.

Una gran variedad de signos maravillosos y de milagros se manifiesta, con los devas apareciéndose a algunos de los presentes. Cuando se le pregunta por el motivo de estos signos, Milarepa explica que los devas han venido para escuchar el dharma y que aquellos que han reunido lo suficiente de las dos acumulaciones son capaces de verlos. Aprovecha, entonces, para aconsejar a todos que reúnan las acumulaciones. Los estudiantes de Nyanang, de Dingri y de otras regiones intuyen que no va a vivir ya mucho tiempo y le ruegan que vaya a sus poblaciones una vez más. Milarepa expresa su intención de ir a esperar la muerte en Drin, en la región de Chuwar, y les pide a los estudiantes que hagan aspiraciones para renacer en un reino celestial puro.

Los estudiantes, finalmente, empiezan a darse cuenta de que Milarepa podría morir pronto y le ofrecen preparar ceremonias de larga vida para ayudarle. Milarepa les contesta que no serviría de nada. Y, a continuación, se dedica a dar una serie de enseñanzas dhármicas explícitas y algunos consejos. Geshe Tsakpuwa oye decir que Milarepa ha empeorado y acude para ofrecerle hipócritamente sus respetos. Creyendo que Milarepa es incapaz de hacerlo, le pide que le transfiera su enfermedad. Milarepa se niega, diciendo que, aunque él puede tolerarla, el gueshe no la resistiría ni un solo instante. El gueshe manifiesta públicamente sus dudas, y Milarepa, para demostrarle de lo que es capaz, transfiere su enfermedad a la puerta de la habitación, que se rompe y se hace astillas. El gueshe sigue siendo escéptico y Milarepa le transfiere una pequeña parte de la enfermedad que está afectando a la puerta; y entonces el gueshe se derrumba, retorciéndose de dolor. A continuación, Milarepa recupera la enfermedad sobre sí mismo. El gueshe experimenta un arrepentimiento genuino, confiesa sus faltas y ofrece todas sus pertenencias a Milarepa, quien lo perdona sin aceptar las ofrendas. El gueshe acaba renunciando a esta vida y se convierte en un excelente practicante del dharma. Milarepa, diciendo que solo se había quedado para darle al gueshe la oportunidad de confesar su acto negativo, inmediatamente se dirige a Chuwar para 'escenificar allí la apariencia de su enfermedad y su muerte'.

En Chuwar, da enseñanzas y, a continuación, entrega algunas pertenencias suyas a los discípulos para crear una buena conexión; y les pide que no muevan su cuerpo hasta que llegue Rechungpa. Entonces, da algún consejo dhármico más y, a la edad de ochenta y cuatro años, su cuerpo se disuelve en el *dharmadatu*.

Muchos otros signos aparecen, ante la presencia de los devas y las dakinis hasta el final de los ritos funerarios. Entonces, surge el conflicto de quién se hará cargo del cuerpo y dónde será incinerado. Un 'joven divino' aparece en el cielo y, con la voz de Milarepa, canta una canción en la que declara la locura de pelear por un cuerpo que se ha disuelto en el dharmakaya. Como consecuencia, la disputa cesa y todo el mundo se siente feliz, pensando que han visto a Milarepa. Los discípulos y los vecinos de Drin se sienten aliviados por no haber perdido el control sobre el cuerpo y la gente de Nyanang se queda con la convicción de que lo han conseguido ellos, y proceden a su cremación en Lachi. Mientras tanto, en Drin los estudiantes rezan sobre el cuerpo, que ha quedado reducido al tamaño del de un niño de ocho años. Pensando que Rechungpa ya no va a venir, tratan de poner en marcha la cremación del cuerpo, pero no arde. Tras escuchar una canción cantada por las dakinis, Ngendzong Repa opina que es probable que Rechungpa esté viniendo y que esa sea la causa por la que el cuerpo no arde.

Rechungpa está en Lorodol cuando tiene un sueño en el que se encuentra con Milarepa, y después una visión de las dakinis urgiéndole a ir a encontrarse con él, de lo contrario nunca más volverá a verlo. Rechungpa parte y a mitad del camino se encuentra con Milarepa en persona, haciendo que Rechungpa se cuestione si realmente ha muerto. Cuando llega a Chuwar, unos jóvenes discípulos que no lo conocen le impiden que se acerque al cuerpo. Rechungpa canta un lamento fúnebre de anhelo y tristeza. En ese momento, el cuerpo de Milarepa recupera su brillo y arde en llamas. Rechungpa, finalmente, se acerca al cuerpo y Milarepa le habla, diciendo a todo el mundo que escuchen su canto final, su último testamento, que canta desde la sala de cremación. Con ello, su cuerpo vuelve a disolverse en la claridad y la sala de cremación se transforma en un palacio celestial. Muchas visiones milagrosas se dejan ver, con devas y dakinis cantando y haciendo ofrendas. Cuando las llamas se apagan, los estudiantes y los discípulos entran en la sala con la esperanza de recobrar alguna reliquia sagrada. Rechungpa descubre que las dakinis se han apropiado de ellas y canta una canción llena de sincero anhelo. Cuando acaba de cantar, una reliquia del tamaño de un huevo desciende del cielo y todos los discípulos quieren agarrarla, gritando "¡Es mía!". La reliquia, entonces, vuelve a ascender y se transforma en diferentes objetos, uno de los cuales es una estupa de cristal. Las dakinis cantan una canción explicando que se trata de un objeto de devoción para todo el mundo, que no está asignado a ninguna persona individual. Ellas explican que la compasión de la reliquia siempre estará presente para todos los que le ofrezcan plegarias. Entonces, Repa Shiwa Ö canta una canción de súplica pidiendo a las dakinis que permitan que la estupa permanezca en este plano como objeto de devoción para los discípulos humanos. La forma de Milarepa aparece dentro de la estupa y canta una canción que disipa la noción errónea de que los discípulos necesiten un objeto material hacia el que mostrar devoción. Y la estupa es arrebatada por las dakinis.

Desconsolados, los discípulos ofrecen plegarias, y la voz de Milarepa les revela que hay un objeto digno de veneración bajo una piedra sobre la que han aparecido cuatro letras escritas. Encuentran la piedra y la llevan a Chuwar, donde permanece en la actualidad. Entonces, deciden que tienen que buscar el oro que Milarepa había dicho que les dejaba. En el lugar anunciado por Milarepa encuentran una tela, un pequeño cuchillo y un terrón de azúcar. Sobre la hoja del cuchillo, hay inscrito un mensaje que les dice que corten la tela y el azúcar en pequeñas porciones y las repartan, que la tela y el azúcar nunca se agotarán, y que cualquiera que los toque o pruebe será liberado de los reinos inferiores durante siete vidas. El mensaje concluye diciendo: "Cualquiera que diga que Milarepa tenía oro, que su boca se llene de mierda". Y, aunque se quedaron tristes, esto hizo reír a los discípulos más antiguos. Otros signos milagrosos tuvieron lugar, mientras una lluvia de flores que sirvió para bendecir la tierra y atenuar las enfermedades y los conflictos caía del cielo. El capítulo finaliza con una afirmación última sobre el ejemplo perfecto que fue Milarepa y cómo benefició a todos los seres.

107. Más literalmente: "El trulkhor, el método para preparar el cuerpo, es gozoso" (tib: *'phrul 'khor lus kyi bca' thabs bde*).

108. Tib: rag ma byang chub sgrub pa'i rdzong // brag dmar mchong lung khyung gi rdzong // brags dmar spo mtho nam mkha' rdzong // mon yul stag phug senge rdzong// ka tya'i shel phug chu shing rdzong // brag dkar rta so dbu ma rdzong //

109. Tib: khyod kyis sems can la lus ngag yid gsum gyi sgo nas phan gang thogs gyis/ than a 'brel gtam dang gleng mo sogs kyis kyang sems can la phan 'dogs gyis gsungs yod pas/ nang du thongs shog gsungs pa ltar nang du bos. Traducción basada en el texto Stories and Songs, de Scott Wellenbach (90).

110. Tib: chos skad kyi lan tshul bzhin 'debs rgyu yod na thob/ de min dkor kho na rang za zhing 'chal glu len pa'i kha der dkor zas rung bas. (TN)

111. Tib: sdig pa stobs che khyad du tshe stod slob gnyer la sdug thag spyod nus pa ngo mtshar che. (TN)

112. Leemos *ga dar as gad dar*, que significa 'aclarar' o 'vencer holgadamente'.

113. Tib: dmar chung byad.

114. Tib: *tho tsam*. (TN)

115. Tib: ston pa cis kyang mi nyan na/ rang re kun gyis mig gis mthong/ rna bas thos/ rgyun du 'grogs pas cha rgyus yod la/ 'dris che chung med pa'i chos.

116. Tib: nam mkha' sra zhing 'thas pa rdo rje.

117. Tib: mig 'phrul shes pa dang byed pa rung yang mi rung/ khyod rang mi nag pa rnams mgo skor thabs su gyis zer bas. (TN)

118. Tib: kha lan sbyin pas ci la phan.

119. Tib: 'khor los sgyur rgyal rin chen 'dzin// rigs lnga bya 'phur chos nyid klong//

120. Tib: *lan chags bu la byi dor gyis*. Literalmente: "Purifica a tus hijos con los que estás en deuda kármica".

121. Leemos: rdo rjes bzlad pa as rdo rje'i bzlad pa.

122. Tib: gyur mo lto dkar.

123. Tib: gdams ngag ma thob dgu thob bam.

124. Este verso, en realidad, dice "El Gran Gozo: la Lámpara del Habla" (tib: *bde chen gsung gi sgron me dang/*); sin embargo, el resto de las veces que se menciona en el texto esta enseñanza de *Los ciclos del dharma de las dakinis sin forma* se la llama como acabamos de hacer aquí; de manera que hacemos esta corrección por coherencia. Es posible que la redacción original sea un nombre alternativo para esta enseñanza.

125. Tib: *spyod pa chu yi ral gri dang*. Literalmente: "conducta, la espada de agua"; lo hemos adaptado por coherencia.

126. Tib: bsam gtan thun 'jog gdams ngag.

127. Tib: rnal 'byor pa nangs nub med par sprang nus de las la bzang ste/ nges rnams kyis skyel yang mi zin par 'dug/ kyed rnams za 'dod pa rang gis chog pa min/ mi la yod dgos. (TN)

128. Literalmente: "la pequeña abeja tigre" (*stag chung bung ba*).

129. Literalmente: "En todas partes, uno necesita tener un espacio íntimo para su vergüenza" (*ngo tsha'i rib ma gar yang dgos*).

130. Literalmente: "puente de nubes" (*sprin zam*).

131. Tib: snying thon 'gro ba lta bu.

132. Tib: Ali dang kAli.

133. Literalmente: "hijos de animales" (*dud 'gro'i bu*).

134. Tib: *khel le*.

135. Tib: shes bzhin sdig mi gsog pa ltad mo rkyang che bar gda'/ rje btsun grub rtags de tsam ston pa sdig mi mdzad pas/ bdag gi dpe cha rnams gnang bar zhu zer/

136. Tib: *mi thar pa'i lus*. (ATW)

137. Tib: *khong yus shod*. Interpretamos *yus* como 'verdad' (DSD).

138. Literalmente: "No querer dejarse llevar por…" (*skyer ma 'dod*).

139. Tib: *'jug thal*.

140. Tib: nyin par klog pa thos bsam gyi bya ba la nan tan che bar mdzad cing/ mtshan mo spong ba bsam gtan dang skor ba la sogs.

141. Tib: nub gyur mo nya.

142. Literalmente: "vello corporal" (*spu*).

143. Tib: 'phrul 'khor btsan thabs kyi brdeg 'tshog.

144. Tib: steng gi gegs sel.

145. Tib: mtshal dmar 'obs kyi bad kyis brgyan. (TN)

146. Tib: gong mtshan dngul gyi pho long btab. (TN)

147. Tib: don thogs pa med pa.

148. Tib: phangs rungs.

149. Tib: phyi yul lung gsum gyi che rgu yis.

150. Nuestra traducción sigue El tesoro negro, DN 710: theg pa'i khyad par ma rtogs par// rang sems ming la zhen pa yi// lta ba nga yir bzung nas ni// gzhan la skur pa mi gdab 'tshal//. TNH: theg pa'i khyad par ma rtogs pa'i// rang sems ming la zhen pa yis// lta ba yir bzung nas ni// gzhan la skur ba mi gdab 'tshal//.

151. Nuestra traducción sigue El tesoro negro, DN 711: zag bcas bde ba'i rba klong du// rnam rtog rag par lus pa yin// bde ba'i ro myong med par bya//. TNH: zag bcas bde ba'i rba klong du// rnam rtog rags pa nub pa yi// bde ba'i rom yang mi bgyid 'tshal//

152. Tib: tha mal thug phrad ma rtogs na.

153. Leemos: gdod chung as 'dod chung.

154. Tib: yang 'dre mos ka phung la gtong ngam zer byung bas.

155. Usamos la definición de *sme bar byas pa* que se da en DSM para 'ensuciar' (*sme ba can*).

156. Tib: chab dang cho lo gzhi 'ding 'di// 'byung bo gtor ma rtsod pa 'dra//.

157. Tib: de la kha rtogs 'jal ba rnam// lag mgo me la sprug pa 'dra.

158. Tib: *lha zhugs*; literalmente, "entrada de la deidad". Puede referirse a un estado de trance inducido por una deidad que posee el cuerpo de un individuo.

159. Tib: *bshos*.

160. Tib: 'bangs rlung gis khyer ba gung dang mnyam. (DPR)

161. Literalmente: "poner atención en sus palabras es rey" (*mi kha la nyan na rgyal po yin*).

162. Tib: shal ma ri la 'degs nyen gda'. Nuestra traducción se basa en la lectura: shal ma ri as shal ma li.

163. Tib: ming yang spro ba skye ba'i phyir. (DPR)

164. Literalmente: "El océano de la sangre en las rosadas mejillas se seca" (*mkhur tshos khrag gi rga mtsho bskams*).

165. Literalmente: "la protuberancia facial, la nariz, también se reseca" (*byad kyi rgyang shing sna yang zhom*).

166. Tib: sdug bsngal yi chad spangs shing 'khor.

167. Tib: chos par thugs rje chen po dgos pas bu dang re'u lug mi sdug tsam dang/ dge las rnams mdzad pas skyon dogs med lags zer ba. (TN)

168. Tib: ka ba 'breng bas brabs pa 'dra.

169. Tib: 'ud gog rbad gtam byed pa 'dra. (TN)

170. Tib: yod lo byed pa ya re che. (TN)

171. Tib: ya nga med pa'i zhe dogs can.

172. Literalmente: "Todavía hay algo que no acaba de estar bien con eso" (*des cung mi phan*).

173. Tib: *cug re drag*. Se trata, probablemente, de una expresión coloquial cuyo significado exacto permanece desconocido.

174. Tib: gang nas bsams snang ba'i 'khrul lugs la.

175. Tib: *mo go 'gyur 'gugs dbyangs su gda'i*. Una traducción más literal sería: "Si no lo entiendes, es una canción de llamada."

176. Tib: *phag chod.*

177. Tib: rnam rtog mgo lo rgod pa yis. (DPR)

178. Nuestra traducción sigue El tesoro negro, DN 616: ngos lkog gi khyim sgo che ba ste. TNH: ngo lkog bri sgyogs che ba yis.

179. Tib: *'ur ding.*

180. Tib: *'phyo ba.*

181. Tib: las ngan ltag tshan ched pa 'am.

182. Tib: srang rdo mgo.

183. Antes de cada uno de los versos que comienzan diciendo "Que vosotros…", la versión de Tsangnyön (TNH) añade otro verso de oscuro significado: *sho mas kyang ku re zhus pa lags*. Dado que este verso no está en las versiones de *El tesoro negro* ni en *Los doce hijos principales*, ha sido omitido en la nuestra.

184. Tib: snying rje'i mgron khang.

185. Tib: zhi ba 'od kyis phyin pas/ khos rje btsun gyi thugs rje'i zil ma bzod par zhi ba 'od chas pa tsam la nga 'gro nga bon po'i bla 'khyer mkhan snang yul gyi bdud nga ra mi zan bya ba yin/ bon po'i chos la gtad so mi 'dug pas rngan chan byed 'ongs pa yin zer/ srang bar na mar sngo thul zhol le song ba ded pas ri logs la spyang kyir byas song skad/. (DPR)

186. Nuestra traducción sigue El tesoro negro, DN 228: ngo lkog mkhan cig gtsang gtsang mang. TNH: ngo log mkhan zhig gtsang sbra mang.

187. Leemos: *nog as nongs.*

188. Tib: mthun 'gyur byung ngo.

189. Tib: the'u rang sris la rku ba yin.

190. Tib: dgra bu tsha lus las chad dang gnyis// bskyangs shing 'khang ba'i 'khor g.yog gsum//.

191. Estos cuatro versos (según DN 232), en El tesoro negro, se leen: 'jig rten lha yi bde ba yang// g.yer ni lha zhes che zhing 'dug// skad ni g.yu 'brug bzhin du cher grags kyang// de la snying po mi 'dug ste//.

TNH: 'jig rten lha dang mi yi bde ba yang// g.yeng ni lha g.yag bzhin du che zhing 'dug// skad ni g.yu 'brug bzhin du cher bsgrags kyang// de la snying po mi 'dug ste//.

192. Tib: yin pa min te bya thabs dka'.

193. Tib: dbugs dbyung dbang po ma skyes pa.

194. Nuestra traducción sigue El tesoro negro, DN 454: rang rgyud yan pa 'di ma re mdzod. TNH: rang rgyud yal bar ma btang mdzod.

GLOSARIO

Este glosario contiene explicaciones generales para los términos que aparecen en el libro. Su intención es ser una ayuda inmediata para el lector, sin ser exhaustivo. Se anima a los interesados en una información más detallada a consultar otras fuentes budistas, entre las muchas asequibles, tanto las impresas como las fácilmente rastreables en Internet. En adelante, se emplearán las siguientes abreviaturas:

'S' para sánscrito; y 'T' para tibetano.

abhisheka (S: *abhiṣeka*; T: *dbang*). Ceremonia en la que el guru da la iniciación al discípulo para entrar en el mandala de una particular deidad. En el yoga tantra más elevado hay cuatro iniciaciones principales: 1- la iniciación de la *bumpa*; 2- la iniciación secreta; 3- la iniciación prajña-jñana; y 4- la cuarta iniciación, o iniciación de la palabra.

aflicciones (S: *kleśa*; T: *nyon mongs*). Son los estados perturbados de la mente, también llamados 'venenos'. En ellos se incluyen las emociones negativas. Los tres venenos raíz son: el apego, la cólera y la ignorancia.

Akanishta (S: *Akaniṣṭha*; T: *'Og min*). Literalmente: "no inferior". Akanishta es el cielo más elevado de los reinos de la forma. En la tradición vajrayana, hace referencia al reino del sambhogakaya, del que proceden los reinos puros del nirmanakaya.

amrita (S: *amṛta*; T: *bdud rtsi*). Generalmente es un néctar o un líquido que tiene propiedades de sanación. En el contexto vajrayana, es una sustancia sagrada que se utiliza en algunos rituales y simboliza el conocimiento o la sabiduría.

anutarayoga tantra (T: *bla na med pa'i rnal 'byor rgyud*). Es el tantra más elevado, de las cuatro clases que existen. En la tradición de Milarepa se pone un énfasis especial en él. Los otros tres tantras son: el kriya tantra, el carya tantra (también llamado upa tantra) y el yoga tantra.

ashé (T: *a shad*). Es el nombre que recibe la letra tibetana A mayúscula (ཨ). Es la forma que se visualiza, bajo el ombligo, cuando se hace la práctica de chandali, cuya finalidad es generara el calor yóguico. A-thung (T: *a thung*), literalmente "a minúscula", es un sinónimo.

asura (T: *lha ma yin*). Los asuras son los dioses menores, una de las seis clases de seres del reino del deseo. Afligidos por los celos, siempre andan metidos en disputas.

avadhuti (S: *avadhūti*; T: *dūti*). Es el canal central del cuerpo sutil, también llamado 'nadi'. En las prácticas yóguicas, uno de los objetivos es gobernar el prana haciéndolo entrar en el canal central.

ayatana (S: *āyatana*; T: *skye mched*). (1) Categoría del abhidharma que incluye las seis facultades sensoriales y sus objetos. (2) Estado de absorción meditativa que corresponde a uno de los cuatro reinos sin forma (llamado también los cuatro ayatanas).

bardo (T: *bar do*). Estado intermedio. Se usa con mayor frecuencia para referirse al estado entre la muerte y el siguiente renacimiento; pero puede referirse también a cualquier otro 'bardo', como los estados de sueño, de meditación profunda o el despertarse del sueño.

base (S: *ālaya*; T: *kun gzhi*). La 'base' es la naturaleza básica de la mente, la mente en sí misma, o naturaleza de buda.

bhuta (S: *bhūta*; T: *'byung po*). Demonio sin forma, que causa daño a los demás.

bindu (T: *thig le*). Esencias sutiles. El 'bindu' es uno de los tres componentes clave de la práctica yóguica, junto con el nadi y el prana. "Dicho sencillamente, el bindu corresponde a la mente y al dharmakaya" (Callahan 2014, XXVI).

bodichita (S: *bodhicitta*; T: *byang chub sems*). Literalmente: mente del despertar o de la iluminación. La bodichita absoluta es la vacuidad inseparable de la compasión, más allá de cualquier palabra o concepto. La bodichita relativa es el deseo de alcanzar la iluminación para el bien de todos los seres.

bodisatva (T: *byang chub sems dpa'*). La persona que se compromete con el camino de la iluminación para el bien de todos los seres. Se dice que el camino del bodisatva requiere una gran valentía y una compasión verdadera.

camino traicionero (T: *'phrang lam*). Estrecha y peligrosa senda excavada sobre la pared de algún acantilado; se usa como metáfora para referirse al bardo, el estado intermedio entre la muerte y un nuevo renacimiento.

canal central (T: *rtsa dbu ma*). Ver avadhuti.

chakra (S: *cakra*; T: *'khor lo*). Literalmente: 'rueda'. Los chakras son vórtices de energía a lo largo del canal central, que se ramifican en el avadhuti como pétalos. En las *Canciones reunidas*, se hace mención de cuatro chakras: por debajo del ombligo, en el corazón, en la garganta y sobre la cabeza.

Chakrasamvara (S: *Cakrasaṃvara*; T: *'Khor lo bde mchog*). Deidad *yidam*, perteneciente al anutarayoga tantra madre, que es una de las principales deidades de la tradición de Milarepa, procedente del linaje de Tilopa.

chakravartin, rey (S: *cakravartin*; T: *'khor lo sgyur ba'i rgyal po*). Literalmente: "el rey que gira la rueda", símbolo del monarca universal. Se trata de un rey que, debido a su gran mérito, es particularmente poderoso y efectivo en su gobierno. Suele usarse como epíteto de los budas.

chandali (S: *caṇḍālī*; T: *gtum mo*). Literalmente: "dama feroz". Es la práctica del calor yóguico, que se genera, por medio de los ejercicios, a partir de los elementos del cuerpo sutil: nadi, prana y bindu.

Chö (T: *gcod*). Literalmente: "cortar". Es un sistema de práctica transmitido por la maestra Machig Labdrön, en el cual se descuartiza a los cuatro tipos de demonios que nos tienen sumidos en el samsara: los demonios materiales, los inmateriales, lo de la exaltación y los de la infatuación. Este último se refiere al apego conceptual al ego. (Kongtrul 2007, 256)

claridad (T: *'od gsal*). Término tibetano traducido a veces también como "clara luz" o "luminosidad". Se utiliza para describir el aspecto de conocimiento y clara apariencia de la mente, en contraste con su esencia vacía. La verdadera naturaleza de la mente, la mente en sí misma, es claridad-vacuidad en unión.

conciencia base (S: *ālayavijñāna*; T: *kun gzhi rnam shes*). Es la octava conciencia, la conciencia alaya o conciencia almacén. Se dice que todas las tendencias latentes de la mente están almacenadas en esta octava conciencia. No hay que confundirla con la 'base', a la que las *Canciones de Milarepa* se refieren como la 'mente en sí misma'.

conducta yóguica (T: *rnal 'byor spyod pa*). Es la conducta espontánea realizada por las personas que han alcanzado maestría en las prácticas yóguicas, y cuyo objetivo es hacer el bien a los demás y fortalecer la propia práctica. Cuando los yoguis o yoguinis realizan actos de este tipo, a menudo transgreden las formas de comportamiento convencionales.

creación, fase de (S: *utpattikrama*; T: *bskye rim*). Es, junto con la fase de culminación, uno de los dos componentes básicos de las prácticas vajrayana. En ella, el practicante visualiza a las deidades *yidam* como método para purificar su percepción mundana.

cuatro ayatanas. Ver: ayatanas; reino de la no-forma.

cuatro inconmensurables (T: *tshad med bzhi*). También llamados "los cuatro pensamientos inconmensurables". Son: el amor, la compasión, el gozo y la ecuanimidad.

cuatro kayas (T: *sku bzhi*). Ver: dharmakaya, sambhogakaya, nirmanakaya y svabhavikakaya.

cuatro maras (S: *māra*; T: *bdud bzhi*). Son: el mara de los skandas, el del Señor de la Muerte, el de las aflicciones y el del 'hijo divino' o de los placeres mundanos.

cuatro posibilidades (T: *mu bzhi*). También conocidas como los 'cuatro extremos', que son: el extremo de la existencia, el de la no existencia, ambos y ninguno de los dos.

cuatro sesiones, yoga de las (T: *thun bzhi rnal 'byor*). Se trata de las cuatro sesiones formales de práctica del yoga durante los retiros: el yoga de la mañana antes de la salida del sol, el del mediodía, el de la tarde y el de la noche.

cuatro transmisiones del linaje (T: *rgyud bka' bab bzhi*). Se dice que fueron reunidas por Tilopa. Estas cuatro transmisiones son: la de chandali, recibida de Charyapa; la del cuerpo ilusorio y la claridad, recibida de Nagarjuna; la del yoga del sueño, recibida de Lavapa; y la del bardo y la transferencia de la conciencia, recibida de Subhagini.

cuenco craneal (T: *thod phor*). Ver 'kapala'.

culminación, fase de (S: *sampannakrama*; T: *rdzogs rim*). Es, junto con la fase de creación, uno de los dos componentes básicos de las prácticas vajrayana. La fase de culminación está conectada primariamente con el cuerpo ilusorio y con las prácticas del nadi, el prana y el bindu del cuerpo sutil.

dakini (S: *ḍākinī*; T: *mkha' 'gro*). Figura femenina, generalmente mensajera o protectora del dharma (aunque también existen las dakinis mundanas), que suele tener un temperamento airado o semiairado. Las dakinis pueden ser, además, deidades *yidam*, como por ejemplo Vajrayoguini.

Dakinis sin forma, ciclos del dharma de las (T: *lus med mkha' 'gro chos skor dgu*). Este ciclo de enseñanzas se dice que le fueron transmitidas a Tilopa de forma directa por las dakinis. Marpa recibió, a su vez, parte de ellas transmitidas por Naropa, y el resto, según fuera profetizado, Rechungpa fue a La India más tarde para recibirlas de Tipupa y Machig Drupé Gyalmo. El texto escrito de dichas enseñanzas consiste en nueve versos:

> Para madurar y liberarte, corta los lazos de la mente.
> Como samaya, mira el espejo de tu mente.
> Para el nadi y el prana, haz girar la rueda de los chakras.
> Para lograr el gran gozo, sujeta la joya del habla.
> Para la autoliberación, mira la lámpara de la sabiduría.
> Como sustancia sagrada, disfruta del sol de la realización.
> Como conducta, corta el agua con la espada.
> Para obtener 'un solo sabor', mira en el espejo interno.
> (Marpa 1995, 44)

deva (T: *lha*). Son los dioses, una de las seis clases de existencia del reino del deseo.

dharmakaya (S: *dharmakāya*; T: *chos sku*). Es el cuerpo del dharma, o cuerpo de la realidad; la verdadera mente iluminada carente de forma.

dharmata (S: *dharmatā*; T: *chos nyid*). Es la verdadera naturaleza de los fenómenos; la talidad de la realidad, más allá de cualquier pensamiento.

dhyana (S: *dhyāna*; T: *bsam gtan*). La concentración meditativa. Los cuatro reinos de la forma son también conocidos como los cuatro dhyanas.

dralha (T: *dgra lha*). Una clase de deidad guerrera de la tradición bön.

dré (T: *bre*). Medida tibetana, aproximadamente equivalente a un litro.

dzogchen. Ver: La Gran Perfección.

estados sin libertad (T: *mi khom brgyad*). Son las condiciones en las que no se puede practicar el dharma. Tradicionalmente, se enumeran ocho: haber nacido como ser infernal, como preta, como animal, como dios de larga vida, haber nacido en algún lugar donde no exista el dharma, haber nacido con puntos de vista erróneos, en un tiempo en que haya budas y como persona discapacitada.

estupa (S: *stūpa*; T: *mchod rten*). Monumento budista, o relicario, que sirve a los practicantes como lugar u objeto de veneración. Las estupas varían de tamaño, desde las que caben encima de una mesa, hasta las construcciones que pueden ser vistas desde kilómetros.

ganachakra (S: *gaṇacakra*; T: *tshogs kyi 'khor lo*). Literalmente: "rueda de acumulaciones". Banquete de ofrendas de los practicantes vajrayana en el que los participantes suelen practicar sobre la base de una *sadhana* de la deidad *yidam*. Según las palabras de Trungpa Rinpoche: "El deseo y las percepciones sensoriales forman parte del camino. Con la celebración del mundo fenoménico, el practicante, de forma simultánea, amplía su comprensión de lo sagrado y entrega del ego". (Trungpa 1999, 349)

gandharva (T: *dri za*). Literalmente: "comedor de aromas". Se trata de una divinidad de bajo rango.

Gran Perfección (S: *mahāsāndhi*; T: *rdzogs chen*). También llamado dzogchen. Se trata de un linaje de la práctica de la meditación perteneciente en origen a la escuela tibetana Nyingma, similar en muchos sentidos al Mahamudra. La 'gran perfección' se usa también para referirse a 'lo último', la primordial naturaleza pura de la mente en sí misma.

gueshe (S: *kalyāṇamitra*; T: *dge bshes*). Literalmente: 'amigo spiritual'. En tiempos de Milarepa, se usaba como título, en especial en la tradición Kadampa, para referirse a alguien completamente formado en las escrituras budistas.

indicar o señalar de forma directa (T: *ngo sprod*). También 'introducción'. Se trata de instrucciones o enseñanzas dadas por un maestro para 'mostrar de forma directa' puntos esenciales del dharma, muy en particular cuando se habla de la naturaleza de la mente, o de la mente en sí.

instrucciones esenciales (T: *dmar khrid*). Instrucciones dadas generalmente solo de forma oral, basadas en la experiencia directa y práctica del maestro.

Jambudvipa (S: *Jambudvīpa*; T: *Dzam bu gling*). Literalmente: "tierra de Jambu." Uno de los cuatro continentes descritos en la cosmología tradicional budista; es el equivalente de nuestro planeta Tierra.

jñanasatva (S: *jñānasatva*; T: *ye shes sems dpa'*). En las sadhanas de la fase de creación, este término se refiere a la esencia de la deidad *yidam*, visualizada a menudo transmitiendo sus bendiciones por medio de su descenso y entrada en el samayasatva.

kapala (S: *kapāla*; T: *thod*). Cuenco craneal. Objeto ritual utilizado en algunas prácticas vajrayana.

kaya (S: *kāya* T: *sku*). Literalmente: "cuerpo". Los kayas representan aspectos diferentes de la iluminación. A veces se habla de que hay dos kayas, otras de tres o de cuatro, y hasta de cinco. Ver también: dharmakaya, sambhogakaya, nirmanakaya y svabhavikakaya.

kimnara (S: *kiṃnara*; T: *mi'am ci*). Literalmente: "¿qué humano?". Una clase de deva con cuerpo humano y cabeza de caballo.

krishnasara ciervo (T: *khri snyan sa le*). Avalokiteshvara, el bodisatva de la compasión, es representado tradicionalmente llevando una piel de ciervo krishnasara sobre su hombro izquierdo y su pecho, que simboliza el amor y la compasión. Los yoguis budistas suelen utilizar también las pieles de ciervo como asientos de meditación. Según Beer: "Utilizada como asana, o asiento, se cree que la piel de ciervo fortalece la tranquilidad solitaria y la claridad requerida por los ascetas, que absorben la energía sátvica pura del ciervo". (Beer 2003, 62).

ksetrapala (S: *kṣetrapāla*; T: *zhing skyong*). Deidad mundana protectora local.

kumbanda (S: *kumbhāṇḍa*; T: *grul bum*). Una clase de demonio yaksha que vive en los océanos. Posee cuerpo humano y cabeza de diversas criaturas, y tiene la carne desgarrada en las orejas y en las articulaciones de las extremidades.

Lago Manasarovar (T: *g.yu mi pham mtsho*). Literalmente: "lago turquesa invencible". Es un lago que está cerca del monte Kailash (T: *Tisé*), y que es considerado sagrado por budistas, bönpos e hindúes.

Lhajé (T: *lha rje*). Es el término tibetano para 'médico'. Gampopa recibe a menudo el nombre de Dakpo Lhajé, el Médico de Dakpo.

lógicos (T: *tog ge ba*). Este término se usa a veces de forma peyorativa para referirse a quienes colocan el razonamiento lógico y la comprensión intelectual por encima de la experiencia directa en la práctica de la meditación.

Machig Drupé Gyalmo (S: *Ekajatisiddhirajni*; T: *Ma gcig grub pa'i rgyal mo*). Literalmente: "madre única reina de los siddhas". Una de las maestras de Rechungpa, quien le transmitió *Los ciclos del dharma de las dakinis sin forma*, para lo que fue enviado a La India por Milarepa.

mahamudra (S: *mahāmudrā*; T: *phyag rgya chen po*). Literalmente: "gran sello". Nombre que se le da al estado último, especialmente en el Linaje Kagyu. *Mudra*, o 'sello', se refiere a la experiencia directa de la vacuidad, que está inherentemente presente en la naturaleza de la mente; *maha*, o 'gran', significa que esta naturaleza inherente impregna todo lo que se experimenta. Mahamudra puede referirse también a un tipo de meditacion, que es propia de la escuela Kagyu, y a los métodos que persiguen la realización de dicha experiencia directa de la vacuidad.

mahasidha (S: *mahāsiddha* T: *grub thob chen po*) Literalmente: "gran realizado". Alguien que ha alcanzado un alto nivel de realización por medio de la práctica yóguica. Aunque este término se puede aplicar a cualquier maestro realizado, suele reservarse para los ochenta y cuatro mahasidhas de La India.

mahoraga (S: *mahorāga*; T: *lto 'phye*). Literalmente: "reptador". Un tipo de deidad local que tiene forma de serpiente y vive bajo tierra.

Maitripa (S: *Maitrīpa*, ca. 1007–1085). Antepasado del Linaje Mahamudra; uno de los maestros principales de Marpa.

mamo (T: *ma mo*). Una dakini del tipo airado.

mantrayana (S: *mantrayāna*; T: *snags kyi theg pa*). "El vehículo del mantra". Sinónimo de vajrayana, mantra secreto y tantrayana.

mantrika (T: *sngag pa*). Practicante del vajrayana, o mantra secreto.

menmo (T: *sman mo*). Deidades menores de la tradición bön que residen en los lagos y, a veces, en las montañas. Normalmente asociadas a la medicina y la sanación.

mental, no involucración (S: *amanasikara*; T: *yid la mi byed pa*). Término usado en la tradición mahamudra para describir la falta de implicación conceptual de la mente con los objetos. Ante la aparición de los fenómenos, la experiencia directa de la claridad no es impedida por la mente conceptual.

mente en sí misma (T: *sems nyid*). La naturaleza básica de la mente, que carece de artificio y de elaboraciones. Realizando por completo esta verdadera naturaleza de la mente, se logra el despertar. La 'mente en sí misma' recibe muchos otros nombres, como 'mente ordinaria', 'prístina claridad', 'rigpa' y 'naturaleza de buda'.

Monte Meru (T: *ri rab*). La gran montaña central de la cosmología budista, rodeada por los cuatro continentes.

muni (S: *mūni*; T: *thub pa*). El sabio. Normalmente se refiere a Buda Shakyamuni, pero puede referirse a los budas en general.

nadi (S: *nāḍi*; T: *rtsa*). Los nadis son canales energéticos del cuerpo sutil, a los que se presta atención minuciosa en las prácticas yóguicas del cuerpo sutil de la fase de culminación del vajrayana.

naga (S: *nāga*; T: *klu*). Seres poderosos de la mitología indo-tibetana. Suelen ser representados con cuerpo de serpiente y cabeza humana. Se dice que viven en el agua o bajo tierra, y están asociados con grandes riquezas. Gawo, Jokpo y Ngadra son tres de los más famosos reyes naga.

nirmanakaya (S: *nirmāṇakāya*; T: *sprul sku*). Cuerpo emanado. Forma física, a menudo humana, de los seres iluminados, que se manifiesta para beneficiar de manera directa a los seres vivos. La palabra tibetana se pronuncia "tülku", y se usa también para referirse a los lamas reencarnados.

ocho estados sin forma. Ver: los estados sin forma.

paramita (S: *pāramitā*; T: *pha rol tu phyin pa*). El término sánscrito significa 'perfección', y el tibetano significa 'el que ha pasado al otro lado'. Generalmente, se refiere a las prácticas principales del camino del bodisatva, que son: generosidad, disciplina, paciencia, diligencia, meditación y conocimiento. En algunas listas, se habla de cuatro paramitas adicionales, que son: medios hábiles, energía, aspiración y sabiduría.

percepciones extrasensoriales (S: *abhijñā*; T: *mngon shes*). La clarividencia y los poderes paranormales que se manifiestan como secuelas de la realización meditativa.

pishacha (S: *piśāca*; T: *sha za*). Literalmente: "comedor de carne". Un tipo de pretas, similares a los yakshas y los rakshasas, que comen carne humana.

pitaka (S: *piṭaka*; T: *sde snod*). Los pitakas o 'cestos', son las tres categorías principales de las escrituras budistas: los sutras, que contienen las palabras de Buda; el vinaya, que contiene los votos y las reglas para la sangha ordenada; y el abhidharma, escrituras canónicas que comentan el significado de las palabras de Buda.

prajña (S: *prajñā*; T: *shes rab*). Literalmente: "conocimiento supe-rior". Sabiduría intelectual discriminativa.

pramana (S: *pramāṇa*; T: *tshad ma*). Cognición válida o validación. Término generalmente asociado al cuerpo de las enseñanzas budistas que corresponden a la lógica y la epistemología. Puede usarse también para referirse al 'maestro válido': Buda.

prana (S: *prāṇa*; T: *rlung*). 'Viento' o energía sutil. Uno de los tres componentes principales del cuerpo sutil en la tradición vajrayana. Se dice que el movimiento de los 'vientos' está íntimamente relacionado con el prana, de manera que trabajar en el cuerpo directamente con el prana es un método hábil para trabajar con la mente.

pratimoksa (S: *prātimokṣa*; T: *so so thar pa*). Votos de liberación in-dividual, que incluyen los votos monásticos y los laicos o de upasaka. El principal objetivo de estos votos es abstenerse de las actividades no vir-tuosas.

preta (T: *yi dvags*). Llamados también 'espíritus hambrientos', son una de las seis clases de seres del reino del deseo. Se dice que los pretas viven en un estado completamente miserable y que sufren intensamente debido a no poder satisfacer el hambre y la sed.

putana (T: *srul po*). Literalmente: "putrefacción". Es un tipo de de-monio preta.

rakshasa (S: *rākṣasa*; T: *srin po*). Demonio comedor de carne; un tipo pishacha.

rakta (S). Literalmente: "sangre". Sustancia sagrada utilizada en cier-tas prácticas vajrayana. Simboliza los medios hábiles o upaya.

rasayana (S: *rasāyana*; T: *bcud len*). Literalmente: "extraer la esen-cia". "Es la práctica de abandonar la comida y la bebida ordinarias y sub-sistir solo de esencias que uno extrae de flores, de alguna otra sustancia o del mismo espacio". (*Stories and Songs*, 110)

reino de la forma (S: *rūpadhātu*; T: *gzugs khams*). Es uno de los tres reinos del samsara, y corresponde a los estados sutiles de la absorción meditativa. En general, se habla de cuatro reinos de la forma, cada uno de los cuales está a su vez subdividido, dando un total de diecisiete niveles. Los seres nacidos en estos niveles son considerados devas o dioses en la cosmología budista.

reino de la no-forma (S: *ārūpyadhātu*; T: *gzugs med khams*). Es otro de los tres reinos del samsara, y corresponde a los estados extremamente sutiles de absorción meditativa. Estos estados de la mente son tan sutiles que los seres que los habitan carecen de forma. Hay cuatro niveles distintos en el reino de la no-forma.

rishi (S: *ṛṣi*; T: *drang srong*). Literalmente: "franco y directo". Un mendicante o un sabio que se dedica al camino yóguico.

rupa (S: *rūpa*; T: *gzugs*). Forma o cuerpo.

rupakaya (S: *rūpakāya*; *gzugs kyi sku*). Forma corporal. Puede hacer referencia al nirmanakaya, al sambhogakaya o a ambos.

sadhana (T: sgrub-thabs). Es un tipo de texto ritual vajrayana, además de la práctica de meditación que en él se expone.

samadhisatva (S: *samādhisatva*; T: *ting 'dzin sems dpa'*). En la práctica del *yidam*, es la sílaba semilla de la deidad *yidam*, normalmente visualizada en el centro del corazón y rodeada por el resto de las letras del mantra de la deidad.

samatha (S: *śamatha*; T: *zhi gnas*). Permanecer en calma. Aspecto de la meditacion en el que la mente descansa concentrada sin distracción.

samayasatva (T: *dam tshig sems dpa'*). En la práctica del *yidam*, esto se refiere a la autovisualización como la propia deidad *yidam*.

sambhogakaya (S: *sambhogakāya*; T: *longs spyod rdzogs pa'i sku*). Literalmente: "cuerpo de gozo". La forma-energía de buda, que solo es perceptible por los bodisatvas con cierto nivel de realización, y que es la base para la emanación de los nirmanakayas. La claridad que irradia de la esencia vacía de la naturaleza de la mente es la naturaleza del sambhogakaya.

seis dharmas de Naropa (T: *na ro chos drug*). Se dice que contienen las prácticas esenciales de los tantras: chandali, el cuerpo ilusorio, el yoga de los sueños, el yoga de la claridad, el bardo y la transferencia de conciencia o powa.

séxtuple conjunto (T: *tshogs drug*). El séxtuple conjunto se compone de las seis conciencias: visual, auditiva, táctil, olfativa, gustativa y mental.

sidha (T: *grub thob*). Alguien que ha alcanzado un alto nivel de realización, y es un gran maestro de meditación.

shidak (T: *gzhi bdag*). Es un tipo de protector, similar a los guardianes de la tierra.

sidhi (T: *dngos grub*). "Realización". Puede tratarse de realizaciones ordinarias, como los poderes que las hermanas Tseringma concedieron a Milarepa, o de la realización última.

siete nobles riquezas (T: *'phags pa'i nor bdun*). Las siete riquezas son: fe, generosidad, disciplina, estudio, modestia, vergüenza y conocimiento.

siete ramas (T: *yan lag bdun*). Conjunto de prácticas cuyo objetivo es la acumulación de mérito, y que aúna: postraciones, ofrenda, confesión, regocijo, petición de enseñanzas, advertencia de permanecer sin pasar al parinirvana y dedicación.

significado definitivo (S: *nitārtha*; T: *nges don*). En contraste con el significado provisional, estas enseñanzas de Buda conciernen a la naturaleza absoluta de la realidad, que transciende el karma o ley de causa y efecto.

significado provisional (S: *neyārtha*; T: drang don). Es el cuerpo de las enseñanzas budistas conectadas principalmente con el karma, la ley de causa y efecto, y con el funcionamiento de la realidad relativa.

skandha (T: *phung po*). Los cinco agregados que dan lugar al yo: la forma, las sensaciones, la discriminación intelectual, las formaciones mentales y la consciencia.

sravaka (S: *śrāvaka*; T: *nyan thos*). Literalmente: "oyente". Practicante hinayana, que se esfuerza por alcanzar el nivel de arhat. El sravaka no se dedica a las prácticas mahayana.

Sukhavati (S: *Sukhāvatī*; T: *bDe ba can*). "Tierra de gozo": el reino puro del oeste del Buda Amitabha.

svabhavikakaya (S: *svabhāvikakāya*; T: *ngo bo nyid kyi sku*). Es el cuarto kaya, la inseparabilidad de los tres kayas individuales: nirmanakaya, sambhogakaya y dharmakaya. Representa la totalidad de la budeidad.

tendencias latentes (T: *bag chags*). También suele traducirse como "tendencias habituales" y como "huellas kármicas".

tendrel (S: *pratītyasamutpāda*; T: *rten 'brel*). Traducido a veces como 'coincidencia auspiciosa', es la forma abreviada de la expresión tibetana "ten ching drel wa" (*rten cing 'brel ba*). El equivalente sánscrito significa literalmente 'originación interdependiente'. Este término tiene un especial significado en el contexto vajrayana, en que las conexiones por medio de signos y símbolos juegan un papel importante.

thangka (T: *thang ka*). Pintura tradicional tibetana sagrada.

Tipupa (S: *Pāravātapāda*; T: *Ti phu pa*). Rechungpa recibió *Los ciclos del dharma de las dakinis sin forma* de Tipupa. Se dice que Tipupa era una reencarnación del hijo de Marpa Lotsawa, Darma Dodé. Cuando Darma Dodé murió, transfirió su consciencia a un palomo, 'tipu' en sánscrito. Con el cuerpo del palomo voló hasta La India y allí volvió a transferir su consciencia, esta vez al cuerpo de un chico de dieciséis años, y así continuó practicando las enseñanzas recibidas de su padre Marpa. Esta historia está narrada por extenso en *La vida de Marpa*.

tirthika (S: *tīrthika*; T: *mu stegs pa*). Un no-budista; se trata de un término peyorativo.

Tisé, Montaña Nevada de (T: *ti se gangs*). Tisé es el nombre del monte Kailash en tibetano, considerado un lugar sagrado en las tradiciones budistas, bön e hinduista.

Torma. Las 'tormas' son pastelillos de obsequio que se ofrecen tradicionalmente a los protectores y las deidades locales.

transferencia (T: *'pho ba*). Práctica yóguica en la que la consciencia es eyectada en el momento de la muerte a algún campo búdico. Por medio de ella, uno puede librarse de las experiencias del bardo que ocurren tras la muerte.

tres bondades (T: *bka' drin gsum*). Las bondades del guru al dar al discípulo la iniciación, la transmisión y las instrucciones esenciales.

tres pitakas. Ver 'pitaka'.

tres puertas (T: *sgo gsum*). Cuerpo, habla y mente.

tres puntos vitales de la fusión (T: *gnad bsre ba gsum*). Es una enseñanza que procede de Marpa (DPR). En el *Dungkar Tshig Dzö Chenmo*, se describe en el capítulo titulado "El ciclo de los tres puntos de la fusión, o los nueve puntos de la fusión y la transferencia del maestro Rechungpa". La explicación dice lo siguiente: "La fusión del deseo y el gran gozo es chandali; la fusión de la hostilidad y la falta de existencia verdadera es el cuerpo ilusorio; la fusión de la ignorancia y la no-conceptualidad es la práctica de la claridad. La fusión de chandali y el cuerpo ilusorio se practica durante el día; la fusión de las prácticas del yoga de los sueños y el cuerpo ilusorio se practica durante la noche; y la fusión de la práctica del bardo y la transferencia se practica en el momento de la muerte. Chandali es para personas diligentes, el yoga de los sueños es para la gente más perezosa, y la fusión y la transferencia es para los seres que van a tener una vida corta". (908)

tres reinos (S: *trailoka*; T: *khams gsum*). División de la cosmología budista que consiste en tres esferas: el reino del deseo, dividido a su vez en las seis clases de seres; el reino de la forma; y el reino de la no-forma.

trulkhor (T: *'khrul 'khor*). Ejercicios yóguicos que se realizan como preliminares a las prácticas del cuerpo sutil conectadas con el nadi, el prana y el bindu.

tsa-tsa (T: *tsa tsa*). Pequeñas imágenes sagradas hechas con molde, que suelen usarse como relicario para contener las cenizas de alguien que ha muerto. Tras ser hechas, a menudo son destinadas al interior de estupas.

tsen (T: *btsan*). Un tipo de espíritu violento asociado a las montañas.

tsok (S: *gaṇa*; T: *tshog*). Literalmente: "acumulación" o "reunión". El tsok es un ritual en el que se ofrecen distintos tipos de comidas y sustancias. A veces el término 'tsok' se usa como sinónimo de ganachakra.

Tushita (S: *Tuṣita*; T: *dGa' ldan*). El cielo de Tushita es uno de los seis lugares de los dioses del reino del deseo. Es donde el bodisatva Shvetaketu residía antes de descender a ser Buda Shakyamuni.

Upadesha. En contraste con las clasificaciones y la lógica de la tradición escrita, las upadeshas, o instrucciones esenciales, condensan el significado de las enseñanzas de los budas en breves instrucciones que pueden ser puestas en práctica de manera inmediata.

Ushnishavijaya (S: *Uṣṇīsavijāya*; T: *gTsug gtor rnam rgyal ma*). Deidad femenina de larga vida.

Vajradhara (S: *Vajradhāra*; T: *rDo rje 'chang*). Literalmente: "sostenedor del vajra." El buda dharmakaya que en el Linaje Kagyu se dice que le dio enseñanzas a Tilopa, el primer ser humano sostenedor del linaje.

vajrayana (T: *rdo rje theg pa*). Generalmente, sinónimo de 'tantra' y 'mantrayana'. Las enseñanzas vajrayana mantienen la misma visión de la vacuidad que el mahayana y su misma intención de conducir a todos los seres a la liberación, con la diferencia de que usa muchos métodos distintos. Los métodos vajrayana son la práctica primaria de Milarepa y sus discípulos.

vetala (S: *vetāla*; T: *ro langs*). Literalmente: "cadáver resucitado". Espíritus que habitan los cadáveres en los cementerios.

vidyadhara (S: *vidyadhāra*; T: *rig 'dzin*). Literalmente: "sostenedor de la claridad"; alguien que permanece constantemente en el estado de despertar.

vipasana (S: *vipaśyanā*; T: *lhag mthong*). "Clara visión". Es el aspecto de la meditación con el que uno gana visión de la verdadera naturaleza de la realidad, en particular de la verdadera naturaleza de la ausencia de 'yo' y de la vacuidad.

visión pura (T: *dag snang*). La práctica vajrayana de ver el mundo como un lugar sagrado; y, en particular, ver al propio guru como un buda.

yaksha (S: *yakṣa*; T: *gnod sbyin*). Una clase de espíritus que infligen daño a los demás seres.

yana (S: *yāna*; T: *theg pa*). Literalmente: "vehículo"; conjunto de enseñanzas y de prácticas que conducen a alguien a lo largo del camino espiritual.

yidam (S: *iṣhṭadevatā*; T: *yid dam*). La deidad tutelar o elegida, destinada a ser la raíz del logro espiritual de un practicante. En las prácticas del yogatantra más elevado, uno se visualiza a sí mismo como la deidad y desarrolla el orgullo vajra de poseer sus cualidades iluminadas. Estas prácticas solo pueden ser realizadas con la iniciación y la guía de un guru genuino.

BIBLIOGRAFÍA

FUENTES TIBETANAS

Blo bzang 'phrin las, Dung dkar. 2002. mKhas dbang dung dkar blo bzang 'phrin las mchog gis mdzad pa'i bod rig pa'i tshig mdzod chen mo shes bya rab gsal (Great White Conch Dictionary). Beijing: Krung go'i bod rig pa'i dpe skrun khang.

bTsang smyon he ruka. 1999. *rNal 'byor gyi dbang phyug chen po mi la ras pa'i rnam mgur*. Xining: mTsho sngon mi rigs dpe skrun khang.

Bu chen bcu gnyis. Ngan rdzong ston pa byang chub rgyal po, et al. *Rje bstun chen po mid la ras pa'i rnam thar zab mo*. N.p., n.d. *Dbu can*, manuscrito de la colección del Newark Museum, microfilm master No. 0001, Tibetan Book Collection, Folio 36.280, Biography of Milarepa, IIB R 16.

Dag yig gsar bsgrigs. 1979. Xining: mTsho sngon mi rigs dpe skrun khang.

Rang byung rdo rje. 2006. Karma pa rang byung rdo rje'i gsung 'bum. Vol. 3: rNal 'byor gyi dbang phyug mi la bzhad pa rdo rje'i gsung mgur mdzod nag ma zhes pa karma pa rang byung rdo rjes phyogs gcig tu bkod pa. [mTshur phu mkhan po lo yag bkra shis].

———. 2008. mDzod nag ma. rNal 'byor gyi dbang phyug mi la bzhad pa rdo rje'i gsung mgur mdzod nag ma. Sichuan: Si khron mi rigs dpe skrun khang.

Tshul khrims, bTsan lha ngag dbang. 1997. *brDa dkrol gser gyi me long (The Golden Mirror of Decoding)*. Beijing: Mi rigs dpe skrun khang.

Zhang, Yisun et al. 1993. *Bod rgya tshig mdzod chen mo*. Bejing: Mi rigs dpe skrun khang.

FUENTES EN INGLÉS

Ardussi, John A. 1977. "Brewing and Drinking the Beer of Enlightenment in Tibetan Buddhism: The Dohā Tradition in Tibet." *Journal of the American Oriental Society* 97.2.

Aris, Michael. 1979. *Bhutan: The Early History of a Himalayan Kingdom*. Warminster, England: Aris & Phillips.

Beer, Robert. 2003. *Tibetan Buddhist Symbols*. Boston: Shambhala.

Brunnhölzl, Karl. 2007. *Straight from the Heart*. Ithaca, N.Y.: Snow Lion Publications.

————. 2010. *Ultimate View, Conduct, Meditation, and Fruition*. Seattle: Nalandabodhi Publications.

Buswell, Jr., Robert E., and Donald S. Lopez, Jr., eds. 2014. *The Princeton Dictionary of Buddhism*. Princeton: Princeton University Press.

Callahan, Elizabeth, trans. 2014. *The Profound Inner Principles*. Boston: Snow Lion.

Chang, Garma C. C., trans. 1999. *The Hundred Thousand Songs of Milarepa*. Boston: Shambhala. Originally published New Hyde Park, N.Y.: University Books, 1962.

————. 2004. *Teachings and Practice of Tibetan Tantra*. Mineola, N.Y.: Dover. Originally published as Teachings of Tibetan Yoga, New Hyde Park, N.Y.: University Books, 1963.

Dzogchen Ponlop. 2006. *Mind Beyond Death*. Ithaca, N.Y.: Snow Lion Publications.

————. 2011. The Nalandabodhi Study Path, Vajrayana 402: Glimpses of Pure Vision. Seattle: Nalandabodhi. Internal publication.

Evans-Wentz, W.Y. 1928. *Tibet's Great Yogi Milarepa: a Biography from the Tibetan*. London: Oxford University Press.

Fuchs, Rosemarie, trans. 2000. *Buddha Nature: The Mahayana Uttaratantra Shastra with Commentary*. Ithaca, N.Y.: Snow Lion Publications.

Giustarini, Giuliano. 2006. "Faith and Renunciation in Early Buddhism: Saddhā and Nekkhamma." *Rivista di Studi Sudasiatici*. http://dx.doi.org/10.13128/1970-9501-2451.

Gyaltsen, Sakyapa Sonam. 1996. *The Clear Mirror: A Traditional Account of Tibet's Golden Age*. M. Taylor and Lama Choedak Yuthok, trans. Ithaca, N.Y.: Snow Lion Publications.

Gyamtso, Khenpo Tsultrim. 2001. *The Progressive Stages of Meditation on Emptiness*. Auckland: Zhyisil Chokyi Publications.

———. 2004. "See the True Nature, Then Let Go and Relax in That: The interview with Khenpo Tsultrim Gyamtso Rinpoche that turned into a Mahamudra teaching on the spot." Interview by Melvin McLeod. *Buddhadharma*. Spring 2004.

———. 2010. Stars of Wisdom: Analytical Meditation, Songs of Yogic Joy, and Prayers of Aspiration. Boston: Shambhala.

Gyatso, Janet and Hanna Havnevik. 2005. *Women in Tibet*. New York: Columbia University Press.

Harding, Sarah, trans. and ed. 2003. Machik's Complete Explanation: Clarifying the Meaning of Chöd, A Complete Explanation of Casting Out the Body as Food. Boulder: Snow Lion.

Jäschke, H. A. 1998. *A Tibetan-English Dictionary*. New Delhi: Munshiram Manoharlal Publishers. Originally published London, 1881.

Kongtrul Lodrö Tayé, Jamgön. 2007. *The Treasury of Knowledge: Book Eight, Part Four: Esoteric Instructions*. Translated by the Kalu Rinpoché Translation Group (Sarah Harding). Ithaca, N.Y.: Snow Lion Publications.

———. 2008. *The Treasury of Knowledge: Book Eight, Part Three: The Elements of Tantric Practice*. Translated by the Kalu Rinpoché Translation Group (Elio Guarisco and Ingrid McLeod). Ithaca, N.Y.: Snow Lion Publications.

Kunsang, Erik Pema, trans. 2006. *Wellsprings of the Great Perfection*. Boudhanath: Rangjung Yeshe.

Larsson, Stefan. 2012. Crazy for Wisdom: The Making of a Mad Yogin in FifteenthCentury Tibet. Boston: Brill Academic Publications.

Lhalungpa, Lobsang P., trans. 1977. *The Life of Milarepa*. New York: E.P. Dutton.

Marpa Chokyi Lodro. 1995. *The Life of the Mahāsiddha Tilopa*. Fabrizio Torricelli and Acharya Sangye T. Naga, trans. Dharamsala: Library of Tibetan Works and Archives.

Martin, Dan. 2001. Unearthing Bon Treasures: Life and Contested Legacy of a Tibetan Scripture Revealer, with a General Bibliography of Bon. Boston: Brill.

Mumford, Stan Royal. 1989. *Himalayan Dialogue: Tibetan Lamas and Gurung Shamans in Nepal*. Madison: University of Wisconsin Press.

Nalanda Translation Committee. 2010. http://nalandatranslation.org/offerings/notes-on-the-daily-chants/commentaries/vajrasadhu/. Accessed Sept. 11, 2015.

Patrul Rinpoche. 1998. *The Words of My Perfect Teacher*. Padmakara Translation Group, trans. Boston: Shambhala.

Powers, John, and David Templeman. 2012. *Historical Dictionary of Tibet*. Lanham, Md.: Scarecrow.

Quintman, Andrew. 2008. "Toward a Geographic Biography: Mi la ras pa in the Tibetan Landscape." *Numen* 55, no. 4: 363–410.

———. 2014a. The Yogin and the Madman: Reading the Biographical Corpus of Tibet's Great Saint Milarepa. New York: Columbia University Press.

———. 2014b. "Redacting Sacred Landscape in Nepal: The Vicissitudes of Yolmo's Tiger Cave Lion Fortress." *In Himalayan Passages: Tibetan and Newar Studies in Honor of Hubert Decleer*. Ed. Benjamin Bogin and Andrew Quintman. Boston: Wisdom Publications.

Roberts, Peter Alan. 2007. The Biographies of Rechungpa: The Evolution of a Tibetan Hagiography. New York: Routledge.

Rockhill, W. Woodville. 1884. *The Life of the Buddha*. Trubner and Co., Ltd.

Shabkar Tsogdruk Rangdrol. 1994. *The Life of Shabkar*. Matthieu Ricard, trans. Albany: State University of New York Press.

Simmer-Brown, Judith. 2001. Dakini's Warm Breath: The Feminine Principle in Tibetan Buddhism. Boston: Shambhala.

Songs of Realization: as taught and sung by Khenchen Tsultrim Gyamtso Rinpoche. [2013.] Seattle: Nalandabodhi. Internal publication.

Stories and Songs of Milarepa. 2006. Translated under the guidance of Khenpo Tsultrim Gyamtso Rinpoche. Marpa Foundation.

THL Tibetan to English Translation Tool. http://www.thlib.org/reference/dictionaries/tibetan-dictionary/translate.php. Accessed June 10, 2016.

Thrangu Rinpoche. 2001. A Spiritual Biography of Rechungpa: Based on The Radiance of Wisdom, the Life and Liberation of the Ven. Rechung Dorje Drak. Delhi: Sri Satguru Publications.

Trungpa, Chögyam. 1991. *The Heart of the Buddha*. Boston: Shambhala.

————. 1999. *The Rain of Wisdom*. Nālandā Translation Committee, trans. Boston: Shambhala.

Tsangnyön Heruka. 2010. *The Life of Milarepa*. Andrew Quintman, trans. New York: Penguin Group.

Tucci, Giuseppe. 1988. *Religions of Tibet*. Geoffrey Samuel, trans. Berkeley: University of California Press.

Van Dam, Eva. 1991. *The Magic Life of Milarepa*. Boston: Shambhala.

Wangchuk Dorje. 2001. *Mahāmudrā: The Ocean of Definitive Meaning*. Elizabeth Callahan, trans. Seattle: Nitartha Publications.

Otros libros publicados por
Fundación Rokpa